Thomas Hobbes
Thomas Mun
Adam Smith
Jeremy Bentham
Thomas Robert Malthus
David Ricardo
John Stuart Mill
Karl Marx
Henry Sidgwick

福祉の経済思想家たち

小峯 敦＝編

[第3版]

William Stanley Jevons
Francis Ysidro Edgeworth
Léon Walras
Alfred Marshall
Arthur Cecil Pigou
John Atkinson Hobson
Sidney and Beatrice Webb
Thorstein Bunde Veblen
John Rogers Commons
Tokuzo Fukuda
Hajime Kawakami
John Maynard Keynes
William Henry Beveridge
Joseph Alois Schumpeter
Karl Polanyi
Lionel Robbins
Nicholas Kaldor
John Hicks
Abram Bergson
Paul Samuelson
Kenneth Arrow
Tibor Scitovsky
Gunnar Myrdal
Friedrich August von Hayek
Milton Friedman
Robert Nozick
John Rawls
Amartya Sen
Gøsta Esping-Andersen

まえがき

●入門書

　本書は経済学の観点から、多様な福祉思想を解説した入門書です。2007年4月の出版以来、初版4刷、増補改訂版（2010年5月）12刷を数えるほど好評をいただきました。今回の第3版は次の諸点で、読者の理解を助け、発展学習を促すために、さらなる改訂をおこないました。①マルクスの章を新設（バジョットの章を割愛）、②2010年代以降の動向を略述（第1章第3節）など、各章の本文および参考文献の修正、③「読書案内」の大幅な刷新、④QRコードによる支援ウェブへの導入、などです。

　おもな読者層としては、経済や福祉の問題を学習している大学生、進路に迷っている高校生、持続可能な社会・ウェルビーイング・分断社会・ケア・脱成長・エッセンシャルワークなどの問題に関心のある社会人、福祉の現場で苦闘している人、経済学史・社会思想を専攻している大学院生や若手研究者などです。各章は独立しているので、多くの人々の関心に応えられるでしょう。

●本書の視点

　現在の日本には多様な福祉制度が根づいており、しかも毎年のように進化しています。社会福祉士・介護福祉士・精神保健福祉士・ケアマネージャー・ホームヘルパーなどの資格が必要とされる理由です。こうした資格を目指している方々の多くは、福祉に関する実際の法律や行政を学んでいることでしょう。現実的で具体的であるという点で、この側面もきわめて大事です。

　しかし、法改正や実務の裏に流れる根本的な「考え」とは何でしょうか？詳しくは第1章で論じますが、本書では「福祉」の経済的・マクロ的——温情や生存権に基づく具体的な社会事業とは異なる——側面にも注目します。やや抽象的に述べれば、「わたしたちはどのような世界が望ましいか、住みたいか」という「全体の幸福」の可能性を考えるという部分です。そして本書が他の福祉関連書——そして経済書からも——と異なるのは、歴史・思想をかえりみつつ、徹底的に経済学者の目から福祉の問題をひもといていく姿勢です。

ただし、経済学＝合理化＝コストダウン、ということではありません。経済学は近代社会（民主主義＋資本主義）の成立とともに発展してきましたが、実は貧困の問題に対処するため、その成立当初から福祉が経済学者の中心問題であったのです。そこには公正・効率・平等・連帯、あるいは良き社会とは何かという問いかけもありました。このような忘れかけられた問題意識を発掘することで、現代のさまざまな社会的問題を解決してくれるヒントを探そうというのが、わたしたち執筆者の願いです。

●本書の構成
　本書は5部に分かれ、さらに時代順に25の章から成ります。時間に余裕がある人、経済学史（経済思想）を修得すべき人には、最初から丁寧に読んでいくことを勧めます。ただし各章は独立していますので、興味のあるテーマを拾い読みすることも可能です。第1章以外は、「はじめに‐略伝‐本論‐おわりに」という順に叙述され、本論ではその経済学者の福祉論（良き社会論）と、全体の学説における位置づけを紹介します。本書はとくに原典——その人本人の言葉——を重視しています（訳文はかならずしも既存の翻訳書どおりとはなっていません）。

　全体的には、第1部は経済学が成立する前後から1870年代まで、第2部は19世紀後半、第3部は20世紀前半、第4部は戦間期（1919〜39年）、第5部は戦後から現代までを扱います。福祉問題の現状をすぐに知りたい人は第5部に、福祉国家はどのように実際に誕生したのかは第4部に、社会問題となった福祉については第3部に、さまざまな主義と社会改良について知るには第2部に、初期の経済学者がどのように貧困問題に対処したかは第1部に、それぞれ詳しく解説してあります。各人は自分の興味に応じて、読み始めることができます。

●教員の方へ
　経済関係では、経済学史・経済思想の副読本として最適です。経済学史の通史として用いる場合は、いくつかの抜けている部分（重農主義などフランス思想、ドイツ歴史学派、オーストリア学派、ゲーム理論・不完全競争論・計量経済学などの現代理論）を補ってください。福祉関係では、授業ではあまりふれ

まえがき

ないであろう「経済的な物の見方」を一瞥できるので、本筋の補完になるでしょう。また、課題の設定や簡単な文献案内は各章末にあります。

●時間のない人のために

　最初に、各章冒頭の「略伝」をざっと眺めてみてください。その人物がどのような人なのか、簡潔にまとめてあります。あるいは「おわりに」のところで、その章のまとめが書いてあります。そのうえで時間があれば、興味ある本文の節に進むのがよいでしょう。

●より発展した学習のために

　章末に参考文献があります。原典の翻訳書を含めて、日本語で入手しやすい本を選びました。より発展した学習を望む人は、巻末の「読書案内」をご覧ください。

　それでは福祉の経済思想家たちから、より良き生のヒントを！

2025 年 3 月　市ヶ谷から富士山を望んで

編　　者

右の QR コードから、支援ウェブページ（https://researchmap.jp/blogs/blog_entries/view/79054/4c975ec167791c618557d86573a591ea?frame_id=530180）にアクセスできます。

iii

目　　次

まえがき　i

　第1章　福祉と／の経済思想——古代から現代へ　1

第1部　経済学の成立と貧困の発見

　第2章　「重商主義」の時代——貧困と救済　13
　第3章　スミス——文明社会における労働貧民の境遇　24
　第4章　ベンサム——安全で幸福な社会の構想　36
　第5章　マルサスとリカード——救貧法批判を中心に　49
　第6章　J. S. ミル——社会の漸新的改良　61

第2部　経済学の革命と社会改良

　第7章　マルクス——疎外と搾取を根絶する闘い　75
　第8章　シジウィック——アートとしての経済学　88
　第9章　ジェヴォンズとエッジワース
　　　　　——功利主義思想に基づくアプローチ　99
　第10章　ワルラス——完全自由競争と社会主義　110
　第11章　マーシャル——労働者階級の向上　122

第3部　20世紀型福祉国家への模索

　第12章　ピグー——厚生の経済学　137
　第13章　ホブソン——異端の経済思想　149
　第14章　ウェッブ夫妻——「国民的効率」とナショナル・ミニマム　161
　第15章　ヴェブレンとコモンズ——制度学派と良き社会論　173

v

第4部　福祉国家の誕生

第16章　福田徳三と河上肇——経世済民の思想　189

第17章　ケインズとベヴァリッジ——福祉国家の合意　202

第18章　シュンペーター——不況と企業家精神　213

第19章　ポランニー——社会の自己防衛から福祉国家の哲学へ　223

第20章　新厚生経済学——「科学」としての経済学　234

第5部　「福祉国家」批判を超えて

第21章　ミュルダール——北欧福祉国家と福祉世界　249

第22章　ハイエク——福祉国家と自由社会　262

第23章　フリードマン——"福祉国家アメリカ"の批判者　274

第24章　ノージック、ロールズ、セン
　　　　　——リバタリアニズムとリベラリズム　285

第25章　エスピン゠アンデルセン——福祉国家の正当化と類型化　297

読 書 案 内　309

索引〔人名／事項〕　317

コラム

① 救貧法　18
② 税の原則　27
③ 工場法　46
④ ロマン主義　63
⑤ 初期社会主義　69
⑥ 経済学の制度化　124
⑦ 慈善の組織化　128
⑧ セツルメント運動と貧困調査　144
⑨ 帝国主義　155
⑩ 制度経済学の展開　181
⑪ ビスマルク改革　194
⑫ 言葉を自由に　199
⑬ 国連憲章とILO　209
⑭ ワイマール憲法と生存権　219
⑮ 女性参政権運動・フェミニズム　259
⑯ 規制緩和と福祉改革　265
⑰ 赤字財政拡大のメカニズム　279
⑱ ベーシック・インカム　304

1　福祉と／の経済思想

古代から現代へ

【キーワード】

　福祉　厚生　経済思想　良き社会

　この章では本書の導入として、3つの問題を考えましょう。まず、なぜ経済思想という特別な視角から福祉の問題を見るのか。さらに、次章以降で取り上げる以前の時代には、福祉の経済思想はどのような流れであったのか。最後に、2010年代以降の福祉と経済の関係についても略述します。

1　福祉と経済思想

　福祉（welfare：厚生とも訳されます）という言葉[1]には、2つの意味が含まれます。第1に、実践的な施しや慈善の活動です。博愛の精神や生存権の観点から、弱者／少数派に温情をかけ、権利を与えることです。社会事業の精神と実践と言い換えることもできるでしょう。第2に、人間全体の物質的・精神的幸福（＝社会的厚生）です。一般に福祉のイメージは前者であることが多いのですが、経済学者が得意としてきたのは、前者と後者を同時に考慮し、理想社会の設計と関連づける抽象度の高い思考法なのです（☞第20章）。

　さまざまな学問領域が福祉に関するアプローチをおこなっています。ここではごく簡単に紹介しておきましょう。政治思想・法哲学では、権威・権力による恣意的再分配を分析や批判の対象として、自発的な交換による配分を基本とする経済学とは別の体系をもっています。ここからは福祉国家の類型論や多元的な主体による福祉の共同統治（ガバナンス）という論点が出ています（☞第25章）。また、束縛からの解放、人間の精神的進歩という論点を含む自由論が、とくに福祉と関係します（☞第24章）。社会学・社会思想では、家族や共同体に起こる広範な社会現象を対象として、市場を社会の一部として包含するという発想をし

1

ます。なかでも社会政策論や社会福祉学という領域では、弱者保護の政策と対人援助を具体的に考えます。法学では正義を実現する理念を考慮に入れます。また市民法（自由・平等・自立、個人間の形式的関係）を公共福祉の観点から修正するかたちで、社会法が生まれました。そのなかに、生存権、社会的連帯、自立した個人という理念を含む社会保障法、および労働者の保護をめざす労働法が存在しています。国際開発論では貧困削減という具体的な目標をもち、人権保護の観点から「人間の安全保障」という概念が重要になってきました。いずれの学問も経済や市場という領域を包み込んだり、切り離したりするかたちで、問題が設定されています。

　それではこうした諸学問に比べた経済思想は、どのような特徴があるのでしょうか。「陰鬱（いんうつ）な科学」と呼ばれて以来、経済学には次のようなイメージがつきまといました。つまり、私利私欲のエゴイズムで、お金や効率性のことしか考えず、人間の本質や制度を考慮しない狭い学問であると。「合理的経済人（ホモ・エコノミカス）」、「新古典派経済学（ネオ・クラシカル）」という名称はしばしば、いまでも一般の人びとからの冷ややかな目を物語っています。しかしこのような揶揄（やゆ）は、二重の意味でやや誤解があります。まず経済学じたい、学際的な最新の知見を大幅に取り入れ、従来の「新古典派経済学」を超える視野や分析方法を模索しています。ゲーム理論・新制度学派・行動経済学・実験経済学などという新しい試みです。これらの試みは、かつては与えられた外部条件に過ぎなかった制度や慣習について、個人の行動からどの程度その仕組みを説明できるか、あるいは望ましい制度をつくれるか、という問題意識にあふれています。また、経済学の過去250年以上にわたる歴史をかえりみれば、そこには正統・異端を含めて、「経済／個人と社会との関係」について、実に深い考察がおこなわれてきたことがわかります。

　ここで経済学的思考の特徴を、鍵となる用語とともに次の2つにまとめておきましょう。個人の行動と社会の現象です。

　第1の特徴は、人間をどのような存在とみるかという認識にかかわります。経済学では人間を、限りある資源（ヒト・モノ・カネ）を有効に用いて、一貫性（あるいは計画性）のある行動を選択・断念しながら、何らかの目的をかなえようとする存在と考えます（①稀少性、合理性、二律相反（トレード・オフ））。また、制度や条

件が与えられると、ある種の誘因（金銭や愛情など）に基づいて、みずからの行動を環境に適合させる存在であるとも考えます（②インセンティブ）。先ほどの「冷ややかな目」とは別の観点から、こうした人間観を積極的に評価することも可能です。独立した個人が選択肢を自由に選べる状態が望ましいとみること。目的や動機に関して、非金銭的誘因を含むどんな思想信条も許す寛容の精神があること。つまり、ここには二重の意味で「自由主義的な（リベラル）」価値観も含まれているのです。

　第2の特徴は、社会をどのような視点から観察するかにかかわります。経済学は、ある現象とある現象がまるで玉突きのように、相互に依存しあって動く体系を経済社会であると見なします。その現象の原因と結果（あるいは同時決定性）を大胆につかむため、いわば鳥の目をもって上空から見わたそうとします（③マクロ経済学）。また、理想的（最適）な状態を設定したうえで、それを実現する手段を政策として具体的に立案していくという現実性をもっています（④良き社会、厚生）。前者のような社会観から、物価や雇用量や国際収支などがいかにお互いに依存し、決定されるかという問いが出てきます。また後者のような観点から、「理想の社会はどうあるべきか」という問いが立てられます。

　こうした特徴を福祉問題に応用しようとするのが「福祉の経済学」です。一般に経済学者は、希少な資源の配分や、利得に動かされる個人行動を非常に重視するため、他領域の論者にはない独特の思考形態や分析結果で人びとを驚かせてきました。また価値に関して、とくに数量面の比較・測定をもっとも得意としてきました。しかし経済学の歴史をふりかえると、これら①や②の側面だけでなく、国民経済全体や理想の社会論という③や④の側面も、経済学者の中心的な関心事でした。社会保障は安全網（セイフティネット）だけでなく、有効需要の創出効果もあるという議論は、たとえば③の側面です（☞第17章）。あるいは③と④との両面で、慈善・正義・公平・共同・連帯といった観点が吟味されてきました。「冷静な頭脳と温かい心」というマーシャルの標語は、こうした特徴の融合を示しています（☞第11章）。

　さらに、本書が提唱する「福祉の経済思想」という領域では、現代の経済学的思考を理解しつつ、なお歴史的・思想的なアプローチを試みます。経済学史の方法論的特徴は、経済学者の洞察力（vision）と分析用具の両面から、過去の

学説を整理し現代に活かす点にあります。経済学における多様な思想の発展・衰退をよく知り、また他領域への深い共感と理解をめざせば、次の2つの役割を果たせるのではないでしょうか。まず経済学の内部で、高度に細分化・専門化された領域どうしを結びつけ、新しい着眼点を生む土壌を提供する役割です[2]。次に、非専門家と専門家をつなぐ役割です。とくに福祉に関してはさまざまな専門的アプローチがあり、しかも福祉は一般の人びとすべてにかかわる大問題です。両者の言葉・立場を理解する幅広い視点や方法が必要となります。本書では理想の社会を設定するさいに、経済的な個人行動がどの程度制約されるか／されるべきかをめぐって、思想家たちに鋭い論争があることも了解されるでしょう。

　要するに、経済学的思考を土台としつつ、さらに他領域や歴史的展開をかえりみようというのが、本書の狙いです。この過程で経済学的思考の優れた点や不得意な点が明らかになり、総合的な福祉研究の推進に役立つことでしょう。これがまさに「福祉と経済思想」の関連であり、本書の強みです。

2　福祉の経済思想

　ここでは、19世紀までの「福祉の経済思想」を概観しておきましょう。まず近代とは市民革命を経て、民主主義と資本主義が生まれ発展した時代です（☞第9章）。科学精神も発展するなか、この時期にはじめて今日あるような経済学が成立しました。ただし経済問題は、それ以前のいつにも、またどこにでも存在してきました。

　ここで社会全体の構造を、3層に分けて理解しましょう。社会（狭義）の場、政治の場、経済の場です。この3つが合わさって社会全体（広義）を形成します。それぞれ、共同体＝共感システム（慣習・宗教）、強制システム（世俗権力）、交換システム（市場）と呼ぶことができるでしょう。第1の要素が強い社会を血縁地縁共同体、第2を租税国家、第3を市場経済と名づけることもできます。人間社会はこの順で変容してきたといえますが、いつの時代もそれぞれの要素が絶えたことはありません。あくまで、ある要素が相対的に突出しているだけです。ただし、古代・中世と時代が下るにつれ、市場という交換シ

ステムが徐々に強力となり、近代ではついに他の要素を圧倒する事態となりました（☞第19章）。それまでは非力な経済を統制するのは、宗教的な力や軍事的・世俗的な力でした。それゆえ支配者がいかに神の意志を体現できるか、統治という徳を発揮できるかが問題でした。しかし巨大化した交換システムは複雑で、因果の連鎖も絡みあっています。そこで、経済現象の道理を専門的に考える学者が誕生し、ここに近代的な経済学が創始されたのです（☞第2章）。

アリストテレス

　この3層がいつの時代も混合しているため、思想家は社会全体における道徳・慣習・法律・政治との関連を考えながら、経済問題（生産・消費・交換・分配など）を熟慮してきました。ここに社会全体において、人びとの安寧（あんねい）と資源配分を考える思考が発達してきたのです。キーワードは貧困と幸福です。なぜなら、ほとんどの人びとは最下層の貧民として生活に苦しんできたのであり、まずは彼らの幸福を考えるのが「経世済民（けいせいさいみん）[3]」の常でした。大胆に単純化すれば、古代ではごく少数の支配層が統治の技巧（art）として、中世から近代初期では大多数の貧民に対する同情・差別を含む対処法として、19世紀末からは、たんなる貧困を超えた「市民全体の福祉」の問題として、福祉の経済思想が生み出されてきました。

　それでは具体的に、福祉や貧困の観点から経済思想をふりかえってみましょう。古代ギリシャの政治家ソロンやキリスト教の聖書が述べているように、古代において、節約や清貧はもっとも重要な徳であり、貨幣に対する執着は唾棄（だき）すべきものでした。ギリシャ時代のアリストテレスは、とくに利殖や金貸しを徹底的に嫌悪しました。彼にとって理想の世界とは、最高善が実現した自給自足の社会であり、ここでは人間の能力（理性）が完全に発揮された状態にあります。正義の状態とは、身分の貴賎に応じて正しく分業がなされ、また適切な財の配分がなされることです。アリストテレスにおいては、家政やポリスを治める学としての経済問題が、倫理学・政治学に埋め込まれた小さな問題として、正義や最高善の観点から考察されました。中世の初期においては、トマス・アクィナスが論じたように、経済活動の発達を背景に、商業は正当な営みである

と確認されました。ただし、商人が財の入手費用に節度ある利益を加えて、適正価格で販売した場合のみです。商業の発展が社会を劇的に変化させてしまう前までは、身分属性として固定的な貧困があり、キリスト教において清貧はむしろ徳目とされました。しかし中世の後期において、戦争や黒死病（ペスト）や囲い込み運動によって封建制が動揺し、人びとの移動が激しくなると、放浪者という新しい型の貧困も出現するようになりました。

　商業革命や農業革命、さらに産業革命が進行してくると、いままでの安定的な「公正」「分配的正義（人びとのふさわしさに応じて物の分け前を決めること）」という概念が揺らぎ出しました。そこでイギリスの思想家はコモンウェルス（commonwealth）という言葉に特別な意味を込め、「共通の利益で結ばれた団体・政治体」として、共同の富、公共の福祉を体現した理想社会を模索しました。各著書から中心概念を例示すれば、「ユートピア」（トマス・モア、1516年）、「ニュー・アトランティス」（フランシス・ベーコン、1624年）、「リヴァイアサン」（ホッブズ、1651年）、「コモンウェルス」（ロック、1690年）という具合です。ここでは国王の絶対的権力が揺らぐとともに、さまざまな経済問題（徴税、関税、土地登記、複式簿記、度量衡統一、奢侈、投機、さまざまな銀行、紙幣濫発）が出現して、いままでの慣習や伝統だけでは対処できない事態となってきたのです。とくに巨大化しつつあった商業文明は、信仰・徳・慣習・制度といった従来の価値と両立できるかが大問題となりました。フランス革命後には、理性による進歩主義・楽観主義に基づいて、より大胆な構想も生み出されました。ペインの『人間の権利』（1791～92年）による老齢年金などの広範な社会保障システム構想、カントの『永遠平和のために』（1795年）による軍縮、理性による共和制、自主的な国家連合という平和構築の構想、サン＝シモンの『産業体制論』（1821～22年）による産業者の協同組合（☞第10章）、科学と産業の結合という構想などがその一例です。これらの理想社会論には、私有財産制を否定し、人びとの労働や必要に応じて平等（公平）に生産物が分配されるとうたう社会主義・共産主義の萌芽も含まれていました[4]が、（とくにイギリスで）より支配的になったのは私有財産制を完全に認めたうえでの経済的自由主義でした。

　イギリスでは17世紀の市民革命後、幸福の裏返しである貧困に関しても、

人びとの意識に劇的な変化が起こりました。すなわち、怠惰ゆえに貧困が起こるという発想です。彼らは救貧院で施しを受ける輩であり、市民としての権利を剥奪されなければなりません。逆に尊敬すべきは自立・節約する労働者であり、無垢で勤勉な貧民でした。彼らの労働を資本主義内部の生産力に転化する必要性がある、と多くの資本家が考えるようになったのです。ここに現代の「ニート＝悪玉」論の原型をみることができます。救貧税という財政負担も重いため、政府による温情は嫌われましたが、産業資本家の自発的な慈善はむしろ賞讃されました。イギリスでは救貧法（☞コラム①）という長い伝統があり、貧困者＝労働者への温情・懲罰・活用が混在していました。紆余曲折を経ながら、救済権や居住権の確立、最低限賃金補助の実験、弱者の院内保護、労働環境の整備といった漸次的改良がおこなわれてきたのです。

そして慈善の組織化運動（☞コラム⑦）が高まった後、19世紀末には「貧困観の旋回」が起こります。科学的な貧困調査（☞コラム⑧）がきっかけでした。道徳的・個人的な貧困から、経済的・社会的な貧困へという意識革命です。この革命が直接的に福祉国家の理念──国家の責任における国民生活の保障──を導きました。ここでは資本主義が成熟して富が拡大した一方、恐慌や失業など、経済的悪弊が大きな動乱を誘うまでに巨大化していた背景があります。産業資本家に加えて労働者もまた参政権を得たため、国民全体の福祉を全員の賛意でもって承認できる体制が整ってきました。福祉（welfare）という言葉が「生存に必要な物質的条件」だけでなく、高次の人間性の獲得という倫理的な目標を含むようになったのは、19世紀末から20世紀初頭の出来事でした（☞第12、13章）。

思想家たちはいずれも経済的な自由主義の進行という急激な変化を、社会的存在としての市民の権利や慣習とどのように折りあいをつけていくか、という点をつねに苦慮してきました。福祉という言葉そのものは明示されていなくても、古来、「統治」「最高善」「公正」「適正」「自然」「幸福」「文明社会」「有用性」などの言葉で、経済思想家も「良き社会」「善き社会」を構想してきました。そこには急激に発展した資本主義（市場経済）のなかで、限りある資源の適切な配分を実現しつつ、その他の人間社会の徳目や伝統とどのように調和させていくかという問題があったのです。

3　2010年代以降の新しい状況

　本章の最後に、2010年代以降の福祉に関する新しい状況を概観しておきましょう。特に、経済構造の激変、およびそれを取り巻く社会構造・自然環境の変化に留意しておきましょう。

　資本主義の構造変化としては、生成系AIを含むICTの劇的な進歩から、知識経済・無形資産・電脳空間・ネットワーク化が進んだ結果、価格シグナルが十分な機能を果たせず、シェア経済・コピー経済という形で所有権すら当然視できないという特徴が生まれました。一方で、遠方から速く誰でも自らの能力を発揮できる場（グローバルで公平な市場）が出現しうるのに対し、他方でその場を巨大IT企業（例：GAFAM）が独占し、人びとを徹底的に監視して誘導しうる世界も可能となりました。例えばクラインは大きな災害・惨事に便乗して、公共部門を乗っ取る手法を暴いています。

　人びとの良き生活という観点からは、フレイザーの議論を借りると、政治・環境・再生産・分配という領域で、経済活動を支えてきた基盤が崩れ、弱者にさらにしわ寄せが出ている状況です。まず政治領域では、移民問題を典型として、ヘイトスピーチや排他主義がはびこり、扇動的・急進的な政策を訴えるポピュリズム政党が議会でも勢力を伸ばしました。環境領域では、地球温暖化を筆頭に、持続可能な（SDGsを実現した）社会への道のりは険しく、気候正義（環境を破壊した先進国こそ、その是正負担をすべき）も実現していません。定常型経済・脱成長という論点もあります。社会的再生産とは、人々の生活や社会関係を継続させる仕組みのことですが、育児・介護・看護などのケア労働（無償や低賃金）、教師・コールセンター・接客業などの感情労働（自分の感情を抑えることで報酬を得る）に大きく依存している状態です。女性の社会進出、少子高齢化、人種や性の多様性(ダイバーシティー)にも配慮する必要があります。社会に不可欠な(エッセンシャル・)仕事(ワーク)には低賃金だが、どうでも良い仕事(ブルシット・ジョブ)は高給という矛盾した状況もあります。分配領域（人権問題）では、搾取と収奪が人種間・国家間で固定化したり強化されたりしている現状です。特に、ピケティやアトキンソンやミラノヴィッチは、顕著な所得格差・資産格差を経済学の本流からも直視すべきだと世界に訴

えかけました。

　このように家族や労働のあり方が20世紀とは大きく変容したため、これまでの普遍主義（全員への一律対応）を原則とする福祉国家は大きく揺らぎます。従来ハイエクやフリードマンらの陣営が、政府の非効率性（巨大な国家債務、政府の失敗）を糾弾してきました。政府への不信は、公助（生活保護など）や共助（社会保険など）の力が衰え、自助努力・自己責任のみを肥大化させる構図につながります。加えて近年では「福祉の多元主義」——福祉の供給源として国家のみに頼らず、NPOやNGOなど中間的団体による活躍に期待する考え——が、結果的には公助・共助の縮小（あるいは公的部門の民営化）に結びついたと論じられています。リベラリズムに対する反発もあり、共同体主義にも注目が集まっています。就労と福祉を結びつけたり（ワークフェア）、自己の可能性を例えば職業訓練などで活性化させたり（アクティベーション）、という新政策もOECDやEUで模索されましたが、一人一人にきめ細かい対応を行うという理想には至っていません。

　性自認や心身の不調など多様性への理解が進んだからこそ、新しい不安感や不公平感が出現してきたといえるでしょう。また、大災害（ハリケーンや大地震）、9.11ショック（テロ）、リーマンショック（金融パニック）、コロナ禍（未知のウィルス蔓延）、武力衝突や軍事的緊張などの形で、ますます人びとの生活は脅かされ、ウェルビーイング、つまり持続的な《良き生》は保障されそうにありません。《福祉》を不当な特権とみなす風潮さえあります。

　このような現状を歴史的・思想的に吟味するためにも、以下の章では、17世紀以降の「福祉の経済思想」を詳しく考察します。福祉の経済思想家たちはどのような「良き社会」を内に秘めていたか。さあ、その再発見の旅に出ることにしましょう。

注
1）権威ある辞書（OED: Oxford English Dictionary）によれば、welfareという単語は14世紀から用いられています。福利（well-being）という言葉は17世紀から、福祉国家（welfare state）という用語は1941年にはじめて用いられました。社会構成員の福利維持という意味での福祉は、第2次世界大戦後に用いられました。

2) 分業（スミス、☞第3章）を前提としたうえで、新結合(イノベーション)（シュンペーター、☞第18章）をめざすこと、と言い換えることができます。
3) 儒教に起源をもつ概念で、世の中をうまく治め、人民を救済すること。この四字を縮め、明治以降に economy の訳語としても「経済」が定着します。
4) とくにフランスやドイツでは、社会（social/sozial）という言葉には、「より平等な世界を指向する連帯感・相互性」がもともと含まれています。

■ レポート執筆のヒント ■
- OED（Oxford English Dictionary）で welfare や well-being や weal という言葉を引き、主な意味や用法を調べよう。
- 介護保険法、生活困窮者自立支援法、こども家庭庁の成立年をそれぞれ調べ、その内容や背景を簡単に説明しなさい。
- 「フレキシキュリティ」（労働の柔軟性・保障性）という用語を含む本や論文を、CiNii（学術情報の検索サイト）で調べなさい。

■ 文献 ■
巻末の「読書案内」を参照のこと。

（小峯　敦）

第 1 部

経済学の成立と貧困の発見

経済思想担当の深草教授のもとに、2 回生のみゆきと 3 回生の龍也が遊びに来た。今年度の授業テーマである「福祉の経済思想」について聞きたいらしい。

みゆき：授業はなぜイギリスから考えるのですか？
教　授：18 世紀後期にイギリスは、世界に先駆けて産業革命をなし遂げました。資本主義（市場経済）の発祥地であるとともに、経済学が最初に大きく発展した国なのです。第 1 部では、このような時代と場所、つまり 17 世紀から 19 世紀中葉のイギリスにおける経済と福祉についての議論を扱います。
龍　也：福祉の問題も関係しているのかな。
教　授：キーワードは「近代 (modern)」です。比較的安定していた中世までの時期では、福祉や貧困の問題は身分や宗教と結びついており、とくにカトリックの影響下では、貧者は祝福されるべき存在でした。
みゆき：「清貧の思想」って聞いたことがあります。
教　授：そう。しかし疫病やら囲い込み運動やらで、人びとが場所も身分も移動することが増えてきました。政治も経済も新しい時代、近代に突入したのです。同時に、大量の貧者が発生したことで、彼らへの眼差しも変わり、また救貧法などの対策も図られてくることになったのです。このような激変のなか、経済学（ポリティカル・エコノ

ミー）も誕生します。
龍　也：経済学の父はアダム・スミス（☞第 3 章）ですよね。『国富論』はたしかアメリカ独立と同じ年の 1776 年に出版された、と経済学史の講義で聴いたのを覚えています。スミスの以前と以後では、何が違うのですか？
教　授：スミスは国民経済における市場システムの論理（利己心、分業、価格決定、再生産と成長、資本蓄積など）を体系化しました。スミス以後、経済学は自立した経済の論理を精緻化していきます。スミス以前は経済の領域を、道徳・宗教・慣習などより広い世界の一部として眺めていたのです。もちろん重商主義（☞第 2 章）や重農主義など、スミス以前に最初の経済学体系を模索していた人びとも多くいます。
みゆき：スミスの後継者といわれる人たちには、どんな人物がいたんですか？　また、彼らの福祉観はどのようなものだったのですか？
教　授：市民革命を経て安定・成長が見込めたスミスの時代は去り、以後は動乱の時代になりました。フランス革命（1789 年）やナポレオン戦争による社会の急激な変化です。この時期に活躍したのがベンサム（☞第 4 章）、マルサスおよびリカード（☞第 5 章）です。彼らはいずれもスミスの思想的後継を自負していて、当時の温情主義的な救貧政策を徹底的に批判したのです。
龍　也：怠けるから貧しくなる、という貧困観ですね。
教　授：そうです。しかし、次の世代になると、大英帝国の繁栄のなかで貧困問題も見逃せなくなり、社会主義運動も過激になってきました。こうした状況で J. S. ミル（☞第 6 章）は古典派経済学を集大成して、人間の可能性を高らかにうたい上げました。
みゆき：みんな自由主義者で、福祉の考えと正反対なのでは？
教　授：古典派経済学者は一般に、現代の自由重視派からはヒーローとして名が挙がるのですが、しかし事はそれほど単純ではありません。彼らも経済体系と幸福の両立を説いているのであり、「自由 vs 福祉」という単純な思考に陥らないためにも、その思想からおおいに学ぶべきでしょう。

2 「重商主義」の時代

貧困と救済

「麦芽商人は国中どこへでも出かけていき、どんな値段ででも大麦を買い、酔っ払いの楽しみをつくっている。」(John Cook, *Vnum Necessarium*, 1648)

【キーワード】

慈善　貧民　モラル・エコノミー　分配的正義

　この章では、アダム・スミスによって経済学がつくられる前、つまり17・18世紀のイギリスにおいても、さまざまな経済問題が議論されており、貧困とその救済もその重要なテーマの1つであったことが説明されます。

1　「われら失いし世界」

国力増強システムとしての「重商主義」　この章で扱う時代、すなわち17・18世紀のヨーロッパ、とりわけイギリスは、経済史や経済思想史的な側面からいえば「重商主義」という言葉でしばしば説明されてきました。この言葉じたいは、元来アダム・スミス（☞第3章）がその主著『国富論』第4編で、みずからに敵対する経済政策思想をかなりステレオ・タイプ化して名指したところに由来しています。

　しかし、その後の経済思想史研究においては、「重商主義」期の国家の政策は、国家そのものの確立にあったことが強調されてきました。つまり、国内の制度を確立し、他国との領土の境界を明確にし、そして国力を増強するという政策です。ここでいう国力とは、軍事力とそれを保証する経済力を意味します。つねにいつでも潤沢な戦費が確保されるために、輸出を輸入より多くし、そのさいに生じる貿易差額の支払いを外国からの金・銀貨幣によって受け取る。さ

らに、より安く、より多く売れる商品をつくるために、国内のトレイド＝産業を振興する。これが今日なお経済思想史という分野において「重商主義」という言葉が意味する内容です。そしてこの「重商主義」は、その後に本格的に確立する資本主義経済の初期の、もしくは準備段階の経済システムとして考えられてきました。

「われら失いし世界」

みなさんがこの本で最初に遭遇するイギリス社会、それはこのようにすでに十分経済的な論理で動かされている社会だったわけです。しかし、少し考えてみてください。労働者、企業家、投資家、こうしたわたしたちが何気なく使っている、今日の社会を構成する人たちを表現する言葉を、はたして何百年も前、つまり資本主義というわたしたちが生きる社会の仕組みが確立する前の時代に、人びとは同じ意味で使っていたでしょうか。

たとえば、ピーター・ラスレットという歴史家は『われら失いし世界』(1965年) という本のなかで、19世紀中ごろまでは、つまりこの本が書かれたときからみて約100年前、今日からみてもたかだか150年前までは、今日わたしたち資本主義社会の人間がふつうだと思っている生活・社会はなかったといっています。つまり、核家族だとかサラリーマン家庭などという生活のあり方はつい最近始まったことで、それまで人びとは家族総出で農作業をし、年ごろになれば子供を丁稚奉公にやり、他方で旅職人を住み込みで働かせる、そうした生活を送っており、彼ら農民とそれ以上の階層（とくに地主）との間の階層移動はほとんどなく、社会構造は固定化していたといいます。

そのような社会の福祉のあり方について、企業経営の倫理、労働者の権利の要求、さらには国家による福祉政策など、今日と同じようなレベルで語ることができないのは、少し考えれば容易に想像できます。つまり、本書が最初に扱う時代、いわば資本主義というシステムがイギリスでできつつあった17・18世紀という時代は、それがたとえ世界で最初に資本主義社会を確立したイギリスであっても、人びとは今日とはまったく異なった社会に生きていた、ということをまず頭に入れておかなければなりません。

戦争の時代

この「重商主義」という言葉でくくられる時代は、いまからおおよそ300年から400年前の時代であり、日

第2章 「重商主義」の時代

本では関ヶ原の合戦を経て江戸幕府がようやく安定した社会をつくり始めたころです。たしかに今日とはまったく異なる社会だったとはいえ、この時代にヨーロッパが、今日ある社会・経済システムへ向けての第一歩を踏み出したということは確かです。そしてそれは何よりもヨーロッパ内および外部との貿易、さらにはそれによってもたらされた各国間の経済・軍事競争のなかで始まりました。

ホッブズ

このころ日本に流れ着いたフランシスコ・ザビエルがスペインの人であり、やがて日本が西欧ではオランダとのみ交易をするようになったのは単なる偶然ではなく、このころのヨーロッパの歴史を反映しています。16世紀にその無敵艦隊を誇り、世界に「日の沈まぬ国」として君臨したのはスペインであり、それに強力な海軍力とそれを裏打ちする新興の経済力によって対抗していたのがオランダであり、そして本書の主たる舞台となるイギリスでした。やがて世界で最初に産業革命を起こし、世界の工場となり、いち早く「経済学の父」アダム・スミスを輩出することになったイギリスも、この時代にはあくまでも後進国、せいぜい新興国だったのであり、イギリスは最初から世界で最初の資本主義国として世界経済をリードしてきたのだ、などと考えてはいけません。

ホッブズの不安

こうした時代のなか生まれてきたのが政治哲学者トマス・ホッブズです。彼はみずからが、強国スペインの無敵艦隊からの砲弾の恐怖を抱えて生まれてきたのだ、といっています。彼の主著『リヴァイアサン』(1651年)は、このようにこの時代の抱える恐怖、そして中世のカトリック教会の衰退以降ヨーロッパ中を覆っていた懐疑主義という、何を信じていいのかわからない、よりどころのない「万人の万人による戦い」という社会のなかで、人びとはまずその最大の財産である生命の安全を守るため、巨大な怪物「リヴァイアサン」である国家にすべての権力をあずけることが必要であるということを説いたのです。つまり必要に迫られたとき、「国家理性」はすべての法にさえ優先するのだ、と彼は恐怖に打ち勝つべく強調したのです。

近代的な学問の視点からみると、これは政治の話だ、と割り切られてしまいそうですが、経済学などという学問がないこの時代、今日わたしたちが「経済」の問題だと考えている問題は、まさにこうした政治や社会など、より広い文脈のなかに散らばっていたのです。わたしたちはこうしたホッブズ的な恐怖と不安の時代に、人びとはどのような生活をし、それに対して思想家たちはどのような経済的な思索をしたかをみていかなければなりません。

2 貧民とその救済

マンと東インド会社　では、この時代には経済の諸問題について誰がどのように考えていたのでしょうか。実は、この誰が考えたのかということと、どのように考えたのかということは、密接に関連しています。この時代に経済問題を語ったのはパンフレッティーアと呼ばれる人たちでした。今日でいう経済評論家に近い存在かもしれません。ただ、この時代のパンフレットは今日のいわゆる評論と異なり、ほとんどの場合何らかの企画（project）——慈善事業、銀行設立、戦費調達など——の提案をしていたり、またはある特定の会社の擁護をしていました。

たとえば後者の代表が、東インド会社の重役でもあったトマス・マンでした。この時代、ほとんどすべての経済関連のパンフレットのなかで最大の問題として取り上げられていたのは「貨幣不足（want of money, scarcity of money）」という事態でした。貨幣が足りないために国内の経済取引がうまくいかない、当時の言葉でいえばトレイド（trade）が衰退してしまうと考えられていました。当時の東インド会社は、東インドとの交易のなかで一方的に綿などの品を輸入し、それに対して多大な貴金属貨幣を輸出し、国内の貨幣不足の原因となっている、と非難されていました。

それに対しマンは、たしかに東インドとの貿易は赤字だが、その他の新大陸などの貿易も含め、全体で考えれば結果として黒字になるのだから、貿易を自由にし、より盛んにすることによって国内に貨幣がもたらされることになる、このように訴えます。ここでのマンの立場は明らかに東インド会社の擁護ですが、しかし、彼はそれが何よりも公共の利益のためであることを強く主張した

のです。マンをはじめ、この時代のほとんどの論者たちは、たとえどうみてもそれが自己弁護であったとしても、みずからの主張は「公共善（public good）」に沿ったものであることを強調しました。このことは、のちに「利己心」こそが社会の繁栄をもたらすとした「経済学の父」アダム・スミスのケースとは対照的です。

貧民救済

他方の企画家（projector）といわれる人たちも、やはりほとんどが、みずからの企画が公共善をもたらすものであることをかならず強調しました。そしてそれらの多くは、トレイドの振興策とともに「貧民（the poor）」と呼ばれた人たちに対する対策案を含んでいました。そもそも、この時代の貧民とはどのような人たちのことなのでしょうか。それは、当時のイギリスの人口のほとんどを占めていた農民とほぼ重なるといっていいかもしれません。つまり、貴族・地主や一部の商人・製造業者以外の人たちは、つねに生存水準ぎりぎりのところで生活しており、度重なる飢饉で多くの人びとが生命の危機に脅かされ続けていたわけです。また、当時は社会的な意味においても人びとはさまざまな不安定要因を抱えていました。怠惰、病気、身体的な障害、不道徳[1]、こうしたことにより、もともと貧しい人びとはいつでも、経済的のみならず社会的な意味においても落伍者となりえたわけです。酔っ払いがこの時代の大きな社会問題であったことは、今日のわたしたちにとっても笑えないことかもしれません。

質屋と慈善銀行

こうした貧民は、当時それぞれの貧民が属していた教区[2]によって救済されてきました。ただ、そのことによって、この時代にも今日的な社会福祉制度のようなものがあったのだとはいえません。この時代、いきなり教区の救済を受けるというのは、社会的な地位・信頼をそこで即失うということになり、たとえ、生存の危機を乗り越えたとしても、その後もとの社会生活に復帰することは難しく、社会の落伍者としての烙印は付きまとうことになるわけです。そこで人びとは、教区に救済を求める前にさまざまな試みをおこない、生存の危機を乗り越えようとしました。貧民どうしの間での助けあい、富者からの施しなどがその例として挙げられますが、経済システムという視点からみると質をあずけることによる貨幣の入手がその典型ともいえます。そして、この質をとって貨幣を貸す代わりに高い利

> ### コラム①　救貧法
>
> 　一般に、1601 年のエリザベス救貧法から 1834 年の救貧法改正前までを旧救貧法、それ以降を新救貧法と呼びます。エリザベス救貧法は、当時の浮浪者や貧民の増加への従来の対応策を集大成した法律でした。その目的は、①孤児、未亡人、病人、老人（労働不可能者）のケアと、②労働可能な者への就労措置にあります。具体的には、生活に必要な現金・現物の給付、救貧院への収容、働ける者への仕事の提供などがおこなわれました。
> 　次に、1662 年の定住法により、貧民は自分が居住権をもつ教区（救貧を担当する行政単位）のみで救済されるべきだとされます。その後、救貧院への入所を拒否した者は受給資格を失うとして院内救済（救貧院のなかでの救済）の徹底をはかったナッチブル法（1722 年）や、逆に、労働可能者の院外救済（救貧院の外での救済）を正当化したギルバート法（1782 年）などが立法化されました。
> 　その後の 1795 年以降に広まったとされるスピーナムランド制度はとくに重要です。これはパンの価格と子供の数に応じて、標準生活費と賃金の差額を教区が補塡する制度でした。しかし、同制度に対しては、安易な結婚・出産を助長させ、救貧支出を逆に増加させてしまうという批判が高まります。そこで、劣等処遇の原則（労働可能な救済受給者の状態は非受給者の状態よりも劣悪にすべき）を採用し、院外救済の原則廃止を定めた新救貧法が 1834 年に制定されました。
>
> 　　　　　　　　　　　　　　　　　　　　　　　　　　　（益永）

子をとっていたのが、しばしば高利貸し（usurer）として批判されていた質屋（pawnbroker）だったのです。この質屋をめぐっては、質を安全な場所で管理しない、質を不当に没収してしまうなど、その悪徳商法ぶりが多くのパンフレットのなかで批判されました。

　こうした貧民の苦境を救うべく、17 世紀前半から半ばにかけてしばしば提案されたのが、貧民救済を意図した慈善銀行（bank of charity）でした。こうした提案をした企画者たちは、当初かならずしも慈善銀行、もしくはその他の慈善事業そのものだけを提案したパンフレットを書いていたわけではありません。たとえば、為替の悪用こそが貨幣の流出をもたらしているとして為替管理を主張し、マンの自由貿易論と対立したジェラルド・マリーンズも、その『商法』（Lex Mercatoria, 1622 年）という大著のわずかな一部分で、貧民救済を意図した慈善銀行の設立を提案しています。企画者たちによって提案された慈善銀行はほ

とんどの場合、質（pawn）を取るが低利で貨幣を貸し付けること、そして何よりもその質を安全なところで壊すことなく管理し、借入金返済のさいにはたしかに質を返すこと、かりに返済がなされない場合でも、その質を正当な価格で売り、その余りは借り手に渡すことなど、貨幣を借りに来る貧民がしっかり救済されること、そして何よりもそれが悪徳な質屋とはまったく異なることが強調されました。これら慈善銀行はマリーンズ以後、しだいに労働訓練所の設立などその他たくさんの貧民救済策の1つとして提案されるようになってきましたが、慈善銀行という形態の金融業が広く行きわたるということにはなりませんでした。

抵当銀行 しかし、この質を取って金を貸すやり方は、17世紀半ば過ぎあたりから、抵当銀行（Lombard bank）として、かたちを変えて多くの企画者によって提案されることとなります。ここでも慈善銀行案と同様トレイドの振興と貧民救済が二大目的として掲げられますが、しかし、そこではより前者、つまりトレイドの視点が強くなり、貧民救済という視点は建前、もしくは前者の視点に取り込まれていくこととなります。抵当銀行とは、質を取るという点においては慈善銀行と同じですが、抵当銀行の場合、質とはいわず、むしろ「担保（security）」といわれ、その価値に基づき抵当をもち込んだ人に対して（場合によってはもち込まない人に対しても）銀行信用（bank-credit）を貸し付けることになります。これは、今日のように銀行にある帳簿上での貸付の場合もありますし、銀行券の場合もあります。「質」という言葉をこれらの銀行案が使わないようにしたのには、やはりこの「質」という言葉には、何か貧困、怠惰、浪費といった否定的なイメージが付きまとうからであり、実際抵当銀行の企画者たちは、それがこうしたものとはまったく異なることを強調します。彼らは抵当銀行の最大の目的は、そのことによってトレイド振興のために必要な貨幣の不足を補い、そして何よりも貧民の雇用をつくり出すことだといいます。経済思想史家という立場からみて興味深いのは、「雇用（employment）」という今日の経済学で使われている言葉と同じ言葉が使われていることです。だからといって、もちろんこの時代に今日の雇用政策につながるような視点があったのだとはいえませんが、ただ貧民救済という問題を、たんなるキリスト教的な隣人愛に基づく道徳的な動機からでは

なく、雇用という、より経済的な視点から考えようとしたという点では、今日の経済学へのつながりを感じることはできるでしょう。

この抵当銀行案は、やがて名誉革命（1688〜89年）の後、土地という、よりたしかな財産をその抵当とする土地銀行案へと変貌を遂げていきます。この土地銀行案はイングランド銀行との間で激しい論争を繰り広げることになりますが、ここで注目したいのは、17世紀も終わりのころになってくると、こうした銀行設立の目的のなかに、トレイド振興、貧民救済だけでなく、いまでいう公共施設への投資のようなことも掲げられてくることです。もちろんこの時代の公共的な投資といえばハイウェイ（貨物運搬用の荷馬車がスムーズに通れるような整備された道路）の建設・整備といったようなことに限られますが、それが何よりもいくつかの銀行案の主要な目的の1つとして掲げられていたことは、今日に生きるわたしたちにとっては興味深い点です。

3　モラル・エコノミー

モラル・エコノミーと分配的正義

しかし、いままてきたような貧民救済の考え方がそのまま今日の福祉政策へと発展してきたのかというと、少なくとも経済思想史の視点からすると、むしろ逆でした。この後、スミスの章（☞第3章）でみるように、こうした公的な視点、当時の言葉でいえば公共善を求めた主張というのは、むしろ影を潜めていく、というか「公共善」という合言葉を目標から外すことによってこそ、スミス以降学問としての経済学が成立していくことになるわけです。では、スミス以前には何ら体系的な経済思想はなかったのでしょうか。この疑問に対する答えは少々難しいですが、最近の経済史・経済思想史の研究では、スミスによっていわば自律的なシステムとしての経済に対する分析の体系、当時の人びとの言葉でいえばポリティカル・エコノミー (political economy)[3]が確立する前の社会には、より社会・道徳的なルールに基づいた経済があったと指摘され、それを今日の研究者はモラル・エコノミー (moral economy) と呼んでいます。つまりモラル・エコノミーとは、今日の資本主義システムであるポリティカル・エコノミーができる前に存在し、その内部で自己完結していたというよりは、社会

や道徳というより広い枠組みのなかにあった経済システムのことを指します。そこでのルールをもし一言でいうのであれば、「分配的正義」という言葉で表わすことができるでしょう。

　もともとモラル・エコノミーという言葉を広めたのは、E. P. トムソンという1993年に亡くなったイギリスの歴史家でした。彼は市場社会というものができる前の時代における穀物価格の設定の仕方のルールのことを、モラル・エコノミーという言葉で表現しました。トムソンの説明は以下のようなものです。今日のような需要と供給のメカニズムがはたらく穀物市場がない社会において、穀物の不作の年には穀物は独占商人によって買い占められ、貧民たちは穀物価格が明らかに公正な価格を上回っていることを認識し、彼らはその穀物の価格の引き下げを要求するべく一揆をするそぶりを見せました。しかし、彼らも実際に一揆を起こすことはほとんどせず、実際にはその駆け引きのなかで穀物価格の引き下げを引き出そうとしたのです。こうした穀物価格決定のメカニズムは市場競争の原理とは異なり、まさに社会・道徳的な交渉に基づいています。したがって、これをポリティカル・エコノミーとはいえないが、やはり一定のルールに基づいて価格決定がなされている、ということで、モラル・エコノミーとトムソンは呼んだわけです。そして、最終的に穀物価格が引き下げられるさいの大義は、社会における富の分配の結果がどのようなものになるのかという視点からみた正義、つまり「分配的正義」だったわけです。スミスの章でみるように、「経済学の父」スミスは、人びとは経済取引における等価交換の原則、すなわち「交換的正義」だけを守っていれば、そもそも社会のなかで慈悲や慈善を必要とするような人びと、つまり分配的正義が考慮されるべき人びとはほとんどいなくなるはずだ、と考えていました（☞第3章）。しかしモラル・エコノミーは、交換的正義だけに頼っていたら人びとは飢え死にしてしまう、という現実への対応をしたのです。

分配的正義と隣人愛　こうした分配的正義という概念装置は、前の節で取り上げた慈善銀行をめぐる議論のなかでも出てきました。たとえばベンブリッジという人が、1646年に書いたパンフレットのなかで、慈善銀行の設立を訴えながらこの言葉を使っています。ただこのとき気をつけなければならないのは、たしかにこの考え方はギリシャの哲学者アリストテレ

スに由来するものですが、ベンブリッジがこの言葉を使うとき、それはキリスト教の教えにある隣人愛と同じ意味で用いており、それは何よりもキリスト教の神に由来する概念として考えられていたということです。実際、先にみたように、この時代の貧民が最終的にすがるべきところは教区であり、これはこの後、長きにわたってイギリスの貧民救済の中心的な場であり続けるわけです。

4　おわりに

　以上「重商主義」と呼ばれてきた時代の貧民救済を、おもに経済思想の観点からみてきました。福祉という問題にかかわりなく、経済思想の歴史の教科書はたいていこの時代から始まります。それはこの時代に経済学がつくられたことを意味するものではまったくありませんが、しかし、より体系化された今日の経済思想への道筋が明確に見え始めたのがこの時代であるとはいえます。そして「福祉」という、経済思想のなかでもより現代に近い問題も、かたちを変えてではありますが、この時代にすでに真剣に、経済という新しい社会システムとのかかわりのなかで、しかし今日とはいささか異なる仕方で考えられていたのだということをわかっていただきたいと思います。

注
1)　たとえば不倫や婚前の妊娠など。
2)　1人の神父・牧師が担当する区域のこと。
3)　この言葉は通常、経済学、もしくは政治経済学と訳されますが、ここでの political に今日の「政治的」というような意味はありません。これは natural という自然や人体を指す言葉に対して、人間社会を意図するものと考えられています。

■■■ レポート執筆のヒント ■■■
・自分の生活のなか、または日本の社会のなかで、遠い昔から続いている助けあいや福祉の仕組みを考えてみよう。
・日本にいまでもある質屋さんの歴史を調べてみよう。
・『新約聖書』のなかに、のちの慈善の考え方があるか確認してみよう。
・イギリスにおける慈善や貧民救済という考え方が、17世紀から今日に至るまで、どのように変化していったかを調べてみよう。

■文献

(重商主義の時代の本)

ジョン・ロック『利子・貨幣論』田中正司・竹本洋訳、東京大学出版会、1978年。

トマス・マン『外国貿易によるイングランドの財宝』渡辺源次郎訳、東京大学出版会、1971年。

ジョサイヤ・チャイルド『新交易論』杉山忠平訳、東京大学出版会、1967年。

(参考文献)

大倉正雄『イギリス財政思想史――重商主義期の戦争・国家・経済』日本経済評論社、1998年。

杉山忠平『イギリス信用思想史研究』未來社、1963年。

J. ブリュア『財政=軍事国家の衝撃――戦争・カネ・イギリス国家 1688-1783』大久保桂子訳、名古屋大学出版会、2003年。

I. ホント『貿易の嫉妬――国際競争と国民国家の歴史的展望』昭和堂、2009年。

P. ラスレット『われら失いし世界――近代イギリス社会史』川北稔ほか訳、山嶺書房、1986年。

Edward P. Thompson, *Customs in Common*, London: Merlin Press, 1991.

(伊藤誠一郎)

第 I 部　経済学の成立と貧困の発見

3　スミス

文明社会における労働貧民の境遇

> 「〔未開〕民族は極度に貧しいために、彼らの幼児や高齢者や長びく病気にかかっている者を、ときには直接殺害したり、ときには捨てておいて飢え死にさせたり……する必要に、しばしば迫られる……。これに反し、文明化し繁栄している民族の間では、……最低・最貧の労働者ですら、倹約かつ勤勉であれば、未開人が獲得しうるよりも大きな割合の生活必需品や便益品を享受することができる。」(『国富論』序文)

【キーワード】

啓蒙思想　自然的自由のシステム　経済成長　労働貧民

　本章は、「経済学の父」スミスが公共の福祉について——彼の言葉を使えば「文明社会における労働貧民の境遇」について——どのような考えをもっていたかを説明します。

1　略伝——スコットランド啓蒙とフランス啓蒙

スコットランドに生まれて

　アダム・スミス (Adam Smith, 1723〜90 年) は、イギリス北部スコットランドの中心都市エディンバラから北へ 15 km ほどのカーコーディという小さな町で、1723 年に生まれました。そして、生涯のほとんどをスコットランドで過ごし、1790 年にエディンバラで亡くなります。

　スミスの思想形成過程を考えてみますと、この時代のスコットランドで生まれ育ったことは彼にきわめて大きな影響を与えています。当時のスコットランドは「スコットランド啓蒙」と呼ばれる学問の興隆をみた時代にありましたが、そこで議論されたテーマの 1 つは、イングランドとの合同[1] (1707 年) 以降、

スコットランド社会で進行する商業化をどう評価するかというものでした。スコットランドはより良き社会へと発展しつつあるのか、それとも悪しき社会へと没落しつつあるのか。それが問題だったのです。

実際、故郷の町立学校を経て14歳でスコットランドのグラスゴウ大学へ進学したスミスは、そこで、スコットランド啓蒙に連なる思想家の1人、道徳哲学教授ハチスン（1694〜1746年）に教えを受けました。ハチスンの講義は、倫理学とそれに基礎づけられた法学（政治的・経済的内容を含む）についてのものでしたが、スミスはそこから、学問の枠組みのみならず商業化の意義を吸収します。さらに、17歳でグラスゴウ大学を卒業後、奨学金を得てイングランドのオックスフォード大学に内地留学するのですが、そこでスコットランドとイングランドとの対照的な現実——イングランド人の勤勉さとスコットランド人の怠惰、イングランドの大学の沈滞とスコットランドの大学の活気、など——に強く印象づけられます。また、帰郷後エディンバラで文学および法学の公開講義を毎冬おこなっていた時期（1748〜50年）に、スコットランド啓蒙最大の哲学者ヒューム（1711〜76年）と知りあい、彼らは終生の友となりました。

スミス

このような環境に恵まれた若きスミスは、商業化を、そしてそれを支える経済的自由を擁護する立場を確立していきます。

「経済学者」スミス　さて、公開講義の評判よろしく、スミスは1751年に母校グラスゴウ大学に教授として招かれ、翌年から12年間にわたって道徳哲学講座を占めることになります。講義は神学・倫理学・法学からなっていましたが、倫理学部分を独立させるかたちでデビュー作『道徳感情論』を1759年に上梓しました。この書物の巻末で予告されていることからすると、倫理学部分に続いて法学部分を出版する計画でしたが、それは実現しません。実をいうと、法学部分のさらにその一部であった経済に関する部分だけを独立させるかたちで著した書物だけが出版され、法学についての書物は結局出版されずじまいでした。この1776年に出版された書物『国富論』——計画倒れの副産物——が、スミスをして「経済学の父」の名をほしいまま

にさせているのは、ちょっと皮肉なことかもしれません。

さて、1763年に『国富論』執筆にとって非常に重要な転機が訪れます。デビュー作による名声もあって、若きスコットランド貴族の修学旅行付き添い家庭教師として、スミスに白羽の矢が立ったのです。翌年、早々に彼は大学を辞め、青年貴族のおともをしながらフランス各地およびジュネーヴを約2年かけて廻りました。その間彼はフランス啓蒙に連なる多くの人びとと交わります。なかでもケネーやチュルゴ[2)]など、エコノミストと呼ばれた人びととの親交は、『国富論』の内容に大きな影響を与えたように思われます。というのは、『国富論』において鍵となる概念のいくつかが、大陸旅行前にスミスが書いた『国富論』の草稿には存在しない一方で、『国富論』出版以前にエコノミストたちが著した論考には存在していたからです。もちろん、スミスは彼らの所説をそのまま受け入れたわけではありません。彼はそれを独自の概念に練り上げて、第3節で取り上げる経済成長論に結実させていったのです。

スミスは帰国後10年近くの歳月を費やして『国富論』を完成させます。その後彼は、エディンバラの関税委員を務めたり、ロンドンに上京したおりには政府のメンバーから経済政策について相談を受けたりしましたが、多くの時間を自著の増補改訂に励む、比較的静かな晩年を過ごしました。

2　自然的自由のシステム——穀物取引の自由化

スミスの「福祉」

近年、規制緩和された分野で企業の不祥事や不法行為が相次いでおり、このような経済事件を論評する新聞記事でよくスミスが引きあいに出されます。いわく、「スミスは手放しで経済的自由を称揚したわけでなく、市場社会を支える倫理こそ重要であると論じたのだ」という具合です。事実、スミスは先述のように倫理学者でもありました。

スミスがそのような人物であるというと、福祉についてもきっと心温まるようなことを述べたに違いないと想像されるかもしれません。当時のイングランドでは、教区単位の救貧行政（☞第2章）を除くと、貧者の福祉は主に施与、つまり富者による慈善の心からの施しによっておこなわれていたのですが、しかしながら、スミスは『道徳感情論』で次のような趣旨のことを述べています。

> ## コラム② 税の原則（スミス）
>
> 　人びとに福祉を提供するためには財源が必要です。とくに租税は重要な財源です。そこで、これまでに唱えられてきた代表的な租税原則をみてみましょう。まず、アダム・スミスが有名な租税4原則を示しました。それらは、①公平性（租税は人びとの能力にできるかぎり比例して、つまり国家の保護の下で人びとが獲得する収入にできるかぎり比例して支払われるべき）、②明確性（恣意的な租税にならないように納税の時期・方法・金額は明確であるべき）、③便宜性（納税者にとってもっとも好都合な時期・方法で課税をすべき）、④徴税費用の最小化（国庫への納入額と納税者の支払い額の差を最小にすべき）という4つです。
> 　その後、アドルフ・ワグナーは4つの大原則と9つの小原則を唱えました。たとえば、租税は財政需要を十分に賄えるものであるべき（十分性の原則）、租税は財政需要の変化に柔軟に対応して必要額を賄うべき（可動性の原則）などです。これには、スミスの②〜④の原則も含まれていました。しかし、スミスとは違って租税による所得再分配や累進税を正当化するものになっています。また、マスグレイブは6つの条件を示し、租税の中立性や景気調整のために租税を活用すべきことなどを説いています。
> 　最近では、公平・中立・簡素の3原則を挙げるのが一般的でしょう。なかでもとくに、中立（効率）を重視する風潮が強いように思います。　　　（益永）

「慈善をおこなうことは賞賛に値するが、おこなわないからといって非難することはできない。もし慈善を強制しておこなわせるようなことがあれば、それはきわめて不正義なことだ」と。つまり、富者は貧者に施しをする義務を負っているわけではないというのです。また、当時の救貧法についても積極的には評価していません。このように、スミスは福祉について、つまり公的扶助や施与によって貧者の生活の安定や充足を図ることについて、かなり冷淡な態度をとっています。

　ところで、「福祉（welfare）」にはもう1つ意味があります。それは「人びとの生活の豊かさ」それじたいを指す用法です（この場合には「厚生」と訳されることもあります）。スミスの時代、この言葉はもっぱら後者の意味で使用されており、『国富論』でもその意味で用いられています。では、この意味における福祉をスミスは軽視していたのでしょうか。いいえ。むしろ、公共の福祉の増進を徹底的に追究したのが『国富論』の体系なのです。

スミスによれば、公共の福祉とは「社会の圧倒的大部分を占める下層階級の人びとの境遇」のことです。というのは、社会の圧倒的大部分が惨めな境遇におかれている社会が幸福であるはずがないからです。では、彼らの境遇は何によって測定されるのか。それは何よりも、衣食住を中心とした生活水準によってです。このように考えたスミスにとって、公共の福祉をめぐる最大の問題は、公的扶助や施与に頼ることなく、下層階級の人びとに最低限必要な生活資料を確実に提供するにはどのような社会制度が望ましいか、ということになります。

市場から市場へ　これに対するスミスの解答は明快です。それは自由市場だというのです。ここでは食、穀物取引を例にとってスミスの所説を紹介しましょう。

当時ヨーロッパでは周期的な飢饉が発生しており、イギリスも例外ではありませんでした。このような飢饉のさいには、行政当局が穀物商人に命じて低価格で穀物を市場に提供させることが、またさらに、飢饉に備えて日ごろから穀物取引を統制することが期待されていました。実際、飢饉に見舞われた人びとは、穀物商人の投機的な取引こそ飢饉を引き起こすものだとして、彼らの穀物倉庫を略奪することもありましたし、また商人たちの行動をちゃんと統制できなかったとして、行政当局を糾弾する騒擾を引き起こすこともしばしばでした（☞第2章）。しかしながら、スミスは穀物取引への統制はかえって飢饉を深刻化させるものであると論じます。価格統制は穀物商人をして供給量を減少させるだろうし、供給された穀物は低価格ゆえに急速に消費されてしまうことによって、新たに飢饉を引き起こすことさえあるというのです。

では穀物取引はいかになされるべきなのでしょうか。スミスは、具体的な市場ではなく、全国的規模の、その意味では抽象的な穀物市場なるものを想定します。そこでは、生産者・商人・消費者いずれも多数から構成されていて、また地理的にも分散していることから、仲間内で結託して共謀することは無理です。このような想定の下では、転売目的に市場の商品を買い占めたり市場到着前に商品を買い占めたりという商人の投機的な取引も、穀物が豊富な（＝安価な）時・所から稀少な（＝高価な）時・所へとそれを移転させているわけなので、飢饉から人びとを効果的に守ることにつながる。つまり、商人たちの安く買い高く売るという自分の利益を追求する行動が、結果的に意図せずして公共

の利益につながるというのです。そしてこれを実現する機構こそ、抽象的な市場メカニズム——スミスの有名な比喩「見えざる手」——です。つまり、穀物取引を自由化すべきというのが彼の解答でした[3]。

　スミスは当時の社会を、誰もが生活資料をおもに交換によって入手する社会、誰もがある程度商人になる社会、という意味で「商業的社会」と見なしています。この社会では、乞食でさえも他者の慈善だけに頼っていてはみずからの必要をつねに満たせるわけでない。乞食でさえも頼らざるをえない交換という行為は、当事者それぞれの利己心にかなうものでなくてはならないからです。このような原理が全面的に展開するのが市場であって、それは人為的に統制されることがなければ、基本的に公共の福祉を増進するものなのだというのがスミスの主張です。

　このような人為的な統制のない世界を、スミスは「自然的自由のシステム」と呼びます。彼には「自由それじたい価値あるものだ」という先験的な確信がある一方で、それが公共の福祉の増進という帰結をもたらすという明確な判断があります。このことが、彼の経済的自由の擁護をよりいっそう説得力あるものにしているように思われます。

3　経済成長のメカニズムと賃金トレンド

公共の福祉の恒常的増進を目指して

　とはいえ、自由市場擁護の議論だけならば、スミスが19世紀以降「経済学の父」という称号を享受することはなかったかもしれません。というのは、1764年から翌年にかけて南イタリアを襲った飢饉をきっかけとして、穀物取引自由化政策の是非をめぐり、フランス思想界を二分する論争が起きたのですが、そのときエコノミストと呼ばれた人びとは、すでにスミスと似通った議論を展開して穀物取引の自由化を主張していたからです。スミス自身も、穀物取引の自由化が飢饉を防止することを説明したとしても、公共の福祉が恒常的に増進する——圧倒的大多数を占める人びとに高い生活水準をもたらす——メカニズムを説明しないことには、経済学の目的をはたしえたとは考えなかったでしょう。

　スミスはまず、われわれ文明社会には著しい不平等があるが、その最下層の

人びとですら未開社会の人びとよりも豊かであるのはなぜか（本章冒頭の引用文参照）と問います。次に、解答の布石として、この社会を2つのやり方で特徴づけます。1つは先述の「商業的社会」として、もう1つは「資本の蓄積と土地の占有が存在する社会」、つまり土地所有者と資本所有者、そして圧倒的大多数の労働貧民という3種の経済主体からなる社会としてです。さらに彼は、ヨーロッパ各国・北米植民地さらには中国などの比較対照を通じて、「成長著しい文明社会では、圧倒的大多数の人びとが高い生活水準を享受し、停滞したり衰退したりしつつある場合には低い生活水準に甘んじる」と考えました。これらのことから、上の問いは、「商業的」かつ「資本の蓄積と土地の占有が存在する社会」において経済成長が実現されるメカニズムはどのようなものか、そして、その成長が労働貧民の生活水準を引き上げるメカニズムはどのようなものか、という、より具体的なかたちをとります。

経済成長のメカニズムと賃金トレンド

スミスは、経済成長を2つの要素に還元します。1つは分業の深化による労働生産性の上昇という質的な要素、もう1つは、労働者のなかでも「生産的労働者」の増加という量的な要素です。彼は前者の要素のほうが重要であると考えていますので、まずはそれを説明しましょう。

スミスは、ピン製造の作業場を取り上げて分業の効果を例証します。そこでは、多くの工程が複数の労働者によって分割されていることが、各労働者の技量を高め、移動時間を節約し、機械の発明を促すことによって、労働生産性を高めます。このように作業場内の分業を説明した後、この原理が社会全体にもあてはまるとスミスは主張します。たとえば、弓や矢を他の人より多少うまくつくれる人がいるとします。彼は自分で狩りに出るよりも、仲間が獲ってきた鹿肉とそれらを交換したほうが多くのものを入手できることに気づくはずです。その結果、彼はやがて弓や矢をつくることを専門におこなうことになり、そのため弓矢をつくるのがいっそううまくなります。スミスによれば、社会でみられる職業分化はこのような専門化の結果であって、社会的分業として社会全体の労働生産性を押し上げているのです。

スミスの社会的分業の認識は、「商業的社会」のそれと表裏一体のものとなっています。各人が生活資料を他者との交換によって入手するのが「商業的社

会」ですが、そのような交換の背後には、各人の専門化された生産過程があるというわけです。また、それらを推し進める根本が、ともに人びとの利己心であるという点でも、両者は一体のものです。そして、このような二重の意味での質的変化をともないながら進む労働生産性の上昇こそ、スミスが経済成長の第1の要因としたものでした。

　次に、経済成長の第2の要因を説明しましょう。スミスはまず、労働者を生産的労働者と不生産的労働者に大別します。彼自身の定義が若干動揺しているのですが、生産的労働者とは農産物や工業製品を市場にもたらす労働をおこなう者、不生産的労働者とはそれ以外の労働者と考えて、さしつかえはないでしょう。重要なことは、生産的労働者が価値をつくり出すのに対して、不生産的労働者は価値をつくり出さない、つまり後者への賃金の支払いは、たんなる所得移転と考えられていることです。このように考えると、労働生産性が変化しないとしても、不生産的労働者に比して生産的労働者が増えれば増えるほど、社会全体の所得は増大し経済は成長していきます。

　不生産的労働者の具体例として、スミスは、裁判官や軍人といった公務員、牧師・弁護士・医師といった専門家のほかに、ダンサーや歌手、家事奉公人や従者といった周縁的な就業者を挙げています。実際、当時のイギリスでは今日の発展途上国と同様に、かなり多数の人びとがインフォーマルセクターで不完全な就業状態にあったと思われます。彼らの多くは、ちゃんと働くわけでも失業しているわけでもなく、地主を頂点とした村落共同体のなかで何とか糊口をしのいでいたのが実状のようです。不生産的就業から生産的就業への労働移動を論じるとき、彼の念頭にあった不生産的労働者とは、このような人びとであったと考えられます。

　では、このような転換を実現するためには何が必要でしょうか。それは、地主や資本所有者（借地農業者や親方製造業者などの経営者）たちが不生産的な支出を切りつめ、農地改良や作業場拡張などの投資をおこなうことです。これは社会全体からみると実物的な資本ストックの増加であり、これが来期の生産的雇用拡大を支えることになります。というのは、スミスの資本ストックとは、生産的労働者への賃金（実物としての生活資料）を含むからです。さらにスミスは、生産的労働者の増加が個々の生産現場においていっそうの分業を可能に

することで、来期の成長をさらに加速させることを指摘します。つまりここでは、慎慮ある節約と堅実な投資に励む地主や経営者たちの行動が鍵なのです。

さて、この過程が繰り返されるとすれば、それは生産的労働への需要を高め、賃金水準を高くする効果があるとスミスは考えました。また、労働生産性の上昇から生活資料の価格が下がることによっても、労働者の生活水準は高まります。他方、生活水準の改善が乳幼児死亡率の減少などを通じて労働貧民を増加させる傾向を指摘しますが、「マルサスの罠[4]」に陥るほどにはその傾向は強力ではないと考えていたようです。これらの根拠から、経済成長が社会の圧倒的大多数を占める労働貧民の経済状態を改善するのだと主張します。

スミスの経済成長論の特徴 スミスは経済成長——彼の言葉を使えば「国民の富裕の増進」——を、利己心の健全な表現によって推進される過程として、上のように論じました。ここで、その特徴をいくつか指摘してみましょう。第1に、スミスは、「国民の富裕」を年々生み出される所得フローとしてとらえ、これが資本ストックを更新・拡大しながら増進されていく様子を描きました。このようなアプローチが経済成長の過程における労働貧民の境遇改善を説明するという試みを可能にしたのですが、それは、スミスが「重商主義」(☞第2章)的と見なす「国富は金銀などのストックからなる」という考えからの明確な断絶を示しています。

第2に、産業革命以前には機械がまだ決定的な生産要素ではなかったからか、資本ストックに含まれるはずの固定資本をスミスはさほど重視しません。このことは、分業による労働生産性の重視と相まって、「将来の経済成長のために圧倒的大多数の人びとの消費を抑制し設備投資を優先せよ」といった主張[5]からスミスを無縁のものとしています。つまり、成長過程において労働貧民の生活水準は遅延なく上昇するものと考えているようです。

4　おわりに

労働貧民の境遇：無知と独立 スミスは、労働貧民の境遇を何よりもその生活水準によって測っていますが、だからといって彼らの境遇を経済的な側面からのみ論じたわけでありません。社会

が商業化し富裕が増進されるなかで労働貧民たちが受けるさまざまな影響についても、『国富論』で考察をおこなっています。

　スミスは、労働貧民に大きな問題が生じることを見逃しませんでした。分業が発達していくと、労働者の仕事は少数の単純な反復作業に限定されるようになります。人間はその環境によって形成されるところ大であると考えるスミスによれば、このことは労働者から創意や努力の習慣を奪い、彼らを愚かで無知な存在に変えてしまうのです。しかし、これを防止するためには、初等教育制度を充実させ、最下層の家庭に生まれた子供にも教育を受ける機会を与えることが必要だと論じていますから、スミスはこれを制度的に解決可能だと考えていたことになります。

　他方で、労働貧民への好影響をも指摘しています。先述のように、スミスは不生産的労働者の一類型として地主の従者を挙げました。彼はその生活すべてを主人たる地主に依存しています。スミスによれば、そのような経済的依存関係は自主独立の精神を妨げ、彼をして自堕落で怠惰な生活に走らせてしまいます。しかし、彼が何かのきっかけで農業労働者に転じることになったとしましょう。当時のイギリスでは農場へ従属している奉公人は減少して、それに代わって日雇い労働者が主流となりつつありました。日雇い労働者はずっと同じ農場で働き続けるわけではないので、誰か特定の人に経済的に依存するわけではありません。そこでみずからの仕事上の評判を保ち高めることが仕事の継続にとって何より重要だと悟って、彼は誠実に仕事に励むようになるでしょう。さらに、賃金が高くなるとわかれば、彼の勤労意欲はさらに刺激されるはずです。

　スミスは、上のような環境の変化によって、労働貧民たちが依存から独立へ、自堕落で怠惰から誠実で勤勉へと向かうと考えます。生まれつき自堕落で怠惰に見える労働貧民も、環境しだいで、利己心、つまり人間誰しも本来もっている自己の境遇を改善しようとする欲求を、より健全なかたちで表現するようになるのです。そして、社会の商業化や富裕の増進からもたらされるこのような変化は、逆に社会の商業化や富裕の増進をいっそう促進していきます。つまりスミスは、労働貧民の経済面以外の境遇もおおむね改善すると考えていたといえるでしょう。

第 I 部　経済学の成立と貧困の発見

政府の役割　最後に、公共の福祉の増進のための政府の役割について スミスがどのように考えていたかを紹介して、この章を締めくくりたいと思います。先述のように、スミスは自然的自由のシステム、つまり政府の統制や介入はできるだけ差し控えるべきだという考えを抱いていました。そのため、政府の役割は、国防、正義、特定の公共事業・公共機関の 3 つに限定されます。第 1 の国防については説明の必要はないでしょう。第 2 の正義については、とりわけ所有権の維持が強調されます。たとえば、先述の民衆による穀物商人への略奪について、当局は民衆に迎合することなく穀物商人の財産を略奪から守るべきであると述べたように、貧者による富者の財産への侵害を防止することをスミスは非常に重視します。第 3 の公共事業・公共機関はかなり限定的に考えられています。先述の初等教育制度についても、すべての経費を政府が負担することには反対しています。というのは、すべての経費を政府が負担するならば、いずれ教師が手を抜き始めるからだ（！）、というのです。スミスがいう第 3 の政府の役割とは、おもに経済活動を促進するかぎりでの社会資本や社会制度の整備です。

　スミスは、公共の福祉を推進する根本原理――「人間誰しもが本来もっている自己の境遇を改善しようとする欲求」――が非常に強力なものと考えていましたが、それがうまく作動するためには社会的な基盤が必要であると考えていました。彼は、そのような基盤が諸個人を放任することで自生的につくり出されるとは、あまり考えていなかったようです。スミスは政府を何よりも、公的扶助や施与によって貧者の生活の安定や充足を図ることを不必要にすべく、上のような基盤を提供する主体として見なしていたといってよいでしょう。

注
1) 　名前こそ「合同」ですが、事実上は大国イングランドによる小国スコットランドの吸収合併といってもよいものでした。これを機に、スコットランド議会は廃止される一方で、「合同」によって成立した「グレートブリテン王国」は今日でも「イングランド」由来の名称で呼ばれることが珍しくありません（本書で使用される「イギリス」という日本語も「イングランド」が転訛したものです）。
2) 　ケネー（1694〜1774 年）は、農業のみを生産的と考える重農主義者の首領。『経済表』が主著。チュルゴ（1727〜81 年）は、ルイ 16 世時代の改革派財務総監。『富に関する省察』が主著。
3) 　当時の穀物取引についての法律（1772 年制定）は、エリザベス 1 世時代以来の国内取引規

制を撤廃するものでしたが、現実には取引規制の慣行が多く残っていました。
4) 生活資料生産の成長率よりも人口増加率が高く、1人当たり所得が低下・低迷すること。マルサスについては第5章を参照してください。
5) このような主張は、第2次世界大戦後の低開発経済に対する処方箋としてしばしばなされました。なお、この時代の「上から」の経済開発については、第21章を参照してください。

レポート執筆のヒント

- 順調に成長していく経済において、労働者の生活水準はどのように変化していくのか、さまざまな国の歴史的事例（たとえば、イギリスの産業革命期や日本の高度経済成長期など）を調べてみよう。
- 現代の経済成長論を、マクロ経済学の教科書などで確認して、それとスミスの経済成長論との異同を論じてみよう。
- スミスの『国富論』と『道徳感情論』とを読み比べて、そこに描かれている人間観の異同を論じてみよう。
- スミスは後世において、思想的立場を異にする人びとから好意的に評価されてきました。本書に登場する人びと（たとえば、ハイエク〔☞第22章〕やセン〔☞第24章〕）によるスミスへの評価を調べて、評価の異同が生じる理由を論じてみよう。

文献

（スミスの本）
『国富論』水田洋監訳・杉山忠平訳（全4巻）岩波文庫、2000～2001年。
『道徳感情論』水田洋訳（上下巻）岩波文庫、2003年。

（参考文献）
W. エルティス『古典派の経済成長論』関劭訳、多賀書房、1991年。
田中正司『アダム・スミスと現代』御茶の水書房、2001年。
堂目卓生『アダム・スミス——『道徳感情論』と『国富論』の世界』中公新書、2008年。
I. ホント／M. イグナティエフ「『国富論』における必要と正義——序論」坂本達哉訳、『富と徳』水田洋・杉山忠平監訳、未來社、1990年。
I. S. ロス『アダム・スミス伝』篠原久ほか訳、シュプリンガー・フェアラーク東京、2000年。

（久保　真）

4 ベンサム

安全で幸福な社会の構想

> 「立法者は困窮者の必要に対して規則的な拠出金を設定すべきだ……。……困窮者の困窮者たる資格は……余剰物を所有する所有者の資格よりも強力である。なぜなら放置された困窮者に最後に降りかかる死の苦痛は富者の期待が裏切られることによって生じる苦痛よりも、常にはるかに大きな悪であろうからである」(『民事および刑事立法論』、pp. 333-334)

【キーワード】

功利主義　最大多数の最大幸福　救貧法　パノプティコン

　ベンサムは「(最大多数の) 最大幸福[1]」を標語にした人物です。彼はイングランドの抜本的な法改革、監獄改革、言論出版の自由、婦人参政権を含む普通選挙、自由貿易、秘密投票制度といったさまざまな提案をしました。本章では「幸福」＝福祉 (welfare) の増進をキーワードに、ベンサムの立法改革論と経済論を検討します。まず彼がどのような生涯を送ったのかみてみましょう。

1　略伝——不合理な現実社会の改革

書斎の哲学者として　ジェレミー・ベンサム (Jeremy Bentham, 1747〔8〕〜1832年) は旧暦1747年2月4日 (新暦1748年2月15日[2]) にロンドンで生まれました。教育熱心な父親は3歳のころから息子ジェレミーに書物を与え、ギリシャ語やラテン語を教え込み、12歳で大学に入学させます。「哲学者です」と自己紹介する早熟な子供だったベンサムは15歳になると法学院に入学し、裁判所の修習生にもなります。21歳で弁護士資格を取得したものの、裁判手続きが複雑で、時には規定の3倍以上の裁判事務手数料を請求する当時の法律実務に嫌気がさし、書斎の哲学者として生きることを選びます。

1770 年代には、当時イングランド法の第一人者であったブラックストーンの『イングランド法注釈』を批判する『注釈の評注』を書きます。当時のコモン・ロー法体系[3]に代わる「批判的法学」を構想し、刑法・民法・憲法などの法典作成を生涯の課題としました。

1780 年前後、『道徳と立法の諸原理序説』など初期の法学的著作を書いたベンサムは、1785 年から 2 年ほど、弟を訪ねてロシアに滞在します。このころからベンサムは法典作成だけでなく、より具体的な現実の問題への処方箋を書くようになります。監獄改革論として有名な『パノプティコン（一望監視施設）』が書かれたのはロシア滞在中でした。1789 年にフランス革命が勃発すると、フランス国民公会宛に効率的な議事手続きに関する論文を送ったりもしています。

ベンサムのミイラ

社会の改革のために

1792 年にパリ名誉市民に選ばれたベンサムでしたが、国民主権や基本的人権といった近代的原理を掲げた『フランス人権宣言』には批判的でした。それは具体的な法律で定められた権利ではなく、自然権に基づいていたからでした。人間に生得的に与えられている権利という自然権の観念を、ベンサムはまったく無意味な見解として否定します。それどころか『人権宣言』は多くの誤りに満ちていると彼には思われました。たとえば第 1 条「人は、自由、かつ、権利において平等なものとして生まれ、生存する」に関して、人は生来両親や法律の下に従属し、貧富の差も当然あるのだから、そうした文言は誤謬であると指摘します。産業革命などによる新しい時代の息吹を感じながらも、ベンサムは経験や事実に即して自分の考えを練っていきました。

1790～1800 年代には、経済に関する論考が相次いで書かれました。それには対仏戦争の戦費調達などによるイギリスの国家財政難がかかわっています。生存手段を奪われるほどの経済状況の悪化は、人びとの幸福増大を社会の改革の目的にしたベンサムにとって大きな問題でした。貧民救済や国家財政の改革プランを矢継ぎ早に書きますが、それらの多くは残念ながら採用されずに終わりました。

1808年ごろにはジェームズ・ミルとの出会いもあり、ベンサムの周りにはのちにベンサマイトと呼ばれることになる人びとが集まってきます（ベンサマイトとはベンサムの功利主義哲学を信奉して社会の改革を主張した人びとのことです）。1810年前後から議会改革案を出版し始めるベンサムですが、財政再建についても目配りしつつ、しだいに植民地の独立や国家建設にかかわる法典作成に没頭し始めます。その晩年の大作が、未完に終わった『憲法典』です（その第1巻は1830年に出版されました）。

1832年6月6日、ベンサムは静かに息を引き取ります。6月9日には遺言により、医学の進歩のために公開解剖され、人類に偉大な貢献をした人物として称えられる機会があるようにミイラとして保存されました。現在もロンドンのユニヴァーシティー・カレッジ（UCL）を訪れると、生前の衣服を身にまとったベンサム（のミイラ）をみることができます（前頁の写真）。

2　立法の科学——（最大多数の）最大幸福

功利性の原理と快苦計算

ベンサムが法律や政治、経済、化学といったさまざまな学問領域に関心をもったのは、社会の幸福増大にはそれらの領域が密接に関連しているからでした。この節では、ベンサムの基本的な発想の枠組みである功利主義（utilitarianism）をみておきましょう。

ベンサムはヒュームやスミス（☞第3章）に並んで、「道徳科学は立法科学にほかならない」と考えたフランスのエルヴェシウスの影響も受けていました。ベンサムは彼らと同様に感覚や経験を重視しつつ、とくに「快楽」と「苦痛」に着目しました。ある行為の引き起こす結果が「快楽」と「苦痛」のどちらをより多く生み出すかを規準にして「正しさ」を決めるのがベンサムの功利主義です。彼はその規準のことを「功利性の原理」（＝最大幸福の原理）と名づけました。「幸福」は快楽が苦痛を上回る状態のことで、個人の行為や政府の政策によって引き起こされた結果が幸福を増大させるならば、それは正しいと見なす考えです。

ベンサムは社会を諸個人からなるものととらえ、諸個人の幸福の総和が社会

の幸福であるとしました。快楽を 14 種類に、苦痛を 12 種類に分け、それら快苦を 7 つの点から計算して幸福の判断をおこなおうとしました。たとえば、何らかの決定がなされて、それによってある人が快楽を感じると思われる場合、①その快楽はどれぐらいの強さか、②それを感じていられる時間の長さや頻度はどれぐらいか、③確実に感じることができるか、④近い将来に感じることができるか、⑤その快楽にともなってか後に、さらに別の快楽を感じることができるか、⑥その快楽には苦痛がともなうか、そして、⑦その決定によって生じる快楽を感じることができる人の数はどれくらいか、という点から計算し、幸福の判断をおこなうのです。

しかしこれは厳密な計算ではなく、概算でしかありませんでした（のちにベンサムは厳密な数値化をめざしましたが挫折しました）。大雑把なものではあれ快苦の計算をおこない、社会の幸福を増大させるであろう行為や政策を評価する必要があったのは、議会や公共の場での議論に有益だからでした。元来、幸福計算は犯罪や刑罰の量刑を考えるためのものでしたが、ベンサムはそれを社会の改革をおこなう場合の基礎原理にもしたわけです。

平等の思想と多元的な原理の体系

ベンサムの思想はしばしば、多数の人びとの幸福のために少数の人びとの幸福を犠牲にする思想だとして批判されてきました。この問題を考えるには、次の 4 点に留意する必要があります。

第 1 に、ベンサムが念頭においていた当時の少数者とは、まず土地財産と特権をもつ貴族などです。彼らにはさまざまな自由や権利が保障されていました。それに対して多数者とは労働者や農民など一般の人びとで、彼らには権利が与えられていませんでした。そこでベンサムは、改革をおこなって多数者が幸福な生を享受できるように統治のシステムを変える必要があるとしたのです。

第 2 に、ベンサムには女性や同性愛者などがおかれていた抑圧的な状況を批判する視点がありました。社会における多数と少数という点でいえば、女性は人類の半分を占め、同性愛者は少数者です。彼らは上で挙げた権利を有する少数者とは異なり、不当な社会的地位に追いやられていた「少数者」でした。ベンサムは彼らの境遇改善を考え、女性の選挙権を提言し、同性愛行為を犯罪に分類して刑罰の対象にしていた当時の刑法を批判しました[4]。ベンサムにとっ

て、誰の幸福かということを抜きにして幸福を語るのはできない相談でした。

　第3に、ベンサムにとって最善のことは、できるかぎり社会の全員の幸福が最大になるように配慮することでした。「すべての者に等量の幸福を与えること」を目的にした分配の平等が考えられていたといえるでしょう。「最大多数の最大幸福」は、やむをえない場合の次善の策でした。

　第4に、権利は全員に平等に付与すべきものであるとされました。「その国にいるすべての個人は1人として数えられ、誰も1人以上として数えられてはならない」というベンサムの言葉には、諸個人への平等な配慮が読み取れます。

　このようにベンサムは、一方で社会の全成員の幸福を平等に配慮しつつ、他方で個々人に着目し、誰かが不幸に陥っているならばその人を救うべきだと考えたのでした。ここには、社会の幸福総量をただ増やせばよいという安易な考えを否定するベンサムの姿勢が現われています。

　ベンサムの幸福に関する議論をもう少しみておきましょう。彼は社会の幸福増大という目的に、「生存、安全、豊富、平等」という4つの「副次的な目的」を付け加えます。これらのなかで重要なのが生存と安全です。生存と安全が確保されなければ、経済的な豊富も平等もありえないからです。さらに生存は安全なしには成り立たないため、安全がもっとも重要な副次的な目的でした。

　安全には生命、財産、名声、生活状態や政治的自由の保障のほかに、悪政からの安全も含まれます。人びとが抱く期待を保障するという期待の安全も重視され、さらに安全は誰もが利益を得ることができるという意味で「普遍的利益」に合致した目的でもありました。

　安全を保障する条件としては、実定法上の規定や、政府の情報公開、議会の一般への公開などの「公開性」があります。安全は法律なくしては存在しないので、立法が最重要の事柄でした。安全についての原理には、安全に対する権利を諸個人に平等に分配するという「安全確保原理」があり、ベンサムは生存や豊富、平等に関する原理も定式化しました。ですから、功利性の原理（最大幸福の原理）を用いて社会の幸福を最大化するというベンサムの功利主義は、多元的な原理体系を備えた哲学だったといえるでしょう。

3　自由な市場――スミスの批判的継承

　富は、社会の幸福の副次的目的の1つであった「豊富」という点で、ベンサムが関心を寄せた問題でした。この節では、ベンサムが市場をどのようにとらえていたのかということを検討します。

『高利の擁護』　第3章で登場したスミスは、ベンサムが敬愛していた思想家でした。市場に関して、ベンサムはほとんどスミスを踏襲（とうしゅう）しています。取引は自由であるべきで、政府は干渉すべきではないという立場です。しかしベンサムがロシア滞在中に読んだと思われるスミスの『国富論』には、政府が利子率の上限を法律で定めるべきであるという主張がありました。また、首相の小ピットが法定利子率を引き下げるという話がベンサムの耳に届いたこともあって、彼はスミス批判の書でもある『高利の擁護』を書きます。

　当時のイングランドでは、利子率を法律で定めておかなければ、資金を調達しようとする人が高すぎる利子を払わされたり、浪費家が簡単に借金をして首が回らなくなったりといったことが起こるといわれていました。これに対してベンサムの『高利の擁護』（1787年）での主張は、自由な金利によって資金調達できることが起業家の活動や経済を活性化させるというものでした。

　この主張を支えていたのは、人びとは自身の利益の最善の判断者であり、政府は人びとの利益が錯綜（さくそう）する市場について適切な知識を手に入れることはできないという考えでした。ですから、政府は金利の法定などの規制をせずに、通常の取引一般と同様、人びとの自由な経済行為に任せるべきだとベンサムは論じたのです――もっとも、当時おこなわれていた高利の規制でも、手形の操作などによって実質的な高利の容認がおこなわれていました。

　また、人類社会とともに古い法律であるといわれる高利禁止法の背後には、高利や貨幣に関する人びとの偏見が潜んでいることもベンサムは問題にしました。アリストテレス（☞第1章）が「すべての貨幣はその本性において不妊である」と主張したように、本来何も生み出さないとされた貨幣から、金利というかたちで利益を得ることへの偏見が、高利禁止法の根拠になっているという

のです。具体的には、お金にかかわる仕事をするユダヤ人を卑しい存在としてみることであり、そうした嫌悪感の根底にはキリスト教徒の禁欲倫理があると指摘しています。

　ベンサムは、これらの偏見を根拠にして高利禁止法を制定することはできないといいます。市場での取引は人びとの自由に任せておくことで、もっとも望ましい結果をもたらすのであり、法的規制がたんなる偏見に基づいてはならないというのが彼の考えでした。経済が活性化するためには起業家が自由に活動できることが重要で、それは社会の経済的富裕を実現させ、幸福の増大に寄与するからです。高利禁止法は活発な経済活動や社会の幸福増大を妨げるものだとベンサムは考えて批判したのでした。

「資本は交易を制限する」の帰結

　『高利の擁護』第2版のために用意された諸論考は「資本は交易を制限する」という原理を軸にして論じられています。これは、その国に存在する資本量がその国の富の量を制限すると考えるものですから、限られた資本をいかに有効に投下して生産性を上げるかが問題となります。ベンサムは、一国に存在する資本を有効に投下するには政府の規制を取り払うのが何よりもいちばんの策であると主張して、経済活動については諸個人の自由に委ねるべきだと再説し、政府の役割は消極的なものにとどまるとしました。

　この「資本は交易を制限する」という原理はまた、ベンサムにとってイギリスやフランスによる植民地領有を批判する根拠ともなりました。植民地の領有は植民地争奪戦を引き起こし、国際平和を脅かす危険がありましたし、植民地の維持や防衛のために本国側が多大の出費を余儀なくされ、人びとの生活を圧迫するという問題がありました。それゆえ、植民地を放棄することが理にかなっていました。植民地に投下される資本を本国の農業部門などに投下すれば、農業生産物を増大させることができ、植民地争奪戦が不要になるので、国家間の緊張を緩和することができます。そしてこのことは、本国の人びとの幸福増大に役立つわけです。自由な市場を確保するということは、経済の活性化ばかりでなく、植民地の放棄→国際平和の実現→人びとの福祉増大、ということも射程におさめた問題であったといえます。

4 市場への介入 ── 救貧法をめぐって

<貧困層の増大> 17世紀末に500万人ほどだったイギリスの人口は、18世紀末にはその2倍の1000万人ほどになります。急激な人口増加の要因には、医療施設の整備、ペストなどの疫病の根絶、農法の改良による家畜と穀物の生産量の増大、産業の発展による雇用の増大、早婚・多産の傾向などが挙げられます。また、18世紀後半からの第2次囲い込みは社会に深刻な影響を与えました。耕地を統合して垣根で囲い込んだ結果、貧しい賃金労働の農民が増大したのです。貧困者に対する教区ごとの救貧税の支払い額も、1750年ごろには100ポンドほどだったのが、1800年には1700ポンド近くになりました。

さらに、1794年ごろからの食糧危機の結果、穀物価格の高騰や賃金低下、インフレの進行が深刻化し、さらなる貧民を大量に生み出すなか、政府はいわゆるスピーナムランド制（☞コラム①）を導入します。これは、労働で得た賃金が最低限の生活費に満たない場合に、救貧税から不足分を補塡する制度です。救貧院の外での救済ということから、院外救済制度と呼ばれます。雇い主は救貧税からの補塡を見込んで低賃金で労働者を雇うようになり、そのため救貧税からの支払いは増大し、救貧税を負担する地主などから不満の声が上がりました。

<困窮と貧困の区別> このような状況下、ベンサムは3000ページに及ぶ救貧法（☞コラム①）関連の草稿を書きました。無駄を省いた効率的な救貧制度を模索したのです。高利の容認と異なり、救貧の問題は人びとの生死にかかわることなので、市場での自由な取引関係に任せられないというのがベンサムの考えでした。

ただ、一口に貧民といっても、生活の困難さにはそれぞれ程度があります。どのような人びとを救済すべきであるのか。それを確定するために、ベンサムは「貧困（poverty）」と「困窮（indigence）」を区別しました。貧困は生存のために労働せざるをえない状態、困窮は財産がなく労働できない状態か、生存手段を労働によって獲得できない状態のことです。

貧困と困窮の区別が重要だったのは、当時の救貧制度では働くことができるのに働こうとしない者にも生活費を補助して、救貧行政を圧迫していたからです。貧困は労働をする動機になるので、救済対象にすべきではないとベンサムは考えました。他方、困窮の状態には救済が必要でした。救済されなければ、困窮者は命を落としてしまうからです。困窮の状態についてベンサムは、精神疾患や身体疾患、未成年、一時的な病気・出産・育児、失業、財産の喪失などの点で詳細に分類しています。困窮者に対して必要な補助を与え、また困窮の原因を探って解決するためでした。

全国慈善会社による救貧 　困窮者を救済する手段としてベンサムが提案したのは、教区が担っていた救貧行政に代わる「全国慈善会社（National Charity Company）」を設立することでした。そしてこの合資会社と請負契約した勤労院（Industry-house）によって、全国どこでも同じ救貧サーヴィスが受けられるプランを考えました。救貧事業を私営にしたのは、国営では経費がかさむといったデメリットがあるからで、これは救貧事業だけではなく、政府組織一般にベンサムが抱いていた見解でした。国家は必要悪であり、その規模はできるだけ小さいほうがよいという見解です。

　さて、救貧事業を請け負う勤労院では、具体的にどのような仕組みが考えられていたのでしょうか。まず、効率的で適正な勤労院経営をおこなわせるための工夫として、経営者には勤労院の一般への公開、収容者の処遇や帳簿など、すべての情報の公開義務がありました。一般公開を義務づけることによって、勤労院が清潔か、収容者に余計な苦痛を与えていないか、外部の人間がチェックできます。公開義務に違反した場合には罰則も設けられたため、勤労院経営者は経営から得られる利益を追求しつつも適切な管理経営をおこない、収容者への人道的配慮をおこなうよう促されました。勤労院経営者の利益と彼が守るべき義務とはしっかり結びつけられ、理想的な勤労院経営がめざされました——このように利益と義務とを結びつけるのがベンサムの特徴です。

　勤労院の収容者のすべてには何らかの労働をすることが求められました。個々の収容者の能力に応じて仕事が配分され、分業によって生産効率を確保し、収容者の健康にも配慮しつつ、労働が楽しみのあるものになるよう工夫されました。勤労院の外では労働能力がないとされた人びとも、勤労院では労働能力

ある者として扱い、勤労という道徳を植えつけ、勤労院の管理運営の効率も高めるという仕組みです。

ベンサムの救貧改革は、勤労院での困窮者の救済だけではなく、困窮の予防も視野にありました。雇用情報紙を発刊し、雇用登録情報事務所を設置して効率的な労働力の配分と移動を促すといったものから、労働者の貯蓄や積み立て、また貸付に関する「倹約銀行」や共済会の運営による保険事業まで含むもので、一般の労働者が困窮状態に転落するのを防ぐ目的でした。

飢饉・間接立法・流通年金紙幣

飢饉の場合には、穀物の価格が高騰しないよう政府が最高価格を設定して人びとに食糧を安価で供給することは、一時的な措置としてベンサムが考えていたことでした。また、穀物貯蔵庫（ベンサムは備蓄のための冷蔵室の提案もしていました）に穀物を備蓄して、飢饉のときに市場に流すといった介入策も、便宜的ではあるが必要であると考えていました。

以上みてきたような困窮者対策の提案は、実はそのほとんどが監獄改革のプランであったパノプティコンの諸原理に依拠するものでした。公開性を通じて、政府組織ではなく私企業の（請負）経営によって社会制度を運営するというプランは、最晩年イギリスの過剰人口緩和のために提言したオーストラリアへの植民案にも示されています。

救貧に関連して興味深いのはベンサムの「間接立法」と「流通年金紙幣」の提案です。間接立法について例を挙げておきましょう。ジンを飲んで中毒になりかけている人びとに禁酒を勧めたい場合、間接立法ではジンを飲むことを直接禁止しません。紅茶などの飲料を輸入し普及させることで、ジンよりも紅茶を好むように促すのです。つまり、禁酒などの目的を達成するために、人びとに間接的にはたらきかけるような法の枠組み・政策を、間接立法とベンサムは名づけました。救貧の場合には公共事業による失業対策が挙げられています。

また流通年金紙幣は、日歩（ひぶ）計算される利子付年金紙幣です。紙幣の交換・流通手段に加えて投資手段にもなる政府発行の新紙幣案でした（当時、紙幣はイングランド銀行をはじめ多くの地方銀行が独自に発行していました）。結局実現には至りませんでしたが、この流通年金紙幣は小口での保有ができるために貧民の年金保障を可能にし、また人びとの反政府感情を弱めることができると考え

第 I 部　経済学の成立と貧困の発見

> ### コラム③　工場法
>
> 「アー飛騨が見える」とつぶやいて、若い女工が故郷を前に死にました。『ああ野麦峠』の一節です。富国強兵の明治時代、女性や子供も過酷な工場労働を強いられました。貧しい農村から12〜13歳の子供が、都会の製糸工場で働き、やがて多くの女工が劣悪な環境で息絶えました。このように、資本主義の確立期には、高賃金の職人に代わり、低賃金で長く働ける労働力が大量に必要でした。
>
> しかし人道や長期的利潤を自覚した雇用主、抗議する労働者、政策勧告した社会政策学会、秩序を重んじる国家などの勢力がからみ、労働者の保護・育成をうたう法律が完成します。なかでも、1802年、1833年、1847年のイギリス工場法は著名です。19世紀前半での諸法案によって、児童から成年や婦人へ、繊維から一般工業へ、自主管理から国家監督へ、労働時間短縮へ、という具合に改革が進みました。そして労働補償法（1906年）によって、個別補償の伝統からドイツ的な社会保険へ転換が促されました。日本でも『職工事情』などの生活実態調査を契機の1つとして、1916年に工場法が実施されました。イギリスでは救貧法時代、孤児の悲惨さを描いた作品にディケンズの『オリバー・ツイスト』があります。
>
> （小峯）

られていました。流通年金紙幣を購買して政府の債権者になることは、その政府を支持する動機づけとなるからです。流通年金紙幣の発行によって国家財政が健全化すれば、生産の拡大と資本蓄積が促されて国富や雇用の増大が見込め、貧民の状態の改善に役立つというプランだったのです。

5　おわりに

ベンサムの福祉構想　前節までにみたベンサムの社会改革のプランは、スミスとの関係では次のようにまとめることができます。スミスが政治経済に関する科学を明らかにしたのに対して、ベンサムはその科学を基礎にして政策（＝実践）を提案したのだ、と。ベンサムは経済を「スポンテ・アクタ」という諸個人に委ねるべき領域と、「アジェンダ」という市場機能を阻害する要因を除去するために政府が干渉すべき領域とに分けました。アジェンダには、人口減少を防ぐための病院の建設から財政までが含まれます。

統治の目的は人びとが受ける苦痛を減らすことでしたから、徴税の仕組みは所得に応じたものが考えられました。

　人びとの具体的状況に即して社会の幸福の増大を考えたベンサムは、社会の幸福総量が増えさえすればよいという単純な発想はとりませんでした。あらゆる人びとの幸福を平等に取り扱いつつも、具体的な場面で苦しんでいる人びとには適切な配慮をおこない、彼らの幸福を促進すること——政府は人びとを苦痛から守るのが役割であるという考えを基礎にして、法律・政治・行政などの「統治」のシステムを「生存、安全、豊富、平等」の観点から総体的にデザインすること——そして費用の極小化という効率性（＝経済性）の側面と、人びとが受ける苦痛の軽減という快楽主義の側面（これは人道的な側面でもあります）とが矛盾なく結びつくこと——これがベンサムの福祉の構想でした。

　ただ、ベンサムの経済論は政策中心でしたから、リカード（☞第5章）やミル（☞第6章）などとの交流があったにもかかわらず、経済思想史上、高い評価を受けていません。ジェヴォンズ（☞第9章）が効用理論の先駆者としてベンサムの名を挙げるくらいでしょうか。

　晩年のベンサムは社会の改革をおこなうには代議制統治が必要であると確信し、イギリスを含め世界のさまざまな国の民主的な憲法草案を作成・提案することに精力を注ぎます。最小限のコストで最大の効率を得るような官僚機構の整備を含むベンサムの改革プランの内容は、彼の死後、徐々に実現されていくのでした。

注
1）　ベンサムの言葉としてしばしば取り上げられる「最大多数の最大幸福」は、初期と晩年を除いてあまり使われず、「功利性の原理」か「最大幸福原理」が使われています。
2）　イギリスは1752年にユリウス暦（旧暦）からグレゴリオ暦（新暦）に変わります。イギリスの場合、旧暦では、聖母受胎告知の日である3月25日に年が改まることになっていました。
3）　過去の判例や法原則から合法か否かを判断するのがコモン・ローの法体系の特徴です。
4）　イギリスでの女子普通選挙権の実現は1928年のことで、同性愛行為が（完全ではないものの）犯罪とされなくなるのは1967年になってからのことでした。

■ レポート執筆のヒント ■

・ベンサム『道徳と立法の諸原理序説』の第1〜4章を読み、彼が何を批判し、何を正当化しようとしたのか、まとめよう。

- ベンサムから影響を受けた同時代人を 3 人以上挙げ、彼らはベンサムの考えの何に共感し影響を受けたのか、まとめてみよう。
- 民営化は人びとの幸福を増大させるとベンサムが主張した根拠は何か、そして現在、その考えはどのように評価できるか考えよう。
- 影響を受ける人数の多寡で政策を決定するメリットとデメリットを挙げ、医療や生活保護などの福祉にかかわる政策について、ベンサムの功利主義を参考にして考えてみよう。

文献

(ベンサムの本)

『高利の擁護』永井義雄訳『人類の知的遺産 44　ベンサム』講談社、1982 年（抄訳）。
『道徳と立法の諸原理序説』上下巻、中山元訳、ちくま学芸文庫、2022 年。
『民事および刑事立法論』長谷川正安訳、勁草書房、1998 年。

(参考文献)

深貝保則・戒能通弘編『ベンサムの挑戦』ナカニシヤ出版、2015 年。
板井広明「ジェレミー・ベンサム——利益・エコノミー・公共性の秩序学」鈴木信雄編『経済学の古典的世界 1』日本経済評論社、2005 年。
千賀重義「ベンサムのスミス批判——『高利の弁護』を中心に」田中正司編『スコットランド啓蒙思想研究』北樹出版、1988 年。
J. R. ディンウィディ『ベンサム』永井義雄・近藤加代子訳、日本経済評論社、1993 年。
堂目卓生「ベンサム、ミルと税制改革」西沢保・服部正治・栗田啓子編『経済政策思想史』有斐閣、1999 年。
永井義雄『イギリス思想叢書 7　ベンサム』研究社、2003 年。

(板井広明)

5 マルサスとリカード

救貧法批判を中心に

「その廃止を究極目的としていないどんな救貧法修正案も、まったく注意を払うに値しない。そして、この目的がもっとも安全かつ静穏に達成できるやり方を示せる人が、貧民と人道主義にとって最高の友なのである。」（リカード『経済学および課税の原理』第 5 章）

【キーワード】

救貧法　道徳的抑制　自然賃金と市場賃金　被救済権

　一般に経済学の歴史では、マルサスとリカードの対立点が強調されがちです。しかし、貧民の公的救済（救貧法）に対する両者の考え方には、似た部分もありました。そこでこの章では、救貧法に対するマルサスとリカードの見解を整理し、所得再分配政策よりも自己利益の正しい追求が労働者の幸福につながると彼らが考えたのはなぜなのか、をみていきます。

1　略伝——アダム・スミスの後継者たち

マルサスの生涯と主要著作

　トマス・ロバート・マルサス（Thomas Robert Malthus, 1766〜1834 年）は、地方地主だったダニエル・マルサスの次男として 1766 年に生まれました。出身大学はケンブリッジ大学のジーザス・カレッジです。大学ではおもに数学を学ぶと同時に、クリケットとスケートを好む学生だったようです。卒業後はキリスト教の聖職者となりました。

　そのマルサスを一躍有名にしたのが、『人口論』（1798 年）の出版です（ただし、この初版は匿名で刊行され、彼の名は 1803 年の第 2 版ではじめて明かされました）。この成功に加え、聖職者の終身ポストも得て経済基盤を整えた彼は、

マルサス

1804年に結婚します。翌年には、東インド会社大学（同社の管理職を担う人材育成を目的とした教育機関）の近代史と経済学の教授に任命されました。余談ですが、マルサスはイギリス史上初の経済学の教授とされています。

その後、マルサスは1814〜15年に有名な穀物法論争に参戦しました。この論争の焦点は、当時の不況への対策として、国内の穀物価格が一定水準を下回った場合に、自国農業を保護するために穀物の輸入禁止を認めるかどうか、にあったといってよいでしょう。彼は、穀物法を容認して保護貿易を唱えました。というのも彼は、穀物法で穀物価格を下支えして地主の所得減少を食い止めれば、彼らは国産製造品を購入するから農業だけでなく工業もうるおう、と考えたからです。この政策的主張を理論的に体系化したのが、『経済学原理』（初版1820年）です。『人口論』と『経済学原理』によって、マルサスの名は経済学の歴史において不朽のものとなりました。彼はその後も研究に力を尽くしましたが、1834年に心臓病のために68歳で急逝しました。

リカードの生涯と主要著作

他方、デイヴィッド・リカード（David Ricardo, 1772〜1823年）は、ユダヤ人でロンドン証券取引所の株式仲買人だったエイブラハム・リカードの第3子として、1772年に誕生しました。彼は大学に行っていません。小学校で商人になるために必要な基礎知識を習い、ユダヤ教の学校で一定の宗教教育を受けた後、14歳から父親の仕事を手伝い始めます。商才に恵まれていたリカードはすぐに頭角を現わし、父親の右腕として活躍しました。しかし1793年、彼に転機が訪れます。クエーカー教徒（キリスト教の一派）の娘と結婚したのです。当時、一般にユダヤ教徒とキリスト教徒は犬猿の仲。このためリカードは家族と別れ、経済的にも自活を迫られました。幸い、数年後には株式仲買人として一本立ちし、仕事も軌道に乗ります。

リカードは働きながら数学、地質学、鉱物学などを趣味で勉強していましたが、スミスの『国富論』を読んだことがきっかけで経済学の研究を始めます。前述の穀物法論争では、自由貿易の立場から穀物法を批判し、マルサスと対立

しました。世界史で有名なワーテルローの戦い（1815年）のときには、リカードは「ナポレオン敗北→イギリス勝利」を想定して国債を売買し、巨万の富を築きました。これほど財テクに長けていた経済学者は、経済学の歴史でもきわめて稀でしょう。ちなみに、マルサスもリカードの勧めで国債を買っていました。しかし、マルサスは「イギリス軍苦戦→イギリス国債の下落」と予想し、手持ちの国債をワーテルローの戦い直前に売却したため、リカードほどの儲けは得られませんでした。

リカード

話を戻して、大金持ちとなったリカードは実業界からあっさり引退し、本格的に経済学の研究に没頭します。そして、穀物法を含むさまざまな時事問題を視野のなかに収めながら、厳密な理論構築をおこなって自己の経済学をまとめ上げました。それが、『経済学および課税の原理』（初版1817年、以下『原理』と略します）です。これによって彼は、古典派経済学の完成者としての地位を不動のものとしました。1819年には国会議員にもなっています。経済的にも学問的にも社会的にも成功した彼は、晩年も自己の経済学の完成のために地道な努力をおこたりませんでした。しかし、1823年に耳の病気がもとで突然この世を去ります。

2　マルサスの救貧法批判と農工併存主義

マルサス＝ゴドウィンの貧困論争

マルサスによれば、人口はかけ算（等比数列）で増えます（1, 2, 4, 8, 16, ……）が、食料はたし算（等差数列）でしか増えません（1, 2, 3, 4, 5, ……）。そのため、人口増加率＞食料増加率となります。しかし、人間が生きていくためには食料が欠かせません。そこで人口は、積極的制限、予防的制限を通じて、食料生産量の水準にまで抑制されることになります。

積極的制限とは、戦争、伝染病などの病気一般、極貧などによる人口減少を指します。予防的制限とは、十分な貯金がないのに結婚して子供をつくれば生

活がいまよりも苦しくなると予測して、結婚を延期することです。しかし、この場合、独身者の間で性的風俗が乱れ、私生児や捨て子のかたちで人口が増えないでしょうか。そこでマルサスは、『人口論』第2版以降、道徳的抑制を強調していきました。これは、性欲を我慢したまま結婚を先送りすることを意味します。

さて、上記の人口増加率＞食料増加率という傾向（人口原理）じたいは、人間の力ではくつがえせないという意味で一種の自然法則であり、人間社会の宿命でした。だから、市場社会を含むどんな社会でも、貧困は完全には消滅しません。こうしたマルサスの貧困観は、当時有名な知識人であったゴドウィンの次のような貧困分析に挑戦するものでした。

ゴドウィンは、私有財産制度だから貧富の格差が生じるのであり、この制度をやめて人びとに労働と生産物を平等に割り当てれば、貧困を根絶できると主張します。マルサスの反論は、こうでした。ゴドウィンの望みどおり、私有財産制度を廃止して平等社会を建設したとしましょう。この場合でも、人口増加率＞食料増加率という人口原理は作用します。そのとき、人びとは乏しい食料をめぐって争いを始めないでしょうか。たとえ人間が、当初は博愛精神にあふれていたとしても、背に腹は代えられません。このような闘争は避けられないでしょう。結局、社会秩序を安定させるために、私有財産を保障するルールが必要になります。この意味で、私有財産制度（とそれに基づく市場社会）の廃止は、マルサスにとって貧困消滅の決定打ではありえませんでした。

では、マルサスは、貧困を前にして人間が完全に無力だと考えたのでしょうか。そうではありません。たしかに、人口増加率＞食料増加率という傾向を変えるのは無理でした。しかし、人口増加率にブレーキをかけながら食料増産に励めば、貧困を緩和できるはずです。とくに彼は、家族を養う経済力のない人びとの無計画な早婚・出産が貧困の真の原因だと考え、そうした行動を強く非難しました。

マルサスは、十分なお金が貯まるまでストイックに独身をとおせば（道徳的抑制）、労働者は貧しくならずにすむと信じていました。政府は、教育で貧困の真の原因と道徳的抑制の重要性を人びとに教えることはできますが、貧困を直接になくす力はありません。貧困に陥らずに幸福をつかめるかどうかは、労

働者の努力しだい（道徳的抑制を実行できるか否か）だったのです。「それゆえ、貧民自身の知識と慎慮こそが、彼らの境遇を一般的に改善しうる唯一絶対の手段であることはまったく明らかである。……そして他人が彼らのためにできることは、彼らが自分自身のためにできることに比べれば、秤の上のホコリのようなものである」（『経済学原理』第5章第2節、強調はマルサス）。

　ここで、人口減少が社会の貧困化を招くとされている現在のわたしたちの目からみると、労働者自身による早婚・出産の自制を真の貧困対策としたマルサスに違和感をもつかもしれません。この点を少し補足しておきましょう。マルサスは、人口制限それじたいを望んだわけではありません。彼は、食料生産量とテンポをあわせて人口が増えることには賛成でした。ただ、食料生産が追いつかないほど人口が増え、戦争、疫病、極貧などが起こることを危惧しただけです。また、一般に人口増加圧力の大きい途上国は、現在でもなお深刻な貧困に悩まされていることも考慮すべきでしょう。

救貧法の段階的廃止論　上で述べた貧困観をもつマルサスが、貧民の公的救済を批判するのは当然でした。救貧法（☞コラム①）があれば、生活に困っても行政が助けてくれます。そこで、貯金もなく結婚・出産をおこなうことへの警戒心がうすれ、人口が増加するでしょう。しかし、救貧法は食物の量を増加させるわけではありません（救貧法で人びとの労働意欲が低下すれば、食物生産の減少さえありえます）。一定量の食物を多くの人びとが欲しがると、食物価格は上昇します。そのため、以前は自分の給料だけで何とか暮らせていた「貧民のすぐ上の階級」まで自活できなくなり、救済を申請するでしょう。こうして救貧法は、受給貧民のすぐ上の階級を次々と貧困の渦に飲み込み、福祉財政を圧迫します。

　また、救貧法は、自分の食いぶちは自分で稼ぐという独立心を弱めるでしょう。いざというときは行政が救いの手を差し伸べてくれるのですから、勤勉と貯蓄よりも、怠惰と浪費が習慣化します。つまり救貧法は、貧民の性格と行動パターンの両方を堕落させる傾向がありました。

　それゆえマルサスは、救貧法の段階的廃止を唱えました。労働者の幸福は基本的に政治や法律のあり方ではなく、十分なお金を貯めるまで結婚と性欲を我慢できるか否か（道徳的抑制）という自助努力の問題だったからです。こうし

て、救貧法廃止→安易な結婚・出産の自制→労働供給（人口）の抑制→（労働需要一定ならば）賃金上昇→労働者の幸福増進という図式が成立するでしょう。

　ただし、『人口論』第2版以降のマルサスには、こうした図式におさまりきらない議論がみられます[1]。まず、救貧法は（原理上はともかく）現実には人口増加につながりませんでした。理由は、救貧法下でも自活にこだわる人びとの独立心は残っており、みすぼらしい住居よりも満足のいく住居に入居できるまで結婚を延期するというかたちで予防的制限が作用していたからです。次に、マルサスは①怠惰と無思慮な習慣にともなう困窮と②そうした習慣とは無縁な困窮（飢饉や不況期の失業）を区別し、②への一時的な公的救済を認めました。最後に5、6人以上の子供がいる家族への公的救済も認めました。結婚後に子供が何人生まれるかは誰にもわからないからです（後で述べるように、公的救済を全否定しなかったマルサスが当時の救貧法廃止を唱えたのは、そこに潜む「被救済権」という思想のためでした）[2]。

農工併存制度

　ところで、マルサスの基本的な貧困緩和策である道徳的抑制が効果的に実践されるか否かは、次のような点で社会のあり方とも結びついていました。第1に、私的所有権の確立がなければ、将来の結婚に向けて労働者が勤勉と貯蓄に励む意欲がそがれてしまいます。第2に、労働者と中・上流階級を対等な存在として扱う市民社会でなければ、困ったときはお上（かみ）が助けてくれるという依存心が生じ、労働者による道徳的抑制は弱まるでしょう。第3に、製造業の発展で便宜品・快適品が身近にならなければ、労働者は奢侈（しゃし）への嗜好（しこう）（自分自身の生活水準を上げたいという欲求）をもたず、すぐに結婚・出産に走るでしょう。

　他方で、マルサスは、過度の工業化には警鐘を鳴らしました。商工業の繁栄（都市化）が、農村社会に残る封建的性格を薄め、市民的自由の拡大を促すことは事実です。しかし、①極端な商工業化は、国民の生存に不可欠な食料の安定的確保を困難にするでしょう。また、②都会に特徴的な大気汚染、不衛生で換気の悪い工場、過密住宅などは、人びとの健康に致命的な悪影響を与えます。さらに、③農産物と違って工業製品の需要は流行などに大きく左右されるため、工業労働者の雇用は不安定になるでしょう。要するに、彼の理想社会とは、豊富な資本が各産業部門にバランスよく投下された「農工併存制度」でした。た

しかに、この社会でも、③の工業労働者の失業の可能性は残ります。そこでマルサスは、救貧法廃止を勧告した一方で、一時的な方策として公共事業＝公的な貧民雇用を容認しました。ただし、その場合は、(a)民業を圧迫しない分野（道路や橋の建設・補修など）に限る、(b)民間の最低賃金以下の賃金で雇う、ことが必須条件でした。そうでなければ、失業者は民間よりも政府による雇用を望み、貧民救済費を無駄に増加させるからです。

3　リカードの進歩的社会と労働者の状態

賃金論の基本内容　次に、リカードの賃金論を素材として、彼が望む経済社会の姿をみてみましょう[3]。彼は賃金を「自然賃金」と「市場賃金」の2種類に区別します。自然賃金とは、労働者一家の生存に必要な賃金財を購入しうる金額です。この賃金財には、食物などの必需品だけでなく、「慣習のために絶対に必要となっている快適品」（少し上等な食品・衣服・靴など）も含まれます。他方、労働市場の需給状態に応じて労働者に実際に支払われる金額が市場賃金です。市場賃金は、労働需要＞労働供給のときには自然賃金を上回り、逆のときには自然賃金を下回ることさえありますが、長期的・平均的には自然賃金に一致する傾向がありました。

ここで、市場賃金＞自然賃金（例：30万円＞20万円）のとき、労働者はきわめて幸福な状態にあるでしょう。彼らは実際に受け取る賃金（30万円）で、自然賃金で買える必需品と一部の快適品（20万円分）以上のモノを買えるからです。逆に、市場賃金＜自然賃金（例：15万円＜20万円）のとき、労働者の状況は悲惨でしょう。彼らは少し上等な食品・衣服・靴を買えなくなり、ギリギリの生活を強いられるからです。つまり、労働者の幸福の鍵は、市場賃金＞自然賃金の差が大きくなり、しかもその状態が長続きすることにありました。

3つの条件　そのために必要な条件は何でしょうか。次の3つがとくに重要でした。①資本蓄積の進展（労働需要増加→市場賃金上昇）、②奢侈の習慣の労働者への普及（自己の豊かな物質的生活の重視→結婚・出産の抑制→労働供給抑制→市場賃金上昇）、③穀物の輸入自由化（自然賃金低下）。以下、順番に説明しましょう。

①について。リカードは、資本が着実かつ継続的に蓄積される社会を「進歩的社会」と呼び、労働者の物質的幸福はこの場合にもっとも高まると考えました。実際、資本が蓄積されると、資本家はより多くの労働者を雇えるので、労働需要が増加し、市場賃金も上昇するでしょう（市場賃金＞自然賃金）。

②について。こうして増加した市場賃金は、(a)結婚して子供を育てるか、(b)より多くの商品を購入し、自分の消費生活を充実させるために使われるはずです。(a)の場合は、労働供給（人口）が増加し、市場賃金はふたたび自然賃金まで下がるでしょう（市場賃金＝自然賃金）。(b)の場合、労働供給は増加せず、市場賃金＞自然賃金の状態が長続きします。つまり、労働者は、(a)よりも幸福な状態にあります。そして、労働者が奢侈の嗜好をもつほど、(b)が選ばれるでしょう。所得が一定の場合、結婚して子供をつくると生活水準が下がるため、自分の快適な暮らしを重視するほど、労働者の間で晩婚化が進むからです。

以上の①と②は、労働の需給で決まる「市場賃金」に注目した説明でした。しかし、市場賃金が上昇しても、同時に自然賃金も上昇すれば、市場賃金＞自然賃金という状態は持続できません。逆に、自然賃金が低下すれば、市場賃金＞自然賃金の差は大きくなり、労働者の物質的生活はさらに豊かになるでしょう。では、「自然賃金」の低下を可能にする条件は何でしょうか。それが前述の3つ目の条件＝③穀物の輸入自由化でした。

リカードによれば、賃金財を含む商品の価格は、その生産に必要な労働の量に依存します（労働価値論）。つまり、モノの値段の高低は、それをつくるのにどれだけの労働＝手間を要したかによるのです。また、土地を耕す場合、痩せた土地よりも肥えた土地が一般に好まれるでしょう。そこで、耕作は通常、肥沃地から劣等地へと拡大するはずです。さらに、社会発展にともなう人口増加に応じて増えた食物需要は、(a)国内における耕作の拡大か、(b)外国からの食物の輸入によって満たされるでしょう。

(a)の場合、以前は耕されなかった劣等地でも耕作が始まります。土地が痩せている分だけ、食物生産にはより多くの労働＝手間が必要です。そこで、劣等地耕作の進展は食物価格を上昇させるでしょう。食物は賃金財の中核をなすので、食物価格が上昇すれば、賃金財の価格に左右される自然賃金も上昇します。

(b)の場合、食物輸入にともなって国内生産の一部が不要になり、その分だけ

劣等地耕作が放棄されるでしょう。以前よりも肥沃な土地しか耕作されなくなれば、生産に要する労働も少なくてすみ、国内の食物価格は下落して、自然賃金も低下します。

いままでの議論を図式化すれば、次のとおりです。人口増加→劣等地耕作拡大（食物輸入の解禁）→食物価格上昇（低下）→自然賃金上昇（低下）。要するに、市場賃金＞自然賃金の差を広げて労働者の幸福を高めるのは、(b)外国からの食物輸入のほうでした。リカードが穀物法を批判した理由は、もはや明らかでしょう。

救貧法問題への応用　以上の理論は、救貧法という労働者福祉の問題にも応用可能でした。救貧法は困ったら行政が助けてくれるという依存心を労働者に抱かせ、彼らの軽率な早婚・出産を助長させます。労働供給の増加（過剰人口の発生）は、労働需要が一定であるかぎり、市場賃金を自然賃金以下にさえ押し下げるでしょう。その結果、以前の賃金水準でやっと暮らせていた人びとも自活できなくなります。このことは、公的救済が必要な貧民の数を増やすことによって貧民救済支出の増加を招き、富者の救貧税負担を増やすでしょう。

したがってリカードは、マルサスと同じく救貧法の段階的廃止を唱えました。同法の廃止は早婚・出産に対する貧民の慎重な行動を促し、過剰人口（労働供給）の抑制によって賃金を上昇させ、彼らの境遇を改善させるでしょう。こうして彼は、救貧法の廃止＋慎慮に基づく人口の抑制が労働者の幸福増進方法だ、と考えたのです。

経済学（者）の使命　最後に、幸福に対するリカードの考え方について少し補足しておきましょう。以上の議論で明らかなように、彼のいう幸福とは、基本的には（賃金上昇を通じた）物質的豊かさの増大でした。しかし、彼はマルサスの『経済学原理』に対するコメントのなかで、次のようにも述べています。「経済学者はいかにして富裕になるかは述べるべきだが、怠惰よりも富を選ぶべきだとか、富よりも怠惰を選ぶべきだとかを忠告すべきではない」（『マルサス評注』）。これは、何が幸福かについての人びとの価値観にまで経済学（者）が踏み込むべきではない、という意思表示でもありました。リカードは、幸福に対する個々人の考え方の多様性も認めていたのです。

57

4　おわりに

救貧法に対する基本的見解　当時の救貧法は実質上、働けない者に加えて、働く能力はあるが職にあぶれた者にまで補助金給付などのかたちで救済を施していました。結局、マルサスとリカードがもっとも批判したのは、救貧法のなかに潜むこの「被救済権」という思想だったのです。彼らによれば、自分の安易な早婚・出産が貧困の根本原因なので、困ったときに政府から助けてもらえる権利など貧民にはありません。そもそも救貧法は、貧困者の増大と貧民救済支出の増加を通じて、やがては財政的に行き詰まるでしょう。こうして彼らは、労働者福祉の問題を「権利」ではなく「能力」(実行可能性)の問題として論じていたのです[4]。

マルサスとリカードは、一般に貧困の真の原因を「社会」よりもむしろ「個人」(十分なお金を貯めるまで純潔を保ったまま結婚を延期できるかどうか)に求めました。このため彼らは、政府の所得再分配政策よりも個人の利己心(自己の境遇改善欲)の正しい発揮＝道徳的抑制の実行こそが、労働者を幸福にする王道だと考えたのです。

もちろん彼らは、不適切な政策が労働者の幸福を妨げているという「社会」の問題にも鋭い目を向けて批判しました。マルサスとリカードの救貧法批判、リカードの穀物法批判をみれば、そのことは明らかでしょう。彼らは(各人が適切な方法で自己利益を追求することを妨げる)有害な政策をできるかぎりなくして、人びとが真の幸福を自由に追求できる社会を構想したのです[5]。

新救貧法との関連　マルサスとリカードの批判もあって、救貧法は1834年に改正されて新救貧法となりました。その結果、働く能力はあるが無職の者に対する救済は、法律上は厳しく限定されていきます。こうして福祉の経済思想は、マルサスとリカードのときに1つのクライマックスに達したのち、新たな局面に入っていきます。その詳細は、次章以下で述べられるでしょう。

注
1) 以下の議論については、専門的な文献、益永淳「マルサスの救貧思想―― 一時的救済の原理と実際的根拠」および柳沢哲哉「マルサス『人口論』における救貧法批判の論理」を参照してください。
2) マルサスは産児制限を認めませんでしたが、産児制限による人口抑制を訴えた考え方や運動を「新（ネオ）マルサス主義」と呼びます。
3) ただし、以下では、リカードの理論をかなり単純化して紹介しています。もっと詳しい説明については、たとえば木村雄一・瀬尾崇・益永淳『学ぶほどおもしろい経済学史』第3章を参照してください。
4) ちなみに、彼らは健康で働ける人々の公的救済に反対しただけで、病弱者や老齢者などの公的救済まで否定したわけではありません。
5) ただし、穀物法論争から明らかなように、両者が望む経済社会の具体像については、意見の違いがありました。たとえば、自由貿易こそが労働者の幸福増大にとって重要だとリカードは強調しました。この点で彼は、規制撤廃による経済成長の実現が貧困を緩和しうることをマルサス以上に信じていたようです。マルサスも経済成長の重要性は十分に認めていましたが、持続的な成長には有効需要の確保が鍵を握ることを力説しました（つまり、モノが順調に売れないと順調な経済成長はむずかしい）。リカードとマルサスの経済学についてもっと詳しく知りたい方は、木村雄一・瀬尾崇・益永淳『学ぶほどおもしろい経済学史』第3章を参照してください。

レポート執筆のヒント

- 少子化と人口激増という相反する現象について、自由に論じてみよう。
- 「マルサスの罠」「新（ネオ）マルサス主義」「産児制限」「優生学」という言葉にも注目しながら、マルサス人口論の現代への影響力を調べてみよう。
- 労働者の幸福に必要な条件について、マルサスとリカードの考え方の共通点と相違点を挙げてみよう。
- 貧困の基本原因は道徳的抑制をしなかった労働者自身にある（個人の自己責任だ）という見解について、賛成・反対どちらかの立場から、理由を挙げて自分の意見をまとめてみよう。

文献

（マルサスとリカードの本）
マルサス『人口論［第6版］』大渕寛他訳、中央大学出版部、1985年。
マルサス『経済学原理』（上下巻）小林時三郎訳、岩波文庫、1968年。
リカード『経済学および課税の原理［第3版］』堀経夫訳（『リカードウ全集 第1巻』）雄松堂、1972年。

（参考文献）
木村雄一・瀬尾崇・益永淳『学ぶほどおもしろい経済学史』晃洋書房、2022年。
益永淳「マルサスの救貧思想―― 一時的救済の原理と実際的根拠」小峯敦編著

『経済思想のなかの貧困・福祉——近現代の日英における「経世済民」論——』ミネルヴァ書房、2011年。
森下宏美『マルサス人口論争と「改革の時代」』日本経済評論社、2001年。
柳沢哲哉「マルサス『人口論』における救貧法批判の論理」『マルサス学会年報』、第24号、2015年。
渡会勝義『デイヴィド・リカードの救貧法と貯蓄銀行』*Study Series*、No. 45、一橋大学社会科学古典資料センター、2000年。

　　　　　　　　　　　　　　　　　　　　　　　　　　　（益永　淳）

6 J. S. ミル

社会の漸進的改良

「今日までは、従来おこなわれたすべての機械的発明がはたしてどの人間かの日々の労苦を軽減したかどうか、はなはだ疑わしい。……それは中産諸階級の生活上の余裕を増大した。けれども、それは、人間の運命がその本性上、またその将来においてなし遂げるべきもろもろの偉大な変革については、まだそれを実現し始めてもいないのである。」(『経済学原理』第4編第6章)

【キーワード】
功利主義　感情の陶冶　個性　生産・分配の二分論　停止状態

　この章では、J. S. ミルにおける改良主義を学びます。その功利主義、自由と個性の問題、そして人間の知的・道徳的進歩と社会発展との関連を整理します。そしてまた、人間がどのような政治や経済の問題に向きあい、どのように社会全体の幸福を実現すべきかとミルが考えたのかを明らかにしていきます。

1　略伝——社会の改革者 J. S. ミルの生涯

英才教育の下で　19世紀のイギリスはヴィクトリア朝という名に象徴されるように、ヴィクトリア女王の治世（1837〜1901年）の下、大英帝国と呼ばれる大きな繁栄の時代を築きます。この時代は、大規模な工業生産が発展するとともに、労働者も集中的に組織されていき、共通の意識と利害関係をもつ者たちの集まりとして、労働者階級を形成するようになります。しかし同時に、周期的な恐慌が起こり始めます。ですから、恐慌の脅威に大きくさらされる労働者階級をどう守るかということが新しい社会問題となってきた時期でもあります。このように労働者階級が台頭してきた過渡期に、スミス（☞第3章）、マルサス（☞第5章）、リカード（☞第5章）らの古典

第 I 部　経済学の成立と貧困の発見

J. S. ミル

学派の主流を受け継ぎ、彼らの理論を新たに体系化して活躍した経済学者が J. S. ミルです。

ジョン・ステュアート・ミル（John Stuart Mill, 1806〜73 年）は、ジェームズ・ミルの長男として、1806 年にロンドンで生まれました。父ジェームズはスコットランドの出身で、文筆家として身を立てようとして南のロンドンにやってきた人でした。1818 年に『イギリス領インド史』という大著を書き、1819 年東インド会社に就職しましたが、ミルが生まれた当時は貧しい生活でした。

そうしたなか、父ジェームズはミルを学校に通わせることなく、みずから英才教育をおこないます。3 歳のときにギリシャ語を教え始め、その後の 10 年間で、数学、歴史、ラテン語、自然科学、論理学、経済学などを教え込みます。けれど、ミル自身がふりかえるように、それは「けっして詰め込み教育ではなく、論理的な思考法を身につけさせるように工夫され計算された方法に基づく」ものでした。

父ジェームズの教育の目的は、ミルを社会の改革者として育成することにありました。先の 2 つの章で扱ったベンサム（☞第 4 章）とリカードは父ジェームズの親友であり、ミル自身も直接交流があったのですが、ベンサムの功利主義とリカードの経済学が、社会改革者ミルの思想の根底を流れるものです。ミルは、1822 年に弱冠 16 歳で文壇にデビューすると、功利主義協会を設立し、哲学的急進派のリーダーとして、共同研究、討論、執筆など精力的に活動します。そして、1823 年に東インド会社に就職し、父ジェームズの直属の書記として働き始めます。

社会改革者として順風満帆なスタートを切ったかに見えたミルですが、20 歳の秋、「わが精神史の一危機」という時期を迎えます。これは、幼いころからの英才教育によって、他人の意図によって「つくり上げられた」人間という意識が過度に出てきたものと思われます。ミルは、父親の死に直面した主人公が自分で一家を支えていくと決心した回想録に共感し、この精神の危機から脱出します。この後、ミルは、文学や芸術に親しんだり、ロマン主義のカーライ

> コラム④　ロマン主義
>
> 　商業化・産業化は社会に合理主義や物質主義、功利主義、個人主義を蔓延させ、人間生活の豊かさを貶めるとして批判した思想潮流がロマン主義です。湖水地方の美しい自然や人びとの共同体的紐帯を称揚するコールリッジなどの詩人がその代表例です。
>
> 　当時の経済学を「陰鬱な科学」と揶揄したカーライル（1795〜1881年）は、人間生活の秩序や慣習を破壊する産業化を批判し、労働者の生存条件の改善を主張しました。カーライルの影響を受けたラスキン（1819〜1900年）も、利己的人間観に立脚する経済学を批判し、社会的情愛こそ重視すべきであると論じました。労働者の教育や生活改善を主張した彼の議論は、ガンディーや日本の社会福祉家にも影響を与えました。
>
> 　中世の芸術・職人的世界や労働の喜びといった理念を評価したラスキンから多大な影響を受けたモリス（1834〜96年）も、産業的分業の非人間的なあり方を批判しました。モリス商会やケルムスコット・プレスを創業し、生活と芸術の融合という理念からアーツ・アンド・クラフツ運動を率い、職人の手仕事を称揚して近代デザインを創始しました。晩年は社会主義者を名乗り、社会主義同盟の活動などに奔走しました。
> 　　　　　　　　　　　　　　　　　　　　　　　　　　　　　　（板井）

ル（☞コラム④）などと交流をもったりすることで、論理的な思考だけでなく、自分にもっとも欠けていた情緒的側面を重視するようになっていきます。

ハリエット・テイラーとの出会い

　そして、1830年、ミルは、彼の情緒的側面に決定的な影響を与えたハリエット・テイラーと出会います。ジョン・テイラーと結婚して子供もいたハリエットとの交際は家族や友人から大反対を受け、2人は孤立していきます。それでも、ミルが「わが生涯のもっとも貴重な交友」と呼ぶように、彼女がミルに与えた感性の影響はミルのほとんどの著作に反映されていて、それらは2人の合作といってもさしつかえないとまでいっています。テイラー氏の死から2年後の1851年に、2人は晴れて結婚します。1858年フランス旅行中にハリエットがアヴィニョンで急死するまでの7年半は、ミルにとって至福の時でした。

　ハリエットの存命中の1848年に『経済学原理』を出版した後、ミルは、代表的な著作では、1859年に『自由論』、1861年に『代議制統治論』、1869年に『女性の解放』を出版します。さらに、東インド会社を1858年に退職した後、

第 I 部　経済学の成立と貧困の発見

ハリエット・テイラー

1865 年には選挙活動もせずに下院議員に当選して選挙法の改正に尽力し、1867 年にはスコットランドのセント・アンドリューズ大学総長に就任しました。

　ハリエットを失った後、こうしたミルの活躍を支えたのは、養女ヘレン・テイラーの励ましと手助けがあってのことでした。ミルはヘレンを「人生のくじ引きで、もう一度こういう当たりくじを引き当てるという幸福にめぐまれた」と表現して、とても感謝しています。

　1873 年 5 月 7 日、ミルは妻ハリエットが亡くなったのと同じフランスのアヴィニョンで息を引き取ります。ミルが自身の生涯をつづった『ミル自伝』と遺稿『社会主義論』は養女ヘレンによって出版されました。

2　ベンサム功利主義からミル独自の功利主義へ

独自の功利主義へ　社会改革者としてのミルの思想は、ベンサムの功利主義に基づくものでした。しかし、20 歳のときの「精神の危機」は、ベンサム功利主義に対する疑念をもたらしました。その疑念を克服したことは、ミル独自の功利主義への移行でもありました。ここでは、ミルのなかでどんな変化があったか、確認してみましょう。

　ベンサムの功利主義では、「最大多数の最大幸福」という言葉が示すように、社会全体の幸福を大きくすることが目的です。ここでいう幸福とは、利益、便宜、快楽、善などであり、不幸とは、危害、苦痛、悪などです。これらは量的に計算できるものと考えられます。そして、1 人ひとりの人間が、他人の幸福を自分にとっての喜びだと考えるようになれば、社会全体としての幸福はもっと大きくなっていきます。ミルは、社会改革者として、人びとをこの考えに導こうとしていったのです。

　しかし、ミルは、精神の危機のときに、自分の目的意識の弱さという壁に直面しました。父ジェームズの教育によって論理的思考を身につけたミルは、「社会改革者としての夢がかなったときに自分は幸福であろうか？」と自分自

身に問いかけます。それに対する答えは「ノー！」でした。この事実に愕然としたことがミルを虚無に陥れたのです。論理的思考力つまり分析力を身につけてはいたけれど、感情や感性といった情緒的な部分が欠落している自分に気がついたのです。「人と共感する喜びとか、他人のために、ことに広く人類全体のためにということを人生の目的とする気持ちとかこそ、もっとも偉大な、そしてもっとも確実な幸福の源である」というベンサムの考え方にミルは賛成しますが、「ある気持ちをもてば幸福になれるのだと知ったからとて、その気持ちになれるものではなかった」のです。

> 感情の陶冶

こうしてミルは、2つの新しい考えに到達します。第1に、幸福になる唯一の道は、幸福それじたいを人生の目的とするのではなく、それ以外のものを人生の目的に選ぶことにあるということです。そして、第2に、幸福になるためには、「知性」を重視するだけでなく、個々人の内的教養ともいえる「道徳性」を高めることが重要であるという点です。この第2の点を言い換えれば、知的教養や分析能力が個人の進歩にも社会の進歩にも欠くべからざる条件だという点は変わらないけれど、同時に、ミル自身に欠如していた「感情の陶冶（完全発達）」ということがここに加わり、これらの正当なバランスを維持していくことが重要なのだという考えにたどり着いたのです。ミルの「感情の陶冶」を助けてくれた人物こそ、ハリエットにほかなりません。

こうしてミルは、個々人の意識を全体の幸福に向けさせるように指導するという考え方から、個々人が知的・道徳的に進歩していくことを重視する考え方に変わり、ひいてはそれが社会全体を幸福に導くという功利主義へと変わりました。次に問題となってくるのは、個々人が知的・道徳的に進歩していくにはどうするべきか、です。次節では、この点を、個性の問題として扱っていきます。

3 自由と個性の重要性

> 社会の均質化のなかで

個性の問題は、『自由論』のなかで、とくに「幸福の諸要素の1つとしての個性について」と題して展開さ

れます。ミルは、知的・道徳的な諸能力は、筋肉の力と同様、使用することによってのみ改善されることを強調します。そして、性格のタイプにはいろいろな種類があるのだから、他人に害を及ぼさないかぎり、その性格が完全に自由に伸びていくようにしてやることが、個人にとっても社会にとっても重要だと考えます。ここでいう他人についていえば、たとえ家族や血縁者であっても、自分以外のすべてのものは他人（他者）と見なすべきでしょう。

　ミルは、世間一般の人びとは、個性の発揮が独自の価値をもつとは考えていないし、また、何か尊敬に値するものとも考えていないといいます。それならまだしも、社会の改革者の多くに至っては、個性の発揮を、理想の構成要素ではなく、かえって、彼らが理想と判断するものを受け入れさせようとするときの障害物と見なしていると批判します。ミル自身も、社会の改革者として「社会的にも政治的にも過度の統制をよしとする傾向に簡単に陥ってしまいそうな時期もあった」と自戒するほどでしたから、これは自己批判の意味も込めての意見です。

　ミルが個性の発揮を阻害するものとしてもっとも心配しているのは、社会の進歩とともに、社会環境がますます均質化されつつあることです。政治の民主的改革、教育の拡張、交通手段の発達、商工業の発展は、いずれも社会の均質化作用を促進します。こうした社会の動きのなかで気をつけなければいけないことは、世論が個人の意見を封じ込めようとするような風潮です。多数者の意見とは異なる少数者の意見を保護することに社会が関心をもたなくなることがないように、ミルは警鐘を鳴らすのです。自発性の失われた均質化した社会ではなく、個人の自発性に基づいた多様性のある社会こそ、ミルが理想とした社会なのです。

労働者と女性の政治参加

　それではミルは、当時のイギリス国民がどのような状態にあると考えていたのでしょうか。この点について、政治面を中心にみておきましょう。国民の政治参加を考える場合には、国民の知的・道徳的水準がある程度まで達しており、政治的な判断と行動を自主的におこなうことができなければなりません。ミルは、イギリスの労働者階級はすでに政治参加できるだけの能力をもっていると判断します。ですから、労働者階級に選挙権を与える法案に賛成しています。また、

女性もすでにその能力があると考え、女性にも参政権を与えるべきだという法案を提出しました。この法案は否決されましたけれど、269 票のうち賛成票が 73 票あったことは当時では画期的なことであり、女性参政権運動を勇気づけました。

このようにミルは、すべての人びとが自発的にみずから考え、知的・道徳的に成長できるような環境を実現すべく尽力してきたのです。

4 『経済学原理』の新機軸

生産・分配の二分論　1848 年に出版されたミルの『経済学原理』は、当時では異例なほどの売れ行きで、最終的には第 7 版まで版を重ねました。19 世紀末にケンブリッジ大学の A. マーシャル（☞第 11 章）の『経済学原理』が出版されるまで、ミルの『原理』は経済学の標準的なテキストとして君臨し続けました。

ミルの『原理』の特徴は、経済学を、たんなる抽象論ではなく、他のすべての部門と密接にからみあった社会哲学の一部門として取り扱ったところです。言い換えれば、ミルは、他の諸部門への考慮なしには、経済学は実際的な指導理論とはなりえないと考えたのです。ですから、『原理』の副題に「社会哲学に対するそれらの原理の若干の応用」と付されているのです。

そしてミルは、生産・分配の二分論という「新機軸」を打ち出しました。従来の経済学は、生産と分配（つくった物の分け方）は同じ経済法則の下にあり、分配は人間の努力によってくつがえしたり修正したりすることはできないと考えていました。しかしミルは、生産の法則は生産しようとする物がもっている性質に基づく自然法則であるけれど、分配の方式は「人間の意志によって決定される」として、明確な区別を与えたのです。

重要なのは、分配は人間のつくった制度の問題ですから、それは歴史的に変革可能であるという点です。この分配の問題に、知的・道徳的に進歩していく人間が向きあうのです。そうして提出される問題は、どのような分配制度がもっとも望ましいのか、そして、そのような制度を実現するにはどのようにすればよいのか、ということになります。

労働者階級の自立

ミルは「時代の二大要請である、分配の改善と労働に対する報酬の増加とに対してもっぱら注意」を喚起します。たんなる総生産物の増加が重要なのではなく、総生産物の分配が、もっとも人数の多い労働者階級の意向および慣習によって定まるべきだと考えます。そして、労働者階級が、「従属保護」されるのではなく、「自立」する方向性を模索するのです。労働者階級の自立という議論は、ミルのなかで、労働者による協同組合的会社経営、ひいては社会主義という経済体制の問題へと発展していきます。

けれど、ミルがもっとも重要としているのは、個々人の知的・道徳的進歩がいかに実現されていくかであり、そのための社会システムはどうあるべきかという点にあることを忘れてはいけません。だからこそ、労働者階級が資本家階級に「従属」し、そこから離れたところでは何もできないために「保護」されている状態ではだめなのです。

それでは、労働者階級の自立は何をもたらすのでしょうか。ミルはこう述べています。「労働者階級の間に知能と教育と独立心とが増大するにつれて、それは当然それに照応した良識の成長をともない、この良識の成長は思慮深い行動の習慣となって現れざるをえず、その結果、人口は資本および雇用に対し漸次逓減する割合を示すようにならざるをえない、とわたしは思う」。

ここで最後に結論として現れてくる「人口は資本および雇用に対し漸次逓減する」という言葉に注目してください。これまでは「分配」が人間の意志によって決定されるという側面に焦点を当てて検討してきましたが、「資本および雇用」はもう1つの側面である「生産」に関係してきます。そして、ここに「人口」の問題もからんでくるのです。これこそ、マルサスの人口法則をふまえたリカード経済学の延長線上にある「停止状態」論なのです。次節でミルの停止状態論を考えてみましょう。

> ## コラム⑤　初期社会主義
>
> 　産業化による貧困を問題にし、平等の理念を掲げたのが社会主義の思想です。ベンサムの功利主義や環境決定論に影響を受けたオーウェン（1771～1858年）は、スコットランド南部のニューラナークで、学校や病院、住居などを併設した工場を経営（統治）し、勤勉な労働者の育成と自立を模索しました。さらに社会改革にも奔走し、連帯やコミュニティーの思想を育んだので、協同組合運動の父とも称されます。
> 　フランスではサン＝シモン（1760～1825年）が、資本家と労働者を「産業者」としてとらえ、彼らを経済の主役にした産業化によって人びとの福祉が向上することを展望しました。新しい産業社会には新しい道徳が必要と考え、「新キリスト教」を論じています。
> 　マルクス（1818～83年）は資本主義経済では労働者が合法的に搾取されるため、彼らの救済は経済構造そのものの変革にあると説きました。周期的な恐慌に見舞われた19世紀後半、マルクスは労働者の革命によるこの変革は歴史の必然的な趨勢であるとして労働運動を盛り上げました。ロンドン北部ハイゲート墓地にあるマルクスの墓碑にはこう刻まれています。「哲学者はさまざまに世界を解釈してきたにすぎない。だが重要なのは、世界を変えることなのだ」「万国の労働者よ、団結せよ！」。
> 　　　　　　　　　　　　　　　　　　　　　　　　　　　　　　　（板井）

5　停止状態論

リカードの「停止状態」

　ミルが父ジェームズから教え込まれたリカードの経済学では、「人口増加」と「生産＝食料供給」が対置されます。これは、社会が発展するにつれて、人口はかけ算で増加するけれど、その人口を養うための食料の供給はたし算でしか増加させることができないという、マルサスの人口法則（☞第5章）を根底にしています。

　増加した人口を養うには食料供給を増加させる必要があり、そのためには、痩せた土地が農産物の生産に使われるようになります。そうすると、土地の生産性が下がり、その結果、農業部門で資本に対する利潤率が低下していきます。農業部門での利潤率の低下は工業部門へ波及し、工業部門でも利潤率が低下していきます。このような社会全体での利潤率の低下傾向を阻止するには、技術

革新によって生産性を向上させるか、農産物の自由貿易により外国から農産物を輸入してまかなうか、しかありません。一時的にはそれでいいかもしれませんが、やがては世界的な規模で人口増加と痩せた土地の耕作が進んでいき、いずれ世界は、これ以上は資本の投下もおこなわれず人口も増加できない「停止状態」に陥ってしまいます。これがリカードの停止状態のヴィジョンです。

人間的進歩の力 こうしたリカード的な停止状態の思想に対して、ミルは「富および人口の停止状態は、しかしそれ自身としては忌むべきものではない」、むしろ「今日のわたしたちの状態よりも非常に大きな改善となるであろう」と異論を唱えます。ミルにとって、資本と労働の停止状態はかならずしも人間的進歩の停止状態を意味するものではなく、停止状態においても、あらゆる種類の精神的文化や道徳的な社会進歩のための余地があることは変わらないのです。

ミルは、自然法則にはたらきかける「生産」が行き着く「停止状態」という限界に対して、人間の意志によって決定される「分配」制度の下で、「知的・道徳的に進歩した人間」がどのように向きあうべきかを問題としたのです。ミルの考える停止状態では、人びとの心が立身栄達の術のために奪われることをやめるために、技術が改善される可能性ははるかに大きくなり、その改善された技術は、生産を増加させる目的だけに使われるのではなく、労働を節約させることで、人びとをさらに知的・道徳的に進歩させる「時間」をつくり出すようになります。

6　おわりに

人間の可能性への信頼 ミルの停止状態のとらえ方には、時代を先取りするような議論があります。それは、人間にとって自然環境がいかに貴重であるかをわたしたちに思い起こさせるような内容です。

「人間のための食料を栽培しうる土地は一段歩も捨てずに耕作されており、花の咲く未墾地や天然の牧場はすべてすき起こされ、人間が使用するために飼われている鳥や獣以外のそれは人間と食物を争う敵として根絶され、生垣や余分の樹木はすべて引き抜かれ、野生の潅木や野の花が農業改良の名において雑

草として根絶されることなしに育ちうる土地がほとんど残されていない——このような世界を想像することは、けっして大きな満足を与えるものではない」。

まさに現代の社会を表現しているかのようなミルの指摘には驚かざるをえません。ミルは、自然の美観壮観のなかにいるということは、思索または人格を高めるためには絶対必要であるということを強く意識しているのです。

自由が確保され、個々人の個性が尊重されることで、知的・道徳的に成長した人間は、他者の個性を尊重しようとするようになり、他者ひいては社会全体の幸福を実現すべく行動するようになっていくという考えが、ミルを貫くものです。このようなミルの考え方は、個人の成長まかせとみられ、驚くほど楽観的だと評されることもあります。けれども、みずからが社会の改革者という鋳型にはめられ個性を失っていた状態から、それを克服し、みずからの個性を確立していったという生い立ちから、ミルは他者に対しても同等にその可能性を認めているという点に注目してください。それは楽観的というよりも、人間の可能性に対する大いなる信頼と見なすべきものでありましょう。社会の改良は、人間の知的・道徳的成長とともに、少しずつ（漸進的に）進んでいくのです。

■ レポート執筆のヒント ■
- ミルに関する新書を読み、興味あるエピソードを探してみよう。
- 社会の進歩によって平等化や同一基準が進むというミルの意見は、今日の「グローバル化」にも当てはまります。ミルの議論を参考にして、グローバル化の利点・欠点を挙げてみよう。
- ミルは、平等化は社会の進歩であると認める一方で、それとともに均質化した基準が個性を発揮する自由を束縛していくことを大きな問題としました。この論旨を、ミルの『自由論』を読んで、まとめてみよう。
- ミルは『経済学原理』で停止状態を述べていますが、環境破壊や資源の枯渇が現実の問題となっている昨今、その現代的な意義を考えてみよう。

■ 文献 ■

(J. S. ミルの本)
『経済学原理』(全5巻) 末永茂喜訳、岩波文庫、1959〜63年。
『自由論』山岡洋一訳、光文社古典新訳文庫、2007年／塩尻公明・木村健康訳、岩波文庫、1971年。
『代議制統治論』水田洋訳、岩波文庫、1997年。

『女性の解放』大内兵衛・大内節子訳、岩波文庫、1957年。
『ミル自伝』村井章子訳、みすず書房、2008年。

(参考文献)
菊川忠夫『人と思想18　J. S. ミル』清水書院、1996年。
小泉仰『イギリス思想叢書10　J. S. ミル』研究社出版、1997年。
杉原四郎『J. S. ミルと現代』岩波書店、1980年。
松井名津「ジョン・ステュアート・ミル」鈴木信雄編『経済思想4　経済学の古典的世界』日本経済評論社、2005年。
森茂也「J. S. ミルの停止状態とその現代的意義」『古典派経済成長論の基本構造』同文舘、1992年。

(藤本正富)

第2部

経済学の革命と社会改良

教　授：19世紀後半のヨーロッパというと、どんなイメージをもっていますか？

みゆき：街を馬車が駆け抜けて、工場の煙突から黒煙があがる光景が思い浮かびます。あとはダーウィンの進化論、シャーロック・ホームズの冒険……。そうだ、電気や石油といった新しい資源が利用され始めたのもこの時代ですよね。

教　授：自然科学と科学技術（テクノロジー）の発展は重要なポイントです。ヴィクトリア女王が統治した時代（1837〜1901年）から、「世界の工場」に加え、サービス産業（金融や海運）なども発展しました。他方、ドイツでは1860年代からビスマルクの軍備拡張・保護関税政策の下で工業化が進み、その結果ヨーロッパ各国の対立が深まっていきます。

龍　也：産業革命後の工業化で、豊かな社会が実現したのでしょうか？

教　授：そうとは限りません。逆に貧富の差が拡大して、労働者階級という「自分の労働力のみを売る」貧しい人びとが激増しました。当時マルクスが、労働者たちは資本主義経済を倒して社会主義の社会をつくるべきだと考えたのは、そこに富の不平等という分配問題があったからです（☞第7章）。古典派の理論・政策・方法が行き詰まり、「経済学の革命」が待ち望まれました。

龍　也：それが1870年代の「限界革命」ですね。

教　授：そう。それまでの経済学と異なり、生産費ではなく、消費者の効用

（満足度）に基づく価格決定が考えられました。供給側から需要側へと価値の視点が転換し、「限界分析」を統一原理として採用した点が、まさに革命的だったのです。その最初の担い手がジェヴォンズ（☞第9章）、ワルラス（☞第10章）、メンガーでした。

みゆき：新しい時代の経済思想家は、社会改良と無関係でしょうか？

教　授：いや、さまざまな改良案が提唱されました。たとえば、適正な分配という倫理の問題に取り組んだのがシジウィック（☞第8章）です。またジェヴォンズとエッジワース（☞第9章）は、快楽と苦痛とを効用でとらえ、不平等をなくす社会を考察しました。彼らにはそれぞれ、功利主義思想（最大多数の最大幸福）に基づく信念がありました。

龍　也：ほかに「限界革命」の立場から社会改良を考えた人はいますか？

教　授：ワルラスの一般均衡理論はミクロ経済学の中心にあります。と同時に、彼は自由競争、土地国有化、アソシアシオンという3つの観点から貧困解決をめざしました。そして忘れてならないのが、ミルを継承したマーシャル（☞第11章）です。

みゆき：マーシャルって、ケンブリッジ大学でピグーやケインズを育てた人ですよね。

教　授：マーシャルは自由放任と政府介入とのはざまで、労働者の福祉を進歩と関連づけて考えました。彼の考えはピグーの福祉（厚生）の経済学に引き継がれます。19世紀後半は、経済学はもちろん、いろいろな「科学」が理論的に整理・洗練されていく時代です。第2部では「良き社会」という、あるべき社会像を構想し実現するために、格闘し続けた思想家たちの姿を描きます。

7 マルクス

疎外と搾取を根絶する闘い

「今日までのあらゆる社会の歴史は、階級闘争の歴史である。」
(『共産党宣言』冒頭)
「その大きな利点は、現在の窮乏化や資本に労働を従属させる専制的システムを、自由で平等な生産者たちの連合体……に置き換えること」 (「協同組合労働」『全集』第16巻)

【キーワード】

階級　疎外　剰余価値　社会主義　共産主義　アソシエーション

　2017年マンチェスターの中心街に、ウクライナから移設されたエンゲルスの像が建ちました。盟友マルクスとともに、その名はロシア（サラトフ州）の地名に残っています。ドイツ生まれの2人がなぜ、このように世界規模で人類の歴史に長く刻まれる影響力を持ったのでしょうか。

　両者が生きた社会は、機械制大工業が全面展開していく19世紀のヨーロッパ（とくにイギリス）でした。封建制や自給自足という特徴をもつ世界から、近代化と商品経済という世界へ、大転換が起こっていました。本章では、彼らの社会主義・共産主義の思想を中心に、福祉の観点からその現代的意義を取り上げましょう。

1　略伝──行動の人、思想の人

激動の青年時代　カール・マルクス（Karl Marx, 1818～83年）はトリーア（当時プロイセン王国；ライン地方）のユダヤ系名家に、弁護士の息子として生まれました。ボン大学やベルリン大学では法学を専攻しながら、文学や哲学に没頭しました。なかでも強く影響を受けたのは、理念による現状打破をうたう急進的な「青年ヘーゲル派」です。1815年以降、

第 2 部　経済学の革命と社会改良

マルクス　　　　エンゲルス

　フランス革命による混乱が各国の強権によって抑え込められながら（ウィーン体制）、なお自由や平等を希求する抗議運動・暴動も盛んでした。マルクスもジャーナリストとして強権を糾弾する論陣を張りましたが、新聞発禁や逮捕拘束によって、パリやブリュッセルへ亡命せざるをえませんでした。

　1840 年代前半に生涯の友エンゲルス（Friedrich Engels, 1820〜95 年）と出逢って意気投合してからは、なぜヨーロッパの民衆が惨めで貧しい状態なのか、この現状を打破する手段は何かを二人三脚で問い続けます。そのためには『イギリスにおける労働者階級の状態』などの現状分析、『経済学・哲学草稿』や『資本論』などの理論構築、共産主義者同盟や第一インターナショナルなどの実践運動という三本柱の調和が必要でした。

ロンドンで研究に没頭

　マルクスはドイツの哲学（とくにヘーゲルの弁証法）、フランスの社会主義思想（フーリエやサン＝シモン）、イギリスの古典派経済学（スミスやリカード）を順次、徹底的に研究し、その思考の型と論理を突き詰め、ときにその結論を完全に否定しながら、自分たちが生きる経済社会の根源的な矛盾を読み解こうと格闘しました。この過程で、労働者が抑圧された階級であり、人為的に貧しくなっていると確信します。1848 年に各地で生じた革命運動が挫折するなかで、マルクスはロンドンに渡り、大英博物館の一室で大量の文献をひもときます。その生活を物心から支えたのがエンゲルスでした。家族の不幸や病気、不規則な生活を克服しながら、ついに『資本論』第 1 巻が 1867 年に完成します。この大著はこれまでの哲学や経済学を徹底的に批判し、資本主義と呼ぶべき生産体制の本質とそこからの脱却経路を示唆しています。ただしその全貌は、マルクスの死後、エンゲルス編纂の第 2 巻・第 3 巻の刊行を待つ必要がありました。

2 なぜヨーロッパの大衆は惨めで貧しいのか

**労働者の
みじめな状態**

マルクスの理論は、当時の労働者が置かれた状況を色濃く反映しています。たとえばエンゲルスの報告書『イギリスにおける労働者階級の状態』(1845年)によれば、リヴァプールにおける各階級の平均寿命の差が顕著です。ジェントリ (地主層) や専門職は 35 歳、裕福な手工業者や商人が 22 歳、労働者・日雇い労務者・奉公人が 15 歳です。さらに労働者階級の子供は 57 ％が 5 歳前に死亡してしまいます。劣悪な衣食住や苛酷な労働という外部要因ゆえに、農村より都市で伝染病による死亡率が高くなっていました。エンゲルスはこの状態を「社会的殺人」と呼んでいます。このように産業革命の弊害が誰の目にも明らかとなり、多くの人は憤りを覚えていたのです。

フランス革命 (1789年) の余波で、イギリスでも民衆の抗議運動と政府の弾圧が激しさを増します。たとえば、機械化が高賃金の熟練工を失業させ、また非熟練工にも労働環境の悪化を招いたとして、1810 年代には機械打ち壊し運動 (ラダイト運動) が激化していました。また選挙権を得られなかった多くの都市労働者が、人民憲章を掲げて平等な権利を要求したチャーチスト運動も 1838～48 年頃に盛んとなりました。

こうした現状を踏まえ、マルクスは次のように議論を展開します。ヨーロッパでは、古代ギリシャの奴隷、ローマの剣奴、中世の農奴、アメリカ大陸の奴隷のような身体的拘束・人格否定は、少なくとも建前上は近代化によって根絶しました。しかし、エンゲルスが工業都市マンチェスターやリヴァプールと周辺の農村とを比べて世に告発したように、都市に暮らす労働者は極貧の生活にあえいでいました。権利の請願や人権宣言によって、近代では政治的な自由が徐々に確立していったにもかかわらずです。

**モノの生産、
支配される階級**

マルクスはこの謎に挑み、哲学や宗教の領域ではなく、モノの生産という経済のしくみ全体に注目すべきだと結論しました。しかもスミスやリカード等の正統的な経済学の考察と異なり、物事の表面ではなく本質 (構造) を見抜く洞察力が必

要です。たしかに正統的な経済学が指摘するように、分業や発明によって、19世紀には前例のない大量生産、そして莫大な富が出現しました。しかし、《身分》（例として貴族・奴隷）とは異なる経済的な階層（すなわち階級）や、生産に関する不公平な形態・様式ゆえに、大多数を占める賃金労働者が抑圧され、自分の個性を発揮できず本来の暮らしができない現状があるのです。

　マルクスは、階級・商品・貨幣・資本・労働・価値など古典派経済学と同一のことばを用います。ただし、その内容や関係性にまったく新しい意味が与えられ、資本主義という社会では、支配する階級（ブルジョアジー）と支配される階級（プロレタリアート）が必然的に分断されると主張します。まず階級は、水平的に移動できるような、単なる役割や機能の分担ではありません。個々の資本家が慈悲深いか否かとは関係なく、一方が他方の富をつねに収奪する固定的な上下関係です。次に、資本主義の様式では、本来は商品化してはいけない労働者の資源（労働力）を無理矢理、値札を付けて市場で交換させるため、各所に無理が生じます。資本家と労働者はいっけん対等な労働契約を結びますが（労働の対価に賃金を払う）、不公平な支配‐被支配関係が裏側に隠されているとマルクスは見抜きました。これが《資本》という怪物に支配された資本主義社会の最大限の矛盾です。

　こうした矛盾が生じる理由を、マルクスは商品の交換、貨幣の流通、資本の増殖という一連の流れで把握します。モノの売買は古代からある通常の商行為ですが、労働を含むあらゆる形態が商品になる事態が近代特有です。人に働いてもらうとき、人間そのものは（奴隷制が廃止された社会では）売買できません。そこで、人間が生み出す「これから労働する能力」のみに値札を付けて、土地や機械や組織をもつ者が労働しかもたない者を雇います。外面では対等な契約関係ですが、マルクスはここに階級対立の根源を見いだします。商品の交換において、貨幣の役割が拡大します。交換の単なる便宜のためにある貨幣が、あらゆる商品を値付けできてつねに交換できるという性質から、万能性を帯び、あたかも貨幣自体が崇拝すべき対象に変わります。モノが備えている有用性を求めるのではなく、貨幣自体を追求するという「際限ないカネ儲け」が人びとの大きな動機となるのです。ここで人間やその労働よりも、カネそのものが主役に躍り出るという本末転倒の事態が出現しました。

カネ儲けの横行、暴走する資本

カネ儲けのために商品を生産する過程で、最初の価値より大きな価値が実現します。資本家にいったん雇われた労働者は、自分の生活のために必要な生産物を生み出しますが、ここで労働を終えることはできず、さらに長時間働いたり、生産性の上昇を強いられたりします。なぜなら労働者は賃金を獲得できなければ自分とその家族を養っていけない立場なので、1日拘束されてしまう包括的な契約では、資本家の要求に陰に陽に応えざるをえないのです。実際に、この時期には、成人男性のみならず、女性・児童に対しても苛酷な労働環境が押し付けられました。現在でも、現場からの「自主的な」生産性上昇の工夫や、「スマイル・ゼロ円」のような情緒的サービスが強要されます。

あるいは、資本の量に対して、労働人口が相対的に多すぎる状態──「産業予備軍」──が出現します。マルサスは食糧に比して人口が絶対的過剰になるという冷徹な人口法則を発見しました。それに対してマルクスは、資本主義という社会経済的な原因で、人口が相対的に過剰になる現象を重視しました。こうした結果、労働者はつねに不安定な状態（突然の解雇、不規則な労働など）を強いられるなど、実質的に資本家が労働者の人格や生活を完全に制御していることになります。

このような状況では、さらなる長時間労働や効率的な生産によって、労働者自らが必要な部分を大きく越えて、《剰余価値》と呼ばれる利潤（余り＝資本家の取り分）がつねに発生します。労働者の立場からすると、本来は自分に帰属するはずの価値が、いつの間にか資本家の手に落ちていることになります。「搾取」という現象です[1]。この生産過程が繰り返されると、単なる金儲けの欲望が、タガが外れて膨張する《資本》として現実化します。資本は止めどもなく（細胞分裂のように）増殖過程を繰り返し、個別の労働者は当然として、資本家個人の思惑さえも越えて、資本は変幻自在に膨張し、制御不能となります。その結果、労働者はどんどん惨めに、資本家はますます富むことになります。本来は自分が創ったモノ・価値がその手から離れて、逆に労働者自身を支配する──この状態を《疎外》と呼ぶことができるでしょう。

このように、政治的な自由が確立しつつある近代のヨーロッパ社会では、資本主義という妖怪が跋扈し、惨めな労働者と富める資本家という対立構図が明

らかになりました。多くの商品が溢れているにもかかわらず、労働者の福祉は向上するどころか悪化している、とマルクスやエンゲルスは告発しました。

3　共産主義という理想社会を構想する

大きな影響を与えたマルクス思想

マルクスには哲学や経済学を徹底的に研究して、実践的な運動を禁欲している時期と、革命的運動に積極的に従事している時期があります。「ヨーロッパに幽霊が出る、共産主義という幽霊が」という有名な一文で始まる『共産党宣言』(1848年)は、秘密結社「共産主義者同盟」の綱領(基本方針)として執筆されたものです。また、1864年には「国際労働者協会」が組織化され、マルクスがその設立宣言を起草しました。この団体は(第一)インターナショナルと呼び親しまれ、労働者の自発的な国際協力団体として意義深いものです。その後、1871年にパリで労働者による初の政権(パリ＝コミューン)が誕生するなど、労働者の階級闘争も一定の成果をあげてきました。ただし、この政権も数ヶ月で瓦解したり、第一インターナショナルも激しい内部分裂や政権による弾圧によって、活動停止に追い込まれたりしました。

マルクスの思想は世界の歴史にきわめて大きな影響を与え、20世紀には相次いで社会主義を自任する国々(1917年ロシア革命後に成立したソビエト社会主義共和国連邦、内戦後の1949年に建国された中華人民共和国など)が誕生するにつれ、ある固定化されたイメージが生み出されました。①資本主義体制は恐慌の繰り返しで行き詰まること、②暴力革命によってこの体制にトドメを刺すべきであること、③その後の社会主義はプロレタリア独裁によって、生産手段(土地や機械や組織など)の国有化を進めるべきこと、④発展段階の最終形態たる共産主義社会では、誰もが必要に応じて与えられる完全平等の世界が実現すること。以上のイメージは、たしかにマルクスやエンゲルス自身の言葉に辿れる場合もあり、歴史的に多くの人が標準的な「マルクス(＝レーニン)主義」と理解しました。

第 7 章　マルクス

4 点に対応する彼ら自身のことば

こうした理解を吟味するために、上記の 4 点に対応して、マルクスやエンゲルスの原文を引用してみましょう。

①「貧困・抑圧・隷属・堕落・搾取はますます増大してゆくが、……組織される労働者階級の反抗もまた増大してゆく。……生産手段の集中も労働の社会化も、その資本主義的な外皮とは調和できなくなる一点に到達する。そこで外皮は爆破される。資本主義的私的所有の最期を告げる鐘が鳴る」(1867 年、岡崎訳③ 438 頁)。

②「共産主義者は、あらゆる既存の社会秩序を暴力的に転覆することによってしか自分の目的が達成されないことを、公然と表明する」(1848 年、森田訳 89-90 頁)。

③「資本主義社会と共産主義社会との間には、一方から他方への革命的転化の時期がある。……この過渡期の国家はプロレタリアートの革命的独裁以外の何物でもあり得ない」(1875 年、後藤訳 43 頁)。「プロレタリアートは……ブルジョアジーからあらゆる資本を奪い取り、あらゆる生産用具を国家(すなわち支配階級として組織されたプロレタリアートの手)に集中し、生産力の量をできるだけ急速に増大させるだろう」(1848 年、森田訳 89-90 頁)。

④「共産主義社会では各人はある事業の活動範囲をもたず、どこでも好きな部門で自分を発展させることができる。……気持ちのおもむくままに、朝には狩りをし、昼には魚をとり、夕べには家畜の世話をし、そして食後には評論をすることができるようになり、だからといって猟師や漁夫や牧人あるいは評論家になることはない」(1845 年 b、新訳刊行委員会訳 38 頁)。「各人はその能力に応じて、各人はその必要に応じて！」(1875 年、後藤訳 30 頁)。

原典が書かれた社会背景に注意

以上のように原典(マルクスやエンゲルス自身の言葉)という論拠はあるのですが、原語の多義性[2]、前後の文脈や社会的背景などを鑑みて、まず訳文の解釈そのものにも注意が必要です。さらに、現代への示唆を考えるならば、マルクスの時代には想定されていなかった現実の流れを考慮する必要もあります。たとえば、①の命題は生産力の無限的拡大とその矛盾を示しますが、商品が溢れる世の中でも、ボードリヤールが指摘したように、消費する意味(差異)が無限に生み出されて、永遠の欲求不満が続いてしまう可能性があります。マルクスが

81

想定した状況とは異なり、溢れるような生産力がそのまま未来社会の基盤とならないのです。

②や③のプロレタリア独裁という命題は、ロシア革命を主導したレーニンが発展させました。1920年代以後、重工業部門を中心としたソ連の計画経済の成功に対して、大恐慌による西側諸国の大混乱が歴史的事象として教訓となったため、ソ連を模範とした国有化（私的所有の廃止）が社会主義への一歩と当然視されました。しかし、マルクスはこのプロレタリア独裁が共産主義への一通過点であり、やがて国家は廃止されるという見通しをもっていました。また、手段であったはずの国有化が目的となり、「疎外された労働」からの解放という本来の目的は達成されなかったといわざるをえません。社会主義を自称する国々は、労働者の代表という建前を崩しませんでしたが、実際には党官僚という新しい階級を生み出し、多くの人びとを等しく弾圧していました。

④は牧歌的な農村風景を記しており、マルクスの理想社会がまるで《桃源郷[3]》を意味して、原始共産制（人類史の最初期にあったはずの搾取や抑圧のない平等な社会）に帰るというイメージも喚起しました。ここから、文明が退化し、非常に貧しい状態で完全な分配の平等が実現する社会であると非難される事態も招きました。ただし、④の文の近くには「社会が生産全体を統制する」という表現もあり、高度な生産活動が実現すると想定されていたことに留意すべきでしょう。

マルクス研究の新動向

以上のような一般的イメージは、社会主義と称した国家群が次々に倒れ、自由主義の勝利宣言も発せられた1990年代以降、さらに強固になった側面もあります。しかし、2000年代の新しい社会経済の動向をふまえ、さらにマルクスの草稿にも目を向け、《コモン》や《協同組合（アソシエーション）》を鍵として、その思想を再評価する機運も熟してきました。ここではそのような研究動向の若干を紹介し、マルクスの理想社会の輪郭をスケッチしておきましょう。

マルクスやエンゲルスの理想社会がどのように呼ばれるべきか（つまり、社会主義や共産主義はどのような差があるのか）、実は大問題です。通説はありますが、異説も数多くあります。通俗的な理解では、高度に発達した資本主義体制は労働者の蜂起によって社会主義国家に移行し、国有化により私有財産が廃止

されます。その後、完全平等が実現する最終的な共産主義社会に移行します。ただし本章ではさほど厳密な段階発展説をとらず、理想社会の萌芽部分と成熟部分がまだらに同居する（が、やがて後者が優勢になる）という像を描きましょう。

理想社会の前提条件　理想社会には、少なくとも3つの前提条件があります。第1に、「協同組合的な富がそのすべての泉から溢れんばかりに湧き出るようになったのち」（1875年）という形容通り、社会的富が十分に蓄積されている必要があります。このためには資本主義的な生産様式によって可能であった、資本の累積的拡大がどうしても必要悪となります。原始共産制のように、みなが等しく最低限度の生産のなかで生き抜く、という社会ではありません。このため、疎外や搾取が必然的に発生する資本主義社会をいったんは通過しなくてはならない、という道筋になります。

　第2に、労働者に自由な時間がもっと増えることです。生産性の向上により、労働時間は短縮できます。ただし、労働者とその家族を最低限度、養っていく部分が今までよりもっと効率的に生産できたうえで、残りの部分がなお資本家に渡ってしまえば、労働者が疎外されている状況には変わりありません。そのため、こうした支配‐被支配の関係が清算されていないと、単なる労働時間の短縮では、事態は改善しません。さらに、自由な時間が増えても、自分の個性を十全に発揮し、リアルな自由を享受するという活動（マルクスのみる理想的な労働）がただちに実現するわけではありません。この活動は「自己実現」であり、「各人の自由な発展」という精神的な高邁さ、人格的な陶冶の側面です。

　第3に、新しい組織が必要です。労働者が単に消費者としてだけでなく、生産者として協同組合（アソシエーション）を運営し、さらに複数の自発的な協同組合が次々に連合して、1つの社会的生産が統制できるような仕組みが必要です。「協同組合の連合体が1つの共同計画に基づいて全国の生産を調整し、これを自分の統制の元に置き……これこそ《可能な》共産主義ではないか」（『フランスの内乱』1871年）。「真の共同体において諸個人は、アソシエーションの中で、またそれを通じて、自分たちの自由も同時に獲得する」（『ドイツ・イデオロギー』1845年）。ここにおいて公平な分配が実現するのです。リカードには分配される資源は所与として、それが地主・資本家・労働者にどのように

分配されるかという問題関心がありました。J. S. ミルは生産が物的な性格をもつとして古典派の法則を踏襲しましたが、分配については社会制度の改変によってヨリ改良できると主張しました。対してマルクスは、生産のやり方そのものを激変させることで、最終的に分配の改善を目標としました。

理想の社会へ　こうした困難な条件が克服されてはじめて、人びとは現実たる「必然の王国」（物資の生産）から理想たる「自由の王国」（活動）に移行できることになります。この王国では労働が資本主義の時代のように苦役（外部からの強制）ではなく、自然な欲求（内発的な行為）に転換しています。また、分業による対立が消滅し、労働者同士が協業して社会を作り上げていきます。ここで分業（division of labour）とは文字通り「労働の分割」であり、スミスがピン生産で例示したように、工場内の生産工程に各人が特化[4]した場合、4800倍という圧倒的な生産性向上をもたらします。ただし、専門の蛸壺化ともいわれるように、互いの分野に無知や無関心になりがちです。過度な分業は、頭脳労働と肉体労働、都市と農村、生産と消費などの対立矛盾をはらみがちです。

他方、理想的な社会では、分業よりも「協業」「協働」が重視されます。ここでは、労働者同士が相互に影響しあって、それぞれ自らの技能や意識を高めていきます。先に引用した文章によれば、誰でも魚を釣り、農地を耕し、画家にも批評家にもいつでも成れるのです。マルクスは専門的な職業人が存在せず、誰もが自由にどのような役割も果たせ、個性を十全に発揮できる世界を夢想しました。ここでは能力（特性）に応じて働き、必要（生存に最低限度必要な物資や、文化的生活に必要な基礎）に応じて受け取ることが可能になります。

3つの《社会》　社会学者テンニースによる《社会》の2区分と比べてみましょう。まずゲマインシャフト（Gemeinschaft）とは地縁や血縁に基づく自然発生的な共同社会です。家族や村落を意味して、情緒や共感が重視されます。対してゲゼルシャフト（Gesellschaft）とは人工的な利益社会であり、会社・都市・国家など、独立した個人によって、意識的に共通の目的を達成するために形成されました。アソシエーションの原語となるゲノッセンシャフト（Genossenschaft）とは両者を止揚[5]した概念であり、自律した市民が擬似的な家族のように、親子やきょうだいの親密性をもって、同志と

して水平的につながる共同体（協同組合）です。

　以上を総合的に整理すると、マルクスの理想社会は、《自由・平等・博愛》というフランス革命のスローガンを体現した世界とも解釈できます。自律して完全に自由を獲得し、物質的にも精神的にも平等が行きわたり、博愛の精神で構成員がつながる──ある意味で、空想的（ユートピア的）でもあります。

4　後世に与えた影響

　福祉の経済思想家として、マルクスやエンゲルスが後世に与えた影響は、2種類に分けることができます。

労働環境の改善　まず彼らが描いた労働者の悲惨な環境が、政策的に改善したことです。エンゲルスが『イギリスにおける労働者階級の状態』の第2版序文（1892年）で「極度の弊害は、こんにちでは除去されている」と認めたように、幾度かの工場法改正ほかによって、児童や女性を含む労働者の長大な労働時間や深夜労働が規制され、工場監督官の設置や、公衆衛生の改善が劇的に進みました。また労働者賠償法や、20世紀初頭の「自由党（自由主義）の改革」による学童給食・老齢年金・最低賃金・国民保険（健康保険と失業保険）などで、労働者の福祉改革が促されました。さらに、マルクスが描いた労働者の不安定な状態（剰余価値が発生する条件の1つ）に対しても、職業紹介法や有効需要政策によって、摩擦的・非自発的な失業への対処が進みました。《福祉国家》という修正された資本主義の立場は、マルクスの経済学批判なしには発展しなかったのです。いずれも彼らの告発が（直接・間接に）世の中を動かしたといえるでしょう。

マルクス思想を否定する陣営、期待する陣営　次に、ポスト資本主義の実践と構想に、比類のない影響力を残しました。実践に関しては、2つの見解が鋭く対立しています。第1に、マルクス思想を完全に否定する陣営は、ソ連のようなプロレタリア独裁国家こそマルクスからの必然的な展開とみなします。私的所有を否定する「国有化」がなされ、市場を廃止した「計画経済」が実施されたのだから、（少なくとも必要条件としての）社会主義は1920年代から実現して、しかも1990年代に崩壊したと。第2に、マル

クス思想の可能性に期待する陣営は、生産手段の社会化といっても、「疎外された労働」からまったく解放されていないとみなします。むしろ社会主義を名のる国々では党官僚の独裁がはびこり、マルクスが本来めざした社会主義は一度も実現していないと。本章では両論併記にとどめておきます。

ポスト資本主義の構想に関しては、《コモン》や協同組合の連合体にマルクス思想の本質をみる論調が盛んになってきました。この側面は19世紀にみられたさまざまな社会主義的構想（R. オーエン、C. フーリエ、J. S. ミル、W. モリス等）の伝統とも連続的です。さらに20世紀になっても、「機能的社会主義」（ポランニー）、「ギルド社会主義」（G. D. H. コール）、「社会的共通資本」（宇沢弘文）など、市場や国家に委ねず、社会の共同管理をうたう構想とも、マルクスは類似性があります。さらに近年では、物質代謝や環境破壊という地球規模の観点から、マルクス思想が再評価されています。

5　おわりに

最後に、マルクス思想の再評価ポイントを2つ、指摘しておきましょう。第1に、19世紀までに社会主義という思想が発明されて以来、たとえ詐称だとしても、「社会主義」や「共産主義」の名のもとに、多くの弾圧・虐殺・粛清が発生しました。高邁（こうまい）な理想を実現するために鋭い路線対立が泥沼を生むのは革命の悲喜劇ですが、こうした実践における負の側面は必然なのか、防ぐポイントは何かという点です。第2に、市場（価格）なき世界で、生産の社会的管理や適切な資源配分はどのように可能かという点です。この点では歴史的には労働証券や協同組合運動や「社会主義経済計算論争」が、理論的には規範的なミクロ経済学の知見（アローの不可能性定理、厚生経済学の基本定理、共有地の悲喜劇など）を十分に咀嚼（そしゃく）することが必要と思われます。

このような留意のもとで、はじめてマルクス思想の豊かさを享受できるのではないでしょうか。

注
1）　非マルクス経済学では、資本（家）も生産手段（有形）や生産組織（無形）の提供・管理

によって、当然の分け前が発生する（ゆえに搾取ではない）と考えます。対して、マルクス経済学では、生産手段（機械や用具）も元を正せば労働の生産物（＝死んだ労働）であり、実物的なモノを生産する労働こそ商品価値を左右すると考えます。
2）　②に関して、Gewaltには権力・暴力・強制力など、複数の訳語がありえます。
3）　陶淵明の故事にある地上の楽園、ユートピア。桃林に囲まれ、豊かで平和な土地。
4）　ある工程のみに集中し、特定の技能の専門家となること。
5）　ヘーゲル哲学の用語。矛盾する要素を保存しつつ、より高い次元で発展的に統一すること。正‐反‐合という段階で、最後の「合」に当たります。

■ レポート執筆のヒント

- なぜエンゲルス像がウクライナからマンチェスターに移管されたのか、それぞれの地名に留意して、考察しなさい。
- 弁証法、唯物史観（史的唯物論）、空想的社会主義、労働力の商品化などの用語を、下記の参考文献などを参照して説明しなさい。
- 自由主義の勝利宣言とは何を意味するのか。「歴史の終焉　フクヤマ」というキーワードで調べなさい。

■ 文献

（マルクスやエンゲルスの本）
1845年a 『イギリスにおける労働者階級の状態――19世紀のロンドンとマンチェスター』一條和生・杉山忠平訳、岩波文庫、1990年。
1845年b 『ドイツ・イデオロギー』新訳刊行委員会訳、マルクス主義原典ライブラリー、2000年。
1848年『共産党宣言』森田成也訳、光文社古典新訳文庫、2020年。
1867年『資本論』①〜⑧、岡崎次郎訳、大月書店、1972年。
1875年『ゴータ綱領批判』後藤洋訳、新日本出版社、2000年。

（参考文献）
植村邦彦『カール・マルクス――未来のプロジェクトを読む』新泉社、2022年。
岡本哲史「21世紀におけるマルクス経済学の効用」、岡本哲史・小池洋一編『経済学のパラレルワールド』新評論、2019年。
斎藤幸平『人新世の「資本論」』集英社新書、2020年。
佐々木隆治『カール・マルクス――「資本主義」と闘った社会思想家』ちくま新書、2016年。
田上孝一『99％のためのマルクス入門』晶文社、2021年。
松井暁『ここにある社会主義――今日から始めるコミュニズム入門』大月書店、2023年。

（小峯　敦）

8 シジウィック

アートとしての経済学

「経済学のアート（技術）とは、個人ではなく、政治的共同体にとって何らかの望ましい結果を達成するために応用される『経済』だと見なされるであろう。」（『経済学原理』第3篇第1章）

【キーワード】

倫理学　功利主義　生産と分配　市場の失敗

　この章では、19世紀イギリスの倫理学者であり、経済学者でもあったシジウィックという哲学者を取り上げます。シジウィックは、彼の倫理学において、社会がめざすべき福祉が何であるかを考え、そして、経済学において、その福祉の内容をどのようにしたら達成できるかを追究した学者です。その意味で、ピグー（☞第12章）に先駆けて、厚生（福祉）経済学の原型を築いた1人として評価することができます。以下では、シジウィックの倫理学の構想とその経済学への応用について、要点となる部分を中心に考察していきます。

1　略伝──宗教と科学との葛藤

シジウィックの生い立ち

　ヘンリー・シジウィック（Henry Sidgwick, 1838～1900年）は、経済学にも顕著に貢献した最後の主要なイングランドの道徳哲学者だといわれています[1]。この時代では、まだ各々の学問分野が今日のように細かく専門分化していなかったので、倫理学者でありながらも同時に経済学の書物を著すことは珍しくありませんでした。そのもっとも顕著な例はJ. S. ミル（☞第6章）でしょう。シジウィックも同様でした。彼の主著は、『倫理学の諸方法』（1874年）、『経済学原理』（1883年）、『政治学原理』（1891年）などです。シジウィックが影響を与えた人

物としては、マーシャル（☞第11章）、ピグー（☞第12章）、ムアなどがいます。

シジウィックは、1838年5月31日、ヨークシャーのスキプトンの町に誕生しました。父ウィリアムと母メアリとの間には5人の子供がいて、3番目がヘンリーでした。父親は不幸にして彼の幼少期に亡くなってしまいました。それ以降は母ひとりで子供たちの面倒をみたとのことです。彼は母からラテン語の英才教育を受けて育ちました。

シジウィック

1855年、シジウィックはケンブリッジのトリニティ・カレッジに入学します。当時のケンブリッジ大学の学則では、数学と古典が必須科目でしたが、シジウィックは両方で優秀な成績を修め、1859年、トリニティ・カレッジのフェロー（特別研究員）に選ばれました。

宗教と科学との対立　ところが、その後約10年間にわたって、シジウィックは内面の苦悩を経験することになります。その苦悩とは、一言にすると「宗教と科学との対立」でした。科学は実証的であることを第一義としますが、その主義と宗教とは容易には調和しないのです。また、当時の風潮は脱神学でもありました。それが契機の一端ともなって、シジウィックはフェローを辞任してしまいます。しかし、最終的には、晩年になって長年の夢であった「ナイツブリッジ道徳哲学教授」に選ばれました。

なお、シジウィックは、1876年、E. M. バルフォアという女性と結婚しました。もともと彼女とは女子高等教育推進のために互いに協力する間柄でした。2人の努力は、1875年、ケンブリッジに「ニューナム・ホール」（のちのニューナム・カレッジ、女子学生のための施設）が建てられたことに結実したのです。

2　シジウィックの倫理学——功利主義とは

倫理学とは　倫理学（道徳哲学）とは、倫理・道徳において使用される基本的な諸概念（たとえば「善悪」「義務」「権利」「責任」など）の意味を明らかにし、わたしたちがなすべきこと、あるべき社会

の条件、あるいは善悪の規準などを考察する学問分野です。

そして、すぐに予想できると思いますが、道徳の規準をめぐって、さまざまな倫理学説の立場が生じます。伝統的な考え方によると、一般に、どのような倫理学説であっても、①いかなるものがそれじたいで（目的として）善であるかについて説明する理論（究極善・価値の理論）と、②いかなる行為（規則）が正しいか、いかに行為すべきかについて説明する理論（行為の正しさ・義務の理論）、とが必要とされます。シジウィックが信奉した「功利主義」とはどのような学説なのでしょうか。上記の①と②の観点から整理したいと思います[2]。最初に功利主義一般を解説したのち、シジウィックの功利主義に特徴的な点を『倫理学の諸方法』を紐解き簡単に説明します。

功利主義とは

功利主義とは、個人的次元の道徳的行為だけでなく、社会の共同体または政府による政策や立法の是非の規準をも評価したり規定したりする、統一的な規範原理です。そして、①社会の最大幸福をそれじたいの目的と規定し、②この目的増進に対して、個人的行為、公共政策、法律体系などの効果がどの程度に役立つか、ということを道徳の判断基準とする学説です。ただし、1つ見落としてはならない条件が付きます。①の善の理論に関してですが、功利主義が認める善の種類は、個々人の私的価値に限定されるということです。もっとわかりやすく説明しますと、功利主義によれば、わたしたちにとって、何らかの価値あるもの、善だと思われるものは、すべて社会を構成する1人ひとりに帰属する（所有される）善から成り立っているということです。たとえば、幸福、満足、欲求の充足などは、すべて個々人に帰属する価値ですが、公平、平等など（社会全体にとっての価値）は個々人に帰属しません。ですから、功利主義原理によると、そういった公平や平等などの価値は、それじたいにおける目的（内在的価値）というわけではなく、個々人の幸福や満足のための手段（手段的価値）ということになります。

以上は、功利主義原理一般の話でした。以下ではシジウィックが説く功利主義について説明します。

シジウィックの功利主義

通常の道徳感覚では、たとえば、優れた才能、美徳、卓越性といったものは善であると見なされるでしょう。となると、功利主義において、そうしたものを内在的

な価値として道徳の判断をしても構わないのではないかと思われるかもしれません。ところが、シジウィックの功利主義は、それを否定してしまいます。シジウィックによれば、それらが善であるように感じられるのは、道徳的な熟考が十分でないからです。「究極的に善い、あるいは望ましいものは、望ましい意識（desirable consciousness）であるはずだ」とシジウィックは主張しています。つまりは、望ましい意識のみが内在的価値であって、他の一切は手段的価値ということになるのです。では、シジウィックによると、いったい何が望ましい意識なのでしょうか。結論からいうと、それ（内在的価値）は「快楽（pleasure）」（または幸福とも表記される）のみであるとされます（これを快楽主義といいます）。なお、シジウィックが考える快楽のイメージとは、肉体的感覚としての快楽だけではなく、「もっとも洗練され、細微にして知的かつ情感的な満足をも含む」快楽であることを理解してください。

　ここで、シジウィックの価値の理論におけるもう1つの重要な側面について考察しておきましょう。シジウィックは、快楽に関して、次のように定義を述べています。「快楽とは……知的存在によって経験された際、望ましい（desirable）、または比較時においてはより好ましい（preferable）と、少なくとも暗黙には把握される感情だと定義しよう」。つまり、ある主体が知性の面でも感情の面でも完全に予見できる（理想的）条件下で望む（desire）感情、選好（prefer）する感情（意識）こそが快楽だというのです。それゆえ、快楽の強弱（大小）の比較は、快楽という感情の強弱ではなく、理想的な欲求（選好）の強度によってなされるとシジウィックは述べています[3]。ですから、理性に基づいた選好ではない衝動的、刹那的な動機で求められた快楽は、望ましい意識ではなく、功利主義が求める善ではないということになるのです。

社会全体の善とは　さて、以上の説明は、個々人の次元における善についてのものでした。シジウィックが考える社会全体の善（目的）とはどのようなものでしょうか。それは、社会を構成する個々人の善（快楽）をあわせたもの、つまり総和です。その快楽の総和が社会的善（目的）となるのです。そして、その社会的善の最大化が社会にとってもっとも望ましいことになります。ここまでの議論が、シジウィックにおけるこの節の最初に述べた、①倫理学の価値論に該当します。次に、②について考えましょう。

②は行為の理論です。シジウィックによれば、社会的善とは、社会を構成する各人の善（快楽）を合計したものでした。ここまでくると、シジウィックが規定する正しい行為の規準は明らかです。それは、実行可能な行為のなかから、最大量の社会的善（すなわち個々人の快楽の総和最大化）をもたらす行為を選択せよ、ということになります。ここに至って、ようやくシジウィックの功利主義の骨子が明らかとなりました。

そして同時に、本書の基本的なテーマである「社会的福祉」に関するシジウィックの立場も明らかとなります。シジウィックにとっての福祉とは「快楽」であり、理想の社会とは社会的善（快楽の総和）が最大化された状態だということになります。

社会的な善の達成のために

さて、ここでいくつかの重要な点について説明を補足しておきたいと思います。社会的な善という目的が判明したとして、実際にわたしたちは、それを達成するためにどのように行為すればよいのでしょうか。大きく分けると次の2つのパターンがあります。

1つは、自分の行為各々が社会的善を増進するかどうかをそのつど考える（計算する）というもの。もう1つは、社会的な善に役立つルールをあらかじめ決定し、あとはそのルールに従って行為するというもの。前者を「行為功利主義」といい、後者を「規則功利主義」といいます[4]。どちらが優れているかは一概にはいえません。もし実行可能であれば、行為功利主義のほうが社会的善の増進にとって効率的ですが、逐一結果を計算することは現実的に困難です。その点、規則功利主義では、逐一行為の結果を考える必要がなく、ただ決められたルールに合致しているか・違反していないかだけを考慮すればよいので、とても現実的です。ところが、ルールにはかならずといってよいほど例外がともないます。たとえば、「約束を守る」というルールは、一般的に社会にとって有用です。ですから、平常時にはそのルールに従って行為することが功利主義に合致します（規則功利主義）。ですが、わたしたちは、例外なくいついかなる場合においても「絶対に」約束を破ってはいけないのでしょうか。おそらく、そのようなことはありえないでしょう。その場合は、行為功利主義の思考に頼らなくてはなりません。このように、どちらのやり方にも一長一短があり、理

想は双方を併用することでしょう。なお、シジウィックは（常識道徳の効用を重視していることから）規則功利主義も併用していると解釈できます。

また、とくに規則功利主義についていえることですが、社会的善を増進する規準や手段には唯一のものは存在しません。つまり、「これこれの規準でしか社会的善の増進・最大化は実現しない」とはいえないでしょう。複数の規準やルールなどがあってしかるべきです。実践においては、さまざまな規則や制度といった複合的な規準を、状況に応じて使い分けることになります。また、場合によっては、快楽を直接の目的とせず、（たとえば）何らかの権利の制定や公正性といったものを目的として実践の規準が設定されることもあります。シジウィックによれば、それらは快楽という究極目的を間接的に増進する「二次原則」として位置づけられるのです。以上は、功利主義の実践的応用の話に関係しています。次節の経済政策の議論で重要となるので、おさえておいてください。

3 アートとしての経済学

倫理から経済へ　先ほど、功利主義とは、個々人の道徳的行為だけでなく、政策や立法の正否の規準をも統一的に規定する原理だと述べましたが、当然、経済政策もそのなかに含まれます。シジウィックは経済学の研究書（『経済学原理』）も残しています。そこにおいて、シジウィックは、功利主義原理から望ましい経済政策の規準を打ち出しています。社会的善を最大化するために、シジウィックはどのような経済政策を考えたのでしょうか。本節ではこの問題を『経済学原理』を紐解き検討します。

本章冒頭の引用文をもう一度みてください。「経済学のアート（技術）とは、個人ではなく、政治的共同体にとって何らかの望ましい結果を達成するために応用される『経済』だと見なされるであろう」とシジウィックは述べています。この文脈で、シジウィックは、「経済」を「一定のコストに対して、望ましい結果の最大量を達成する技術・方法」だと説明しています。そして、「望ましい結果の最大量」とは「個人ではなく、政治的共同体にとって何らかの望ましい結果」であることは明らかで、それは前節で述べたシジウィック功利主義の究極目的、つまり社会的善（快楽の総和）の最大化にほかなりません。この究

極目的を経済活動の場面において達成する方法が「経済学のアート」なのです。

シジウィックは、経済学のアートとして、次のような一対の規準を打ち立てています。

①人口に対する生産物の比率を最大にするアート（生産のアート）。
②公平（equity）や正義（justice）に関する何らかの原理か、生産物を可能なかぎり有効に活用するという経済原理かに基づいて、生産物を共同体の成員間で適切に分配するアート（分配のアート）。

経済学のアートは、前節で述べた功利主義の実践的応用の一部分であると位置づけることができます。政府による生産のアートと分配のアートというかたちをとって、功利主義原理が具現化している（二次的な原則）と理解することができるでしょう。

シジウィックの見解によりますと、アダム・スミス（☞第3章）と初期の彼の後継者たちは、経済学をアートとして扱うさいには、一国の富の最大化（生産のアート）にしか関心を示していなかったというのですが、経済学のアートは、可能な限りの最善の分配を目指すこと（分配のアート）も考慮しなくてはならないと彼は主張します。著名な経済学史家ハチスンは、シジウィックによる貢献のもっとも重要な点の1つとして、生産物の適正な分配を生産の拡大とともに経済学のアートに組み込んだことだと評しています[5]。この基本的な構想は、ピグー（☞第12章）によって継承されています。ピグーの『厚生経済学』には、国民所得の増大および平等分配という2つの柱が含まれていますが、シジウィックにその原型を見て取ることができます。

生産のアート　以下、生産・分配のアートそれぞれの要点を説明します。まず、生産のアートに関してですが、人口一定の場合、生産物の増大によって社会福祉（人びとの快楽）の増進がもたらされることは理解しやすいと思います。では、生産物の増大や効率的な生産にとって重要なこととは何でしょうか。もちろん知識や技術などいろいろ考えられますが、シジウィックが効率的生産の基礎としてもっとも重視することは、人びとの「自由」です。シジウィックは次のように述べています。「富や他の購入可

能な財貨は、——もし社会の成員すべてが自由に調整できるあらゆる条件に則して自由に生産したり、各自が生産可能なあらゆる効用〔財貨〕をも自由に他者に受け渡したりすることが可能ならば——もっとも経済的な方法で生産されるであろう」。したがって、政府がなすべきことは「人びとや財産を保護し、自由に契約をさせることによって、すべての個人がもっとも希求する効用〔財貨〕を自由に購入させ、もっとも効率よく供給できる物を自由に取引させること」だとシジウィックは述べます。ここから、効率的な生産のためには、自由原理が基本的に認められるべきだということになるのです。シジウィックは、自由競争による市場システムを生産のアートにおける根幹として積極的に評価しているのです。

ただし、それは、あくまでも市場が健全に機能している場合に限られます。健全に機能していない状態は「市場の失敗」と呼ばれるもので、典型例としては「独占」が挙げられます。健全な自由競争が機能していない独占状態では、供給者は故意に生産物の量を制限することによって、自由競争市場の場合よりも多い利潤を得ようとします。これでは、生産のアートの規準（生産物の極大化）に合致せず、社会全体（最大幸福）の見地からすれば、損害となるのです。シジウィックは、自由を重視するといっても、手放しでそれを認めているのではありません。アダム・スミス流の「レッセ・フェール（自由放任）」の原則に委ねていては生産の極大化は実現できない、とシジウィックははっきりと見抜いていたのです。生産のアートの規準は、人びとの自由を保障すると同時に、その付随的な弊害（市場の失敗など）を政府が積極的に是正すべきことを要求しているのです。

ところで、生産のアートだけで社会の最大幸福は実現されるのでしょうか。シジウィックはそうは考えません。「実際、この自由の行使から生じる、幸福のための物質的手段の享受に関するいかなる不平等も、嘆き悲しまれるべき」だとシジウィックはいいます。こうしてシジウィックは、社会的最大幸福のために、生産のアートを補完する分配のアートに関心をもっていくのです。続いては分配のアートについて考察することにしましょう。

分配のアート シジウィックは、分配の規準として大きく2つの原理を想定しています。先ほど記した分配のアートの命題

をもう一度みてください。そこでは、「公平や正義に関する何らかの原理」と「生産物を可能なかぎり有効に活用するという経済原理」との２つが挙げられていました。前者の分配原則を「功績応報の原理」、後者を「適合の原理」とシジウィックは呼んでいます。両者はまったく別の原理ですが、社会的最大幸福にとってはどちらがより望ましいのでしょうか。

　まず、適合の原理から説明しましょう。たとえば、いま、手元に１万円札があるとして、これを大金持ちの個人、貧乏な個人のどちらに配分すれば社会の幸福量がより多くなるでしょうか。答えは貧乏な人のほうとなります。お金持ちと貧乏な人とでは、同じ金額でも得られる幸福量に違いがあります。ふつう、受け取る金額が同じであれば、お金持ちのほうが得られる幸福量は相対的に少ないでしょう（この心理的事実を経済学では「限界効用逓減の法則」といいます）。この法則を社会全般に応用するのです。すると、社会において相対的に恵まれていない人びとにより多くを配分したほうが、幸福の社会的総和はより大きくなるのです。こうして、幸福をより敏感に多く感得できる人びとに配分したほうが社会全体の幸福量の最大化にとって効率的だという意味で、この分配の仕方をシジウィックは適合の原理と呼んでいるのです。

　もう１つの功績応報の原理はまったく異なっています。それは、簡単にいうと、各人はその社会に対する貢献量に応じて配分を受け取るべき、という分配原理です。この原理が先の適合の原理と異なることはすぐにわかるでしょう。功績応報の原理によれば、たとえ一定のお金に対して幸福感性が鈍くなっている富豪であっても、その人が大きく社会貢献をしたならば、その大きさにふさわしい配分が与えられるべきということになるのです。ですが、そうなると、かならずしも社会の幸福の総和が最大化されるとはかぎりません。一見すると、功利主義原理に合致するのは先ほどの適合の原理による分配規準だと思われます。

　しかしながら、シジウィックは、分配のアートとしては、むしろ功績応報の原理を支持しています。なぜでしょうか。適合の原理を採用した場合、その場限りでは幸福量のいっそうの増大が実現するように見えますが、努力した分に見合って配分されないので、生産活動に対する人びとの精力が減退してしまいます。結局、適合の原理を分配規準として用いた場合、長期的には生産量の低下を招き、生産のアートと矛盾することになるのです。だからシジウィックは、

生産面とも不調和をきたさない見込みがある功績応報の原理を、分配のアートの中核に据えるのです。たとえ、短期においては適合の原理よりも不利であるとしても、長期的には功績応報の原理のほうが最大幸福にとって有利であるとシジウィックは確信しているのです。生産のアートと分配のアートは、互いに不調和をきたさないかぎりにおいて、ともに社会的福祉（功利主義の目的）を増進するという、シジウィックの基本的な着想がここに示されています。この生産と分配との不調和という問題意識は、のちのピグーに先んじるものでした。

4　おわりに

シジウィックの現代的評価

本章では、シジウィックの倫理学の内容とその経済学への応用を考察しました。倫理学者としてのシジウィックは、今日に至っても一定の影響力を保ち続けていますが、経済学者としては、彼の死以降、ほとんどかえりみられることはありませんでした。これにはいくつかの原因が考えられています。経済理論の数理化に消極的で、古典的な方法に終始したため、当時の流れに乗り遅れたこと、また後継に実りがなかったり、晩年にマーシャルと諍いを起こしたりしたことなどがおもな原因のようです。

　しかし、一貫して功利主義という倫理を経済学に応用し、アートとしての経済学を構築した彼の業績にはみるべきものがあります。もちろん、彼が採用した経済学のアートが本当に社会福祉を増進するのか、そして、そもそも功利主義の規準じたいが真に妥当な社会福祉の指標であるのか、という点について批判検討する余地は十分にあるでしょう。ですが、このように倫理学と経済学との関連を真剣に考える営みこそが厚生経済学であり、その議論の枠組みを先駆けて示したシジウィックは、厚生経済学の一開拓者として評価すべき人物だといえます。

注
1) ハチスン『近代経済学説史』を参照。なお、より詳細な生涯やケンブリッジ大学での立ち位置、継承問題などに興味のある方は、行安茂編『H・シジウィク研究』や中井大介『功利主義と経済学』を参照してください。

2) こうした観点に基づき、功利主義一般の定義を行っている文献としてたとえば内井惣七『自由の法則・利害の論理』sec. 51 があり、比較的広い、オーソドックスな見解だといえます。本章でもそれに基づいて議論していますが、他方では、もっと細かくテクニカルな要因に分析して定義している論者もいます。
3) この点についての詳細は内井惣七『自由の法則・利害の論理』や奥野満里子『シジウィックと現代功利主義』を参照してください。
4) この点は、もう倫理学上の定説となっていますが、権威あるテキストとしてフランケナ『倫理学』を挙げておきます。
5) ハチスン『経済学の革命と進歩』を参照。本章の見出し「アートとしての」は原典の "as an art" を汲んでいます。

レポート執筆のヒント

- 「市場の失敗」の内容をいくつか分類しながら調べ、それが社会の福祉にどう影響するかを考えてみよう。
- シジウィックの「生産のアート」と「分配のアート」についてまとめ、それらが現在の経済問題解決に対してどのように応用されうるかを考えてみよう。
- 倫理学およびその一学説である功利主義は、どのような学問や理論だろうか。
- 倫理学と経済学との関係、とくに、倫理学を経済学に応用するためにはどのようなことを考えるべきか、自分なりにまとめてみよう。

文献

(シジウィックの本)
『倫理学史』(上下巻) 竹田加寿雄・名越悦訳、刀江書院、1951 年。

(参考文献)
内井惣七『自由の法則・利害の論理』ミネルヴァ書房、1988 年。
奥野満里子『シジウィックと現代功利主義』勁草書房、1999 年。
塩野谷祐一『価値理念の構造』東洋経済新報社、1984 年。
中井大介『功利主義と経済学――シジウィックの実践哲学の射程』晃洋書房、2009 年。
T. W. ハチスン『経済学の革命と進歩』早坂忠訳、春秋社、1987 年。
T. W. ハチスン『近代経済学説史』(上下巻) 長守善ほか訳、東洋経済新報社、1957 年。
W. K. フランケナ『倫理学』(改訂版) 杖下隆英訳、培風館、1975 年。
G. E. ムア『倫理学原理』泉谷周三郎ほか訳、三和書房、1973 年。
行安茂編『H・シジウィク研究』以文社、1992 年。

(山崎　聡)

9　ジェヴォンズとエッジワース

功利主義思想に基づくアプローチ

> 「経済学の目的は、いわば、最小の苦痛で快楽を得ることによって幸福を最大化することである……私は人間の幸福に及ぼす効果をもって正邪の基準とする道徳の功利主義理論を受け入れることにまったく躊躇しない。」（ジェヴォンズ『経済学の理論』第1章）

> 「功利主義の第一原理は唯一、もちろん一般的方向性のみを与えることができる——いや、ベンサム学派が用いたように、実務的事柄にいくつかの方向性を与えるのである。」（エッジワース『数理精神科学』序文）

【キーワード】

功利主義　限界革命　教育　累進課税制度

　理想的な社会や福祉のあり方を考えるにあたって、人間をどのように捉えるか、平等とは何か、といった問題を避けて通ることはできません。ジェヴォンズやエッジワースは功利主義思想をみずからの経済学の基礎に据え、福祉につながる社会改良や制度改革について論じました。

1　略伝——近代経済学の興隆

ジェヴォンズの生涯　イギリスの経済学者ウィリアム・スタンレー・ジェヴォンズ（William Stanley Jevons, 1835〜82年）は、主著の『経済学の理論』（1871年）において、リカード（☞第5章）やJ. S. ミル（☞第6章）の経済学（古典派経済学）を批判した人物として有名です。

　リカードやJ. S. ミルの経済学は、生産に用いられる労働が商品の価値を決めるとする労働価値説、あるいは生産費が商品の価値を決めるとする生産費説

99

ジェヴォンズ

を基礎としていました。

　これに対してジェヴォンズは商品1単位を得たときに生じる追加的な満足（限界効用）の多少がその商品の価値を決定すると考えました。この考えは限界効用理論と呼ばれます。彼はこの限界効用理論こそ正しい価値理論だと主張しました。ほぼ同時期にワルラス（☞第10章）やメンガーも独立的に限界効用理論を唱えたことから、ジェヴォンズを含むこの3人の経済学者たちは「限界革命トリオ」と呼ばれています。

　リヴァプールの鉄商人の家に生まれたジェヴォンズは16歳のときにロンドンのユニヴァーシティ・カレッジに進学し、化学や植物学などの自然科学を学びました。1853年に実家の経済的困難のために勉学を中断すると、化学の知識を活かして翌年からシドニーの造幣局で試金官として働きました[1]。このオーストラリア時代に経済学や功利主義思想に関心を寄せた彼は、1859年に帰国するとユニバーシティ・カレッジに復学し、数学や経済学の勉強に没頭しました。

　ジェヴォンズはユニバーシティ・カレッジのB. A.（学士号）とM. A.（修士号）を取得したのち、マンチェスターのオウェンズ・カレッジでテューターの仕事をしながら『石炭問題』（1865年）を執筆しました。当時心配されつつあったイギリスの将来的な石炭枯渇問題を、地質学の観点からだけでなく、経済学の観点からも扱った『石炭問題』は、1866年の国会で当時の大蔵大臣グラッドストーンや国会議員となっていたJ. S. ミルによって取り上げられ、大きな反響を呼びました。この成功によってジェヴォンズは同年、オウェンズ・カレッジの「論理学および精神・道徳哲学教授」、「コブデン講座経済学教授」という2つの教授職に就任しました。

　著名な経済学者となったジェヴォンズは『石炭問題』執筆以前から進めていた独自の経済理論研究に取り組み、その成果を『経済学の理論』として発表しました。この本において、上述したように、彼は限界効用理論を提唱しましたが、その論理を支えたのは数学と功利主義思想でした。

　ジェヴォンズは1876年に母校ユニバーシティ・カレッジの経済学教授に迎

えられ[2]）、1879 年には『経済学の理論』に修正を加えた第 2 版を出版しました。彼は経済学のあらゆる分野を網羅した体系書執筆に専念したいとの理由から 1881 年に教壇から退きました。しかし、その翌年、ジェヴォンズは海で溺れ、47 歳になる直前にこの世を去りました。なお、彼が体系書のために準備していた原稿は『経済学原理』（1905 年）として出版されています。

ジェヴォンズは後継者となる弟子をもたず、ワルラスやメンガー、マーシャル（☞第 11 章）のように学派を形成することはありませんでした。しかし、ジェヴォンズの考えは 10 歳年下のアイルランド人経済学者エッジワースに引き継がれることになります。

エッジワースの生涯

フランシス・イシドロ・エッジワース（Francis Ysidro Edgeworth, 1845〜1926 年）はアイルランド内陸部にあるエッジワースズタウンに生まれました。この町は、その名の通り、エッジワースの祖先が作った町で、エッジワース家は代々この地域の地主でした。また、エッジワース家からは優秀な人物が数多く出ており、なかでもエッジワースの叔母マライア・エッジワースはアイルランドの女流作家として有名です。

エッジワースは 16 歳から 4 年間、ダブリンのトリニティ・カレッジで学んだあと、オックスフォード大学に学びの場を移しました。学生時代のエッジワースはギリシャ語やラテン語といった古典学や倫理学で優秀な成績を修めました。また大学卒業後に彼は数学の勉強に没頭したといわれています。

エッジワースにとってはじめての著書は『倫理学の新方法と旧方法』（1877 年）です。さらに、彼は『マインド』という学術雑誌に論文「快楽主義的計算法」（1879 年）を発表しました。これらは功利主義についての数学的研究をまとめたものです。

ちょうどこの頃、エッジワースはロンドンに住んでおり、その近所にユニバーシティ・カレッジの教授となったジェヴォンズが引っ越してきました。共通の友人を介してジェヴォンズと交流するようになった彼は、ジェヴォンズの『経済学の理論』、マーシャルの『産業経済学』などを読み、経済学の研究を本格的に始めました。ジェヴォンズの経済学とみずからの功利主義研究との間に多くの共通点があることに気づいたエッジワースは、ジェヴォンズの限界効用理論を取り入れて、エッジワースは代表作となった『数理精神科学』（1881 年）

第 2 部　経済学の革命と社会改良

エッジワース

を完成させました[3]。

　エッジワースはロンドンのキングズ・カレッジの経済学教授（1888〜90年）に就任し、同カレッジ経済学・統計学トゥック講座教授（1890〜91年）を経て、オックスフォード大学ドラモンド講座経済学教授（1891〜1922年）に迎えられました。また、マーシャルからの打診で、イギリス経済学会（現王立経済学会）の機関誌『エコノミック・ジャーナル』初代編集長を務めました。彼はこの仕事を通じて経済学の発展に貢献するだけでなく、同時代のさまざまな経済学者たちと交流をもちました。このなかには日本人経済学者も含まれます。

　1925年にはエッジワースの経済学に対する長年の功績を讃えて、彼の経済学論文や書評を集めた『経済学論集』（全3巻）が出版されました。翌年2月、81歳の誕生日を迎える直前に彼は他界しましたが、その直前まで『エコノミック・ジャーナル』編集長としての仕事に取り組んでいたといわれます。

2　功利主義思想と経済学

　ジェヴォンズは『経済学の理論』第2版（1879年）の序文において、従来「経済学」を指す語句として用いられてきたPolitical Economyに代えてEconomicsを使用することを提唱しました。Economicsの使用を主張した経済学者はほかにもいますが、ジェヴォンズのEconomicsはMathematics（数学）になぞらえた造語です。このことは彼が、「経済学は……一個の数学的科学でなくてはならない」と主張していることからも明らかです。彼は当時高等数学に位置づけられていた微積分を用いて限界効用理論を展開し、「私は経済学を快楽および苦痛の微積分学として取り扱おうとした」と述べています。

　ジェヴォンズが経済学を「快楽および苦痛の微積分学」と位置づけたのは、人間のあらゆる行動が快楽と苦痛という2つの感情量の関係によって決定されるからです。人間は快楽を得ることができる場合に行動し、逆に苦痛を感じる場合にはその行動を避けようとします。つまり、実際に行動するかどうかは快

楽と苦痛の差し引きによって決まるというのです。

　このような人間観はジェヴォンズ自身が考え出したものではなく、ベンサム（☞第4章）によるものです。ベンサムは、人間は自分自身の快楽を最大にするように行動し、もっとも多くの人間が快楽を最大化できる状態を社会は目指すべきだと主張しました。このベンサムの考えは「功利主義」と呼ばれ、その核心は「最大多数の最大幸福」という言葉で言い表されます。この功利主義思想を基礎として、「最小の努力をもって私たちの欲望を最大限に満たすこと……換言すれば、快楽を最大化すること」がジェヴォンズの経済学の問題でした。

　エッジワースもジェヴォンズと類似した考えをもっていました。彼は、『数理精神科学』において、数理科学である力学と経済学を含む「道徳科学」との間の共通性を指摘しました[4]。

　エッジワースによれば、力学はエネルギーを取り扱い、最大のエネルギーをいかに得られるかを考えます。他方、道徳科学は快楽を取り扱い、最大の快楽をいかに得られるかを考えます。いずれの分野も最大化問題を扱い、エネルギーと快楽とはそれぞれの分野において同じ役割を担っています。したがって、力学と同様に道徳科学も数理科学として扱うことができ、その道徳科学のなかに含まれる経済学も数学化できるのです。

　このようにして、エッジワースは、機械が何らかのエネルギーで動くように、人間も快楽というエネルギーによって動く機械のようなものだとみなし[5]、「少なくとも、人間は快楽で動く機械であるという概念が、社会科学における力学的用語および数学的推論の使用を正当化し、促進するだろう」と述べました。

平等性と快楽の受容能力　功利主義は、上述したように、個人および社会の幸福最大化を目指す思想です。いま、社会構成員全員に等しく分配がおこなわれたとしましょう。このとき、社会構成員全員の性質が同じであれば、全員が等しい快楽を得て社会全体の幸福は最大となります。ベンサムの功利主義は全員の性質が同じであることを前提としていましたが、実際には人によって快楽を感じやすい人もいれば、そうでない人もいます。このとき、平等な分配は社会全体の幸福を最大にしません。

　この問題に対してジェヴォンズやエッジワースは異なる解決法を見いだしま

した。ジェヴォンズは個人によって快楽の感じ方（快楽の受容能力）に差異が存在することを認めつつ、平均的な個人（代表的経済人）について考えればよいとしました。他方、エッジワースはこの快楽の受容能力の差異を重視し、功利主義をより精密なものにしようと努めました。

エッジワースがわかりやすい例として用いたのが「ランプのたとえ」です。複数のランプに火を灯すとき、より多くの燃料を性能のよいランプに投じるほうが全体としてもっとも大きな光を得ることができます。これと同じように、それぞれの快楽の受容能力に応じて分配を多少させたほうが社会は幸福最大になりやすいと彼は考えました。極端にいえば、高い快楽受容能力をもつ少数の人たちに多くの分配分を与えるときのほうが全員に等しく少量の分配分を与えるときよりも社会の幸福が大きくなる可能性もあります。一見不平等に見える分配でも社会全体の幸福最大化を実現し、実はそれが「分配的正義」（生産物が正しく社会構成員に分配されていること）にかなうことがある、と彼は主張しているのです。

このエッジワースの考え方には難点があります。それは個人の快楽受容能力をどのように把握できるのかという問題です。彼は、個人間の快楽受容能力の差異は社会の進歩状態によって把握でき、たとえば上層階級は下層階級に比べて、また文明社会の人びとは未開社会の人びとに比べて快楽の受容能力は高くなると考えました。彼によれば、苦痛への耐性も同様に、上層階級のほうが下層階級に比べて高く、それゆえに下層階級は誰にでもできるような仕事をし、上層階級は技能や才能が必要とされる厳しい仕事をすることになります。したがって、上層階級はより多くの報酬を受ける権利を有することになります。教育についても同様に、すべての人を等しく教育するのではなく、より優秀な人間により良い教育を与えるべきと彼は優生学的な考えをもっていました。

このような考えをエッジワースは「精密功利主義」や「貴族制的功利主義」と呼びましたが、現代では差別的と批判されることもあります。しかし、これによって彼が社会的弱者の切り捨てを主張したとするのは早計です。彼は、『倫理学の新方法と旧方法』において、「最低水準」という概念を示し、社会的弱者であっても日常生活を送るうえで必要な生活必需品が保証されていることを不平等分配の前提条件としています。

> 功利主義思想に
> 基づくアプローチ

ジェヴォンズもエッジワースも、その内容に相違はあるとしても、功利主義思想を基礎とした人間分析を基礎に経済学を考えました。また、彼らは社会に対して適用される諸政策の是非についても「幸福最大化」を判断基準としました。

たとえば、ジェヴォンズは政策論について詳述した『国家と労働』(1882年)において、立法は「最大多数の最大幸福」を実現する手段であると述べています。その立法の妥当性は少しでも幸福を増やせるかどうかで判断されるのです。他方、エッジワースも、「課税の純粋理論」(1897年)において、「幸福最大化」を追求する功利主義が政治の適切なルールであると述べています。このように、ジェヴォンズもエッジワースも功利主義思想に基づくアプローチで望ましい社会のあり方を検討したのです。

3 ジェヴォンズの社会改良思想——教育の重要性

> 慈善事業批判

ジェヴォンズやエッジワースが活躍したヴィクトリア時代は個人主義、つまり個人の権利や自由を尊重することを重んじる時代でした。ジェヴォンズも個人主義的な考えの持ち主で、現代からみると驚くほど慈善事業を批判的にとらえていました。

ジェヴォンズは、マンチェスター統計協会での講演(1869年)において、無料の公共診療所・施療院・病院などの医療的慈善事業や多くの個人的慈善事業を批判しました[6]。もちろん、彼は理由なくこれらの慈善事業を否定したのではありません。これは貧しい人びとが豊かな人びとに依存しがちになってはいけないとの思いに基づくものでした。

ジェヴォンズにとって理想社会とは、その社会の幸福が最大であると同時に「あらゆる階級が自助と独立の心を有する」状態にあることでした。したがって、種々の慈善事業に投じられる費用を若者の教育のために使うべきだと彼は主張し、その将来的な効果に期待したのです。

> 『石炭問題』
> と成長の限界

ジェヴォンズが教育を重視する姿勢は、彼の他の著作のなかにもみられます。ここではジェヴォンズの出世作となった『石炭問題』を取り上げることにします。

『石炭問題』は、上述したように、イギリスの将来的な石炭枯渇問題をテーマとする著作です。ジェヴォンズによれば、イギリス経済の繁栄は安価で燃料として良質な国産石炭によってもたらされました。しかし、年々幾何級数的に増加する石炭消費量と石炭の予想埋蔵量とを比較すると、やがて国産石炭が枯渇してしまう計算になります。そもそも石炭を求めて徐々に炭坑が深くしなければならないため、採鉱費用が高くなり、石炭価格は上昇するでしょう。その結果、蒸気の力で動かす機械で生産され、イギリスの主要輸出品でもあった製造品の価格上昇と国際競争力の喪失は不可避です。つまり、石炭枯渇はイギリス経済の凋落を意味しました。

このようにイギリスにおける石炭枯渇を危惧したジェヴォンズは代替エネルギーの模索や種々の経済政策による対応を検討しましたが、その結論はどのようにしてもイギリスの石炭枯渇は回避できず、イギリスが没落することもやむなしというものでした。

『石炭問題』から100年以上を経た1972年、ローマ・クラブが『成長の限界』を出版しました。この本は地球を無限と考えた抑制なき経済成長に対して警鐘を鳴らすために書かれたものですが、ジェヴォンズの『石炭問題』はこれに匹敵する内容だったともいえます。

石炭枯渇問題に対して解決法を見いだせなかったジェヴォンズは、石炭を潤沢に使える世代の将来世代に対する責任や償いについて考え、二つの提案をおこないました。第一の提案は将来世代に借金を残さないために国債を削減あるいは完済することです。石炭がなくなって没落する将来世代には返済する手立てがないので、いまのうちに借金は減らしておこうというのです。第二の提案は「一般教育制度の確立」です。これは即座に効果が出るものではありませんが、将来的には「労働者階級の無学、浪費、酒びたりを駆逐する」効果や労働効率性の上昇を期待できます。

『石炭問題』やマンチェスター統計協会での講演において教育の中身については論じられていませんが、少なくとも若者や将来世代の教育を重視していたことは間違いありません[7]。このように、ジェヴォンズは将来世代を含めた社会改良を考え、通時的な（時間を横断する）「幸福最大化」を目指していたのです。

4　エッジワースの福祉国家論——所得への累進課税制度

累進課税制度の根拠　エッジワースの社会改革構想でもっとも有名なものは所得課税論でしょう。その考えは今日の福祉国家論の先駆けともいうべきものでした。

1842年以降のイギリスでは自由貿易体制確立の結果として失った関税収入を補塡するため一定率で所得税が課されましたが、19世紀末になるとより適切な課税方法について議論されるようになりました。そのようななか、エッジワースは、さまざまな経済学者による課税論をまとめた論文「課税の純粋理論」を発表しました。この論文において、彼は租税を財産保護サービスの対価とみなす「利益説」を否定し、「犠牲説（能力説）」の立場をとりました。この「犠牲説」は「均等犠牲説（均等絶対犠牲説）」、「比例犠牲説（均等比例犠牲説）」、「最小犠牲説（均等限界犠牲説）」に分類されますが、そのなかで彼は「最小犠牲説」をもっとも評価しました。

この「最小犠牲説」は、社会全体の総不効用（犠牲）が最小となるように課税すること、具体的にはそれぞれの納税者が課税後の所得から得る限界効用が等しくなるまで課税することを意味します。所得の多い人と所得の少ない人の課税後の限界効用を等しくするには、両者の性質が同じである場合、前者からは多くの税金を、後者からは少ない税金を徴収し、2人の課税後所得を平準化しなければなりません。簡単にいえば、豊かな人から多くの税金を集め、貧しい人からはあまり税金をとらない形で課税後の所得を同じにするのです。また、課税後の所得を同じにするという意味で、極端に貧しい人には最低限の生活を送るための「最低水準」を保障するため、「負の所得税」（生活補助〔☞ 第23章〕）を出すこともエッジワースは考えていました。

不平等の緩和　もっともエッジワースは完全に所得を平準化させるような累進課税制度を現実に当てはめることには否定的でした。まず、生活補助によって貧しい人びとの所得が増加すれば子どもを育てる余裕ができるために人口が急激に増加したり、一生懸命働いている人の労働意欲を減退させ社会全体の富を抑制したり、とさまざまな問題が生じます。

完全に所得平準化した社会主義的な社会は望ましくない側面も有するのです。そもそも、富を平等化するために課税するわけでもありません。加えて、課税後所得の平等が幸福最大を導くには前提として快楽の受容能力が等しいことが必要になりますが、現実的に全員の快楽の受容能力が等しいとは限りません。婚姻の有無、子どもの数なども考慮すべきことでしょう。

このようにして、エッジワースは、富の不平等をなくすために課税するのではなく、課税の結果として不平等が軽減されればよいと主張し、感じる犠牲がもっとも少なくなる少数の人びと、つまり課税されて所得が減ってもあまり大きな犠牲を感じない（とされる）高所得者から必要な税金を徴収することが現実的な方法であると述べました。

かつて上層階級ほど多くの報酬をもらってしかるべきと考えたエッジワースですが、この「課税の純粋理論」では階級差を考えずジェヴォンズのように代表的経済人を想定して議論を進めたこともあり、優生学的な側面は消失しています。とはいえ、「幸福最大化」を目指す功利主義は、依然として、エッジワースにとって重要な思想でした。彼が推奨した所得に対する累進課税制度は20世紀に入って間もなくイギリスに導入されました。

5　おわりに

以上のように、ジェヴォンズやエッジワースは功利主義思想を基礎として議論を展開しました。その際、快楽と苦痛の関係を正負の関係ととらえる功利主義思想は経済学の数学化にも大きな影響を与えました。もっとも彼らはベンサムの功利主義思想をそのまま用いるのではなく、平等性概念にみられるように独自の見解を織り込んでいきました。

彼らの功績はそれだけではありません。資源枯渇問題や教育の重要性は現代社会においても大きく取り上げられるテーマですし、所得に対する累進課税制度は現在も適用されています。このようにジェヴォンズやエッジワースの考えは私たちが生きる現代社会においても無縁のものではなく、さまざまなヒントを与えてくれるものなのです。

注

1) 1850年代にオーストラリアはゴールドラッシュに沸き、イギリスはそのオーストラリアに造幣局を作っていました。オーストラリアにカメラを持ち込み、さまざまな写真を撮ったジェヴォンズはオーストラリア初のカメラマンともいわれています。
2) のちに東洋紡の初代社長となる山辺丈夫（1851〜1921年）はロンドン留学時にジェヴォンズの講義を受講しています。
3) 『数理精神科学』第II部後半部の「功利主義的計算法」は、すでに発表していた論文「快楽主義的計算法」を加筆修正して再録したものです。
4) 現代では経済学は社会科学の一部とみなされますが、エッジワースは現在でいう人文科学と社会科学に相当する分野を「道徳科学」と位置づけました。
5) このような考えは「人間機械論」と呼ばれます。18世紀の哲学者ラ・メトリが『人間機械論』という著書のなかで人間を機械に見立てたことに由来します。
6) この講演内容はジェヴォンズの『社会改良の諸方法』（1883年）のなかに収録されています。
7) イギリスで義務教育制度が確立されたのは1880年のことでした。

■■■レポート執筆のヒント■■■

・ 経済学の入門書などにあたって限界効用理論の内容をまとめてみよう。
・ ローマ・クラブ『成長の限界』を読んで『石炭問題』とどのような点が共通しているのかまとめてみよう。
・ ヴィクトリア時代（1837〜1901年）のイギリスにおける教育状況について調べてみよう。
・ マスグレイヴ『財政理論』などを参考に「利益説」と「犠牲説（能力説）」それぞれの課税にかんする考え方をまとめてみよう。

■■■文献■■■

（ジェヴォンズの本）
『経済学の理論』小泉信三・寺尾琢磨・永田清訳、寺尾琢磨改訳、日本経済評論社、1981年。

（参考文献）
井上琢智『ジェヴォンズの思想と経済学』日本評論社、1987年。
井上琢智「W. S. ジェヴォンズ」大森郁夫編『経済学の古典的世界2』（経済思想5）日本経済評論社、2005年。
D. P. オブライエン／J. R. プレスリー編『近代経済学の開拓者』井上琢智ほか訳、昭和堂、1986年。
松島敦茂『功利主義は生き残るか』勁草書房、2005年。
D. H. メドウズほか『成長の限界』大来佐武郎訳、ダイヤモンド社、1972年。

（上宮智之）

第2部　経済学の革命と社会改良

10　ワルラス

完全自由競争と社会主義

「社会には、貧困を代々宿命づけられた諸階級が存在する。それゆえ、科学と法の享受から、および社会進歩の運動から、完全に取り残されて貧困に打ちのめされている不幸な人びとの個人的イニシアチヴだけでは、社会的貧困の絶滅は期待できないのである。」(『経済学と正義』序論)

【キーワード】

社会的貧困　一般均衡理論　条件の平等と地位の不平等　土地国有化　アソシアシオン

　この章では、現在の自由競争理論の創始者ワルラスを取り上げます。彼の研究は、貧困をなくすことによって自由と平等をともに実現するという問題意識から出発します。そのため彼は、市場競争と国有化とアソシアシオン（協同組合）を1つにまとめたシステムを考えます。3つの経済セクターからなる社会は、市場経済と国有化それぞれの欠点を克服し、両者の利点を活かすための構想です。

1　略伝──社会問題の解決と経済理論の完成

一般均衡理論の創始者　　レオン・ワルラス (Leon Walras, 1834〜1910年) は、1834年にフランス西北部オート・ノルマンディ地方のエブルーで誕生しました。青年時代のレオンは理工系トップ校の受験に2年連続で失敗し、鉱山学校の聴講生となります。意に反して入った学校の勉強に意欲をもてなかった彼は、進級試験に失敗して結局は退校せざるをえませんでした。

　1858年にワルラスは、経済学者であった父オーギュストの願いを受けて、

経済理論の完成に一生を捧げる決意をします。1860年に初の著作『経済学と正義』を著し、スイスのローザンヌで開催された租税コンクールにおいて、父から受け継いだ土地国有化と租税廃止プランを発表します。1860年代のワルラスは実社会のなかで経験を積みます。当時の彼は、鉄道会社に勤務したり経済誌に論文を書いたりしながら生計を立てていました。また、協同組合運動に参加し、実際に信用組合の経営にも携わりますが、失敗に終わります。

ワルラス

不遇のワルラスに転機が訪れました。1870年にローザンヌ・アカデミーが経済学講座の新設を決めたのです。租税コンクールで知りあった人の勧めで、ワルラスは出願します。社会主義者としての持論である土地国有化論が問題視されましたが、かろうじて採用となりました。ローザンヌに着任後、1874年に主著『純粋経済学要論』第1分冊を刊行します。これにより彼は、一般均衡理論の創始者として経済学の歴史に名前を残します。学究生活では、経済理論のいっそうの充実と社会改革プランの完成をめざしました。

老境に入り体調を崩したワルラスは、教授ポストをヴィルフレッド・パレートに譲って1893年に辞職し、著作の改訂と経済理論の普及に専念する生活に入ります。1909年には欧米各国の著名な経済学者も集まって教授生活50周年を祝う式が盛大に開かれ、その翌年に亡くなりました。彼の研究のうち、社会主義者としての社会改革理論は、その後ほとんど無視されてしまいました。しかし、一般均衡理論のほうは数学的に精緻化されて発展をとげ、現在ではミクロ経済学の標準理論となっています。

2 社会問題とワルラスの思想・政策

ワルラスの理想社会

「社会問題の解決は社会科学の構築にかかっている。わが国における現在の社会段階で現実的な改良とその完成、すなわち社会的貧困の絶滅、課税評価、労働と財産の最終的組織化は、社会理想に関する経済的諸条件の理論認識を必要としている」。ここには最初

111

の著作『経済学と正義』における、ワルラスの問題意識と政策が端的に述べられています。「社会的貧困の絶滅」とは、第2帝政期（1851〜70年）の皇帝ナポレオン3世が広めた流行語です。当時のフランスは、自給自足的な農業社会から市場メカニズムの支配する工業社会への転換期にあり、これにともなう諸問題が噴出した時代です。たとえば、急激に人口が膨張した都市の環境や住居、公衆衛生、労働者の低賃金と長時間労働などです。人びとはこれらを「社会問題」として認知し、活発な論争の末、幾多の社会改革案が生み出されました。

ワルラスはこの文章に続いて、自由放任経済学と社会主義の両方を批判します。前者は労働者の貧困をすべて個人責任と見なし、後者は逆にすべてを社会責任と見なしたからです。彼自身は、個人が解決する貧困と社会全体で責任を負う貧困とを区別すべきとします。そして、経済学者に欠けている哲学と、社会主義に欠けている経済理論とを総合して、完成された社会科学体系を築こうとします。この体系をふまえた政治改革によって、理想的な社会に到達できると、彼は考えたのです。

ワルラスの哲学思想は、「条件の平等、地位の不平等」「個人の自由、国家の権威」という言葉に集約されます。これはフランス革命時の人権宣言（1789年）を改良した言葉です。人権宣言では「自由」「平等」「私有財産の不可侵」が人間生来の権利（「自然権」）とされました。彼は経済領域における人権宣言の実現をめざすと同時に、その内容は不十分だと批判します。人間は生まれながらに国家のなかにあるので個人の権利だけでは不足であり、国家にも個人と同格の権利があるという独特の思想をもっていたからです。また自由と平等は、権威と不平等という反対原理があってはじめて実現するとも考えます。市場と国家の活動に即して、この原理がどのように適用されるかを考察してみましょう。

社会改革プラン　まず、個人は市場で行動します。自由な経済活動は、効率的な生産と需給の均衡を可能にします。自由競争の結果は、個人間の地位の不平等となって現われます。次に、財産の有無によるハンディキャップなしに全員が市場で自由に活動するためには、競争の初期条件を平等にしなければ不公平だとワルラスは考えます。そのため、国家には次のような仕事が与えられます。「合理的な社会では、社会の一般的諸条件は

平等である。国家は公益の生産物またはサーヴィスを独占しなければならない。われわれ全員に平等なサーヴィスを提供するには、これらすべてを無償で供給しなければならない」。ここで無償公共サーヴィスとは、司法、行政、立法、国防と警察、教育などを指します。

さらにワルラスは、土地国有化と租税廃止を両方とも実行することで、私有財産制度がはじめて完成するという、一見奇妙な考えをもちます。労働（または貯蓄）による産物はすべて当事者である個人に与え、労働（または貯蓄）の産物ではない土地は、すべて国家に与えるのが正しい、と彼は考えるのです。土地をつくった者は誰もいない以上、それは全員の共同所有でなければないとして、彼は土地私有に反対します。他方、租税については、個人がみずからの労働や貯蓄で得た所得を国家が奪い取るに等しいとして反対します。このように改良された人権宣言に基づいて、ワルラスは社会改革プランを提唱しました。

3　一般均衡理論

市場均衡　次にワルラスの経済理論に移りましょう。ある1つの商品市場から説明します。ここでオークション型の市場、つまり競売人（せり売り人）が仲介者として、需給に応じて価格を上げ下げする整った場が念頭におかれています。

図表4の縦軸には価格pを、横軸には生産要素または生産物の数量qをとります。直線Sは供給を、直線Dは需要を表わします。価格p_eで2つの直線が交わり、ここで需要量と供給量が一致します。この点は市場均衡状態にあり、p_eを均衡価格と呼びます。最初の価格がp_1で与えられている場合には、供給量が需要量をabだけ上回り、売れ残りが生じています。このケースでは供給量に見合うだけの買い手が見つからないので、競売人は価格を引き下げます。p_1よりも低い価格では売りに出せない売り手は供給量を減らします。逆に、p_1より安く買うことのできる買い手は需要量を増やします。こうして価格引き下げにつれて供給量が減る一方で需要量は増え、最終的に両者は一致します。取引はE点でおこなわれます。均衡点が見つからなければ、取引はおこなわれません。

第2部　経済学の革命と社会改良

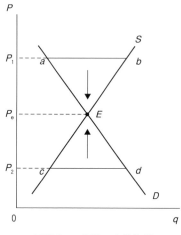

図表4　一商品の市場均衡

次に、最初の価格が p_2 で与えられている場合には、需要量が供給量を cd だけ超過しています。このケースでは需要量に見合うだけの売り手が見つからないので、競売人は価格を引き上げます。p_2 より高くては買えない需要者は需要量を減らし、逆に p_2 より高く売ることができる売り手は、供給量を増やします。こうして価格引き上げにつれて需要量が減る一方で供給量は増え、最終的に両者は一致します。

このように整った市場では、価格の上下に合わせて需給量が増減し、市場均衡状態を模索します。価格の主導によるこの需給の調整メカニズムは、一商品に限らず社会のすべての市場でお互いに影響を与え合います。そこで、ワルラスの市場経済の全体像を図表5のように描いて、一般均衡とは何かをみることにしましょう。

一般均衡

市場に登場する経済主体は、おおまかに家計と企業家の2つに分かれます。家計はさらに、どのような財産を所有しているかによって、地主と労働者と資本家に分かれます。市場は無数にありますが、大づかみにいえば生産要素市場と生産物市場の2つに分かれます。生産要素市場には労働・土地・資本の3つの市場があり、家計は企業家に対してその財産を貸し出します。すなわち、労働者は一定の労働時間を貸し、地主は一定期間の土地使用権を貸し、資本家は建物や設備の実物（または株式や銀行融資）のかたちで資本を貸し出します。企業家は、生産要素のレンタル料として家計に対して賃金・地代・利子を支払い、3つの生産要素を組みあわせて生産物をつくります。次に生産物市場では、企業家は生産物を供給し、需要者の家計は顧客として生産物価格を支払います。ここで生産物価格が生産費を上回れば、企業家は利潤を獲得し、逆の場合には損失を被ります。一般均衡状態とは、すべての市場で需要量と供給量が等しくなる価格において取引がお

こなわれ、かつすべての企業家において生産費と生産物価格が一致して利潤がゼロとなる仮説的な状態です[1]。この想定は、のちの理論経済学の基盤となります。

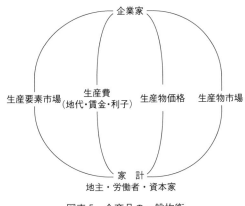

図表5　全商品の一般均衡

また図表5では資本家と企業家が区別されています。ワルラスは、スミス（☞第3章）やリカード（☞第5章）が資本家と企業家を分けずに両者を資本家の名で同一視し、利潤と利子の区分に失敗したと批判します。これに対して彼自身は、資本を貸すだけで経営には口を出さない資本家と、事業をおこなう企業家とを区別します。この場合には、企業家みずからは必要な資本を事前にもたなくても、生産要素市場で資金を調達し、起業できることになります。

ワルラスにとって、自由競争市場も国家のイニシアチヴによって組織・管理されるものです。自由放任に対して、これは「組織された自由競争」と呼ばれました。「自由放任とは何もしないことを意味すべきではなく、自由競争のはたらきにまかせることを意味すべきである。したがって自由競争が機能しない場面では、国家が競争を助けるために干渉する余地があり、機能する場面では、国家が競争を組織し、競争機能の諸条件と環境を保証するために干渉する余地がある」。すなわち、国家は市場のルールを定め、価格の自動調整機能を守り、透明性の高い市場を維持する役割を受けもちます。特定の集団が利益を独占しないように、規制や特権をなくす必要があるのです。

4　土地国有化と租税廃止、労働市場の組織化

土地国有化と租税廃止

ワルラスにとって、一般均衡理論とマルサス（☞第5章）の人口原理は、人間の意思では変更できない自然

法則です。一連の社会問題解決も両者に反しないように立案されています。まず、土地国有化と完全自由競争の関係を考えてみます。国家は、市場価格を基準にした買い上げ価格にしたがって土地収用を進めます。地主には年金のかたちで補償金が支払われます。図表5から考えると、地主は土地を所有していても、企業家として自分で耕作しているとはかぎりません。それゆえ耕作しない地主は、国家が年金を保証するならば自発的に売却に応じます。最終的に国家がすべての土地の地主になります。国家はその土地を生産要素市場に供給し、地主として個人企業家から地代を受け取るようになります。すなわち地主は国であっても企業家は私営です。しかも国有化といっても強制ではなく市場も存在し、生産要素市場で借地権が自由に売買されるのです。

さて、地代は増加傾向にあります。土地面積は増えず人口には増加傾向があるとすれば、土地需要量が供給量をつねに上回るからです。この地代増収を見越して、やがて国家は租税を廃止し、この原資で公共サーヴィスも無料で提供できるようになるでしょう。つまり土地国有化によって、租税廃止と公共サーヴィス無償化が可能になります。この結果、以前の地主が所有していた未耕地も含めて、すべての土地が生産活動のために有効利用されると同時に、国家の獲得する地代が人びとの平等化を確実に実現する財源となります[2]。

労資対立批判　ワルラスによれば、社会主義者（マルクス〔☞第7章〕）は社会問題の原因を労働者と資本家との対立に見いだし、資本家は労働者を犠牲にして不当に利益を上げていると批判していました。労働者が賃上げ闘争を始める場合、資本家には資金が豊富にあるので闘争を長く続けることができます。これに対して、生活維持分の賃金しか受け取っていない労働者には余分な金はありません。労働市場において資本家は労働者に対して有利な立場にあります。それゆえ資本家は談合することで、自由競争が自動的に決定する賃金よりも低い賃金しか労働者に支払わず、いわば競争をゆがめて特権利益を得ています[3]。

図表5を念頭に、ワルラスはこのような主張に反論します。彼はまず労働者と資本家の対立という図式を批判します。労働者を雇うのは資本家ではなく企業家なので、労資対立は資本家と企業家を区別しない誤った主張となります。図表4から考えると、労働市場には労働者どうしの供給競争だけでなく、企業

家どうしの需要競争もあります。労働需要が供給を上回っていれば企業家の賃上げ競争が、逆の場合には労働者の賃下げ競争があるはずです。企業家には、一方では生産要素市場での賃金引き上げ競争があり、他方では生産物市場での価格引き下げ競争があるので、最終的には利潤ゼロの状態に向かう傾向があります。事業が成功すれば利潤を得られますが、失敗すれば損失のリスクにさらされます。このように現実の市場が一般均衡理論どおりなら、労働者だけに犠牲を強いて企業家が利潤を手に入れ続けることはできないはずです。

労働者の地位向上策　結局、完全自由競争の実現こそが労働者と企業家の対立の最終的な解決策だとワルラスは考えます。しかし、現時点の社会問題がそれによって即座に解決するわけではありません。そこで彼は、自由競争メカニズムをゆがめずに実施可能な解決策を出します。その第1は、のちに述べるアソシアシオン（協同組合）という企業形態です。第2の策は、産児制限や長時間労働の規制です。労働需要が供給を上回っていれば、賃上げ競争が企業家の間で始まります。このような状態は労働者数または労働時間の制限によって可能となります。それゆえ少々の物価上昇には目をつぶっても、産児制限や長時間労働の規制が、自由競争市場と労働者の生活水準向上とを両立させる解決策となります。第3に、教育水準の向上です。産児制限とアソシアシオンは教育水準のレベルに左右されます。そして教育水準の向上は、土地国有化による公共サーヴィスの無償化によって可能になります。このようにみると、自由化による解決も土地国有化に行き着くことになります。

5　アソシアシオン

アソシアシオンの経済理論　アソシアシオンとは、今日わが国では生協や農協などの名で知られ、協同組合とも呼ばれます。そもそもそれは、資本家に従属せざるをえない労働者が、自立を目的に設立した事業形態です。株式会社と比べると、協同組合には次のような独特の原則があります。まず、株式会社が営利（利潤）目的の企業であるのに対して、協同組合は、利潤を否定しないもののこれを目的としない非営利事業です。これは利潤追求のために労働者を犠牲にすることなく、彼らの生活水準

の向上を目的とすることを意味します。次に、企業全体の意思決定の場である総会において、株式会社が1株1票制をとるのに対して、協同組合は民主的な1人1票制です。これは、大株主の支配を防ぎ、組合員の声を経営に反映させるためのルールです。そして出資金額と配当については、株式会社が無制限であるのに対して、協同組合では上限が設けられます。それゆえ大株主の出現が阻止され、組合員間の不平等は拡大しにくくなります。

さて伝記でも紹介したとおり、ワルラスは協同組合運動の経験をふまえて、その社会プランにアソシアシオンを組み込みました。社会主義者のなかには、私有財産制と市場経済に社会問題の原因を見いだし、両者を廃絶することで最終的に社会問題の解決をめざす人もいました。ワルラスはこれに反対し、図表5に基づいて次のように述べます。

「協同組合員は、一方では株主または企業家兼資本家、他方では労働者兼顧客という2つの役割から、個別に考察されなければならない。彼らは労働者としては生産要素市場の賃金を受け取り、顧客としては生産物市場の価格を支払う。株主としては、資本持分に比例して、うまくゆけば利潤を逆の場合には損失を受け取って参加する。したがって、これらの組合は大きな経済的役割をはたす。資本を廃棄するのではなく、全員を資本家にするのである」。ワルラスの協同組合では、家計と企業を含むすべての役割を労働者が兼務します。労働者として賃金を、資本家として利子を、そして企業家として利潤(または損失)を受け取るのです。それでは協同組合はどのように普及するのでしょうか。

アソシアシオンの普及策

労働者は現時点で賃金すべてを生産物市場で使いはたしているので、組合設立に必要な資本を貯える余裕はありません。そこで租税廃止が活きてきます。つまり賃金から引かれる税がなくなれば、労働者はその分を貯蓄できるようになります。たとえば生産者組合では、工場や機械の設備投資と原材料購入の資金となります。生協のような消費者組合では、店舗の設立と商品の購入に当てられます。そして信用組合は、消費者組合と生産者組合に設立資金を貸し出すことが可能になります。

普及のきっかけをつくるのは信用組合です。消費者組合と生産者組合は、通常はみずから用意する資金だけでは起業できません。銀行や信用組合から借入

れ、利子をつけて返済します。このとき信用組合は、消費者と生産者の組合それぞれに対して、融資するだけでなく顧客も紹介します。顧客とは信用組合に口座をもつ人びとです。この顧客に対しては、生産物の現金販売と同時に価格の一部が値引きされます[4]。顧客はこの値引き分を現金ではなく、信用組合の口座に振り込まれる貯蓄として受け取ります。このように3組合の間でヒト・モノ・カネがうまく動いている場合、消費者組合と生産者組合にはつねに顧客が保証され、現金販売のおかげで操業に必要な現金がかならず手元に残っています。信用組合には売買のたびに自動的に貯蓄が集まり、これが新たな組合設立のための貸付金となり、アソシアシオン領域のさらなる拡大が可能となります。

　このようにすれば、市場経済にアソシアシオン領域の拡大がどこまでも続くかに見えます。しかしワルラスは、普及には限界があるとみています。まず労働者なら誰にでも設立できるわけではありません。当時の労働者の多くは教育水準が低く、貯蓄の習慣がなく、浪費やアルコールで身をもち崩す人もいました。それゆえ彼は、経済理論を理解できる程度の教育水準があり、貯蓄と労働に励むエリート労働者だけを対象にします。次に、アソシアシオンは国家の援助なしに完全に市場での競争にさらされています。それゆえ失敗の可能性もあり、すべての人を対象に実施される土地国有化と租税廃止のように、社会問題を確実に解決することはできません。こうしてワルラスは、アソシアシオンが一定の役割をはたすと認めたものの、それが社会問題を完全に解決するという社会主義的な見解には反対しました。

6　おわりに

ワルラスの社会ヴィジョン

　以上をまとめて、最後に彼の理想とする社会を描いてみます。自由は市場の完全な組織化によって実現されます。無償公共サーヴィスによって、「条件の平等」策が実施されます。強制的な平等化、つまり累進課税制度などの所得再分配策は推進されません。なぜなら租税が廃止されているからです。こうした理想社会では、「地位の不平等」は放置されたまま拡大するのでしょうか。

社会の進歩とともに競争が進めば、社会全体に存在する資本量は増加します。それゆえ資本家の得る利子率は下落します。労働需要量と供給量はお互いの賃上げと賃下げ効果をほぼ相殺するので、賃金はほぼ一定で変わらないとワルラスはみます（マルクスなら賃金には下落傾向があるとみます）。人口増加と土地一定を仮定すれば地代は上昇しますので、土地が国有化されれば、条件の平等化策の財源は増加してゆきます。したがって資本家と労働者の地位は接近し、地主はいなくなります。さらに、租税が廃止されれば賃金の一部はアソシアシオンへの出資となり、事業が成功すれば労働者は賃金のほかに配当や利子も受け取ります。このようにワルラスは、みずからの政策を実施すれば、国家の強制によらない自由な競争が地位の不平等をもいずれは縮小させ、貧困を解決すると考えていたのです。

　ワルラスの土地国有化論は、現在ではかえりみられることはありません。また、小企業が競争する市場をワルラスは理論化しましたが、20世紀以降になると巨大企業が登場し市場を支配するようになり、不完全競争理論が登場します。この両方の意味で、ワルラスの理想は実現しませんでした。しかし、市場と国有化の両立は、効率性に反しない公共サーヴィス供給や国有財産の民間利用手法に好例を与えてくれるでしょう。そして非営利事業は今日、協同組合のほかNPOや社会的企業などが福祉領域に普及しつつあり、市場と国家に続く新たな経済セクターとして注目を集めています。ゆえに今日、一般均衡理論のみならず、忘れられたワルラスの理想を再考する意義は高まっているはずです。

注
1) ワルラスによる利潤ゼロの想定は、数学による証明は可能であっても現実離れした仮説だとして、同時代の経済学者から多くの批判を受けました。
2) 私営よりも国営による生産のほうが、より効率的な生産となる産業部門が存在するともワルラスは考えます。これはミクロ経済学では自然独占や費用逓減部門と呼ばれるものです。たとえば鉄道や運河などの交通網、鉱山などの天然資源が該当します。
3) これはワルラスが自分の理論に当てはめてマルクスを意図的に解釈したもので、正確な理解ではありません。規制や特権のない自由市場の交換から、資本家と労働者の対立関係と剰余価値搾取が生じると、マルクスは論証しました。
4) 当時は現金取引よりも、掛け売りといって、一定期間の期末に顧客からまとめて代金を徴収する取引が主流でした。そのため、売手は代金の回収までに時間がかかり、現金不足や代金の回収不能になりやすく、買手は支払いまでに一定の現金を蓄えておかなければならず、支払不能になりやすいという、売り手と買い手の双方に不便がありました。

■レポート執筆のヒント

- 貧困や格差は、個人・社会いずれの責任と分担で解決すべき問題なのか、ワルラスの見解を出発点として、現代の問題まで考えてみよう。
- 一般均衡理論と土地国有化論とアソシアシオン理論は、お互いにどのように関係しているか、整理してみよう。
- NPO や社会的企業とは、何を目的にどのような活動をしている団体なのか、通常の株式会社と対比して調べてみよう。
- ワルラスの社会科学体系は、いかなる点で自由主義的であり、または社会主義的だろうか。自由化と平等化の政策は、最終的にどのように総合されるかをふまえて、考察してみよう。

■文献

（ワルラスの本）
『純粋経済学要論』久武雅夫訳、岩波書店、1983 年。
『社会的富の数学的理論』柏崎利之輔訳、日本経済評論社、1984 年。

（参考文献）
柏崎利之輔『ワルラス』日本経済新聞社、1977 年。
ジャッフェ『ワルラス経済学の誕生』安井琢磨・福岡正夫編、日本経済新聞社、1977 年。
根岸隆『ワルラス経済学入門』岩波書店、1985 年。
丸山徹『ワルラスの肖像』勁草書房、2008 年。
御崎加代子『ワルラスの経済思想』名古屋大学出版会、1998 年。
御崎加代子『フランス経済学史』昭和堂、2006 年。

（髙橋　聡）

第 2 部　経済学の革命と社会改良

11　マーシャル

労働者階級の向上

「経済学は日常生活を営んでいる人間に関する研究である。それは個人的ならびに社会的な行動のうち、福祉の物質的要件の獲得とその使用にきわめて密接に関連している側面を取り扱うものなのである。

　経済学は一面において富の研究であると同時に、他面において、またより重要な側面として人間研究の一部である。」(『経済学原理』冒頭)

【キーワード】

生活基準　ケンブリッジ学派　貧困の罠　労働者階級の将来

　マーシャルはケンブリッジ大学の経済学の教授でした。彼の下で教育を受けた人物として、ピグー（☞第 12 章）やケインズ（☞第 17 章）がいます。彼がつくり上げた経済学のグループは、20 世紀を代表する経済学の学派の 1 つとして、ケンブリッジ学派と呼ばれています。

　マーシャルは、経済学の王道に位置します。そのような本流にいたマーシャルですが、実は労働者の福祉について、きわめて大きな関心をもっていました。そこで、本章ではマーシャルの労働者観について検討しましょう。

1　略伝──ケンブリッジ学派の創始者

経済学への途　アルフレッド・マーシャル（Alfred Marshall, 1842〜1924 年）にとって、経済学研究は本来の希望ではありませんでした。マーシャルは 1842 年にロンドンで生まれ、息子を牧師に育て上げようとする父に厳格に教育されます。しかし、彼は父の意に反して数学に関心をもち、パブリック・スクールへの通学の行き帰りにユークリッドの幾何学を

忍ばせて解くほどでした。マーシャルはそこで数学の才能を見いだされ、ケンブリッジ大学のセント・ジョンズ・カレッジに進学します。1865年に数学のトライポス（卒業試験）で、彼は優秀な成績を修め、カレッジのフェロー（特別研究員）になります。その後、マーシャルは知的グループへ参加することにより、数学や分子物理学以外の学問に目が向くことになります。そして最終的には経済学を研究の対象とし、その関心は「人間自身のもつ可能性」と労働者階級の生活状態

マーシャル[1]

の改善、そしてそれを可能にしてくれるイギリス産業の発展になりました。また、彼はJ. S. ミル（☞第6章）の『経済学原理』（1848年）を読み、そこから刺激を受け、休暇中には貧困地区を訪れて貧しい人びとを見て、経済学研究への決意を固めたという逸話もあります。

　マーシャルは教え子のメアリーと結婚し、創設されたばかりのブリストル大学の学長兼経済学教授として赴任し、そこで妻との共著『産業経済学』（1879年）を著します。この著書は経済学の教科書として成功をおさめます。

　その後、彼はオックスフォード大学（歴史家にして慈善家で有名だったアーノルド・トインビーの後任）を経て、ケンブリッジ大学に経済学の教授として戻ります。そして、彼は1885年1月に教授の就任講演をおこないます。当時、経済学という学問の信頼は揺らいでおり、社会問題を解決できるとは考えられていませんでした。彼の就任講演は、経済学の信頼回復とみずからの経済学体系を示すものとなりました。この講演の締めくくりとしてケンブリッジ大学で経済学を学ぶ学生に求めた、経済学の勉強には「冷静な頭脳をもって、しかし暖かい心をもって」という言葉は有名になり、現在でもよく使われています。

> マーシャルと『経済学原理』

完成まで10年の歳月を費やしたマーシャルの主著『経済学原理』は、1890年に世に送り出されます。この書物は多くの人びとから待ち望まれていたものでした。この書物は、英語圏外や彼に批判的な経済学者たちからも好意的な書評が寄せられ、経済学の信頼回復を十分に示すものでした。しかも、彼の『原理』は専門家だけでなく、経済学に対して十分な知識がなくとも理解が容易でした。

第 2 部　経済学の革命と社会改良

> **コラム⑥　経済学の制度化**
>
> 　「わたしが教授になってから 16 年間のうち、経済学に専念する優等生は 1 人もいませんでした」。引退間近のマーシャルはこう嘆きました。19 世紀末まで、経済学は総合的な人文科学・社会科学のごく小さな科目にすぎませんでした。そこでマーシャルは経済学の卒業試験（トライポス）を独立させ、後継教授としてピグー（☞第 12 章）を選ぼうとしました。ことごとく意見の対立していたシジウィック（☞第 7 章）が死去してから、マーシャルは学内世論を喚起し、ついにどちらも成功させました。
>
> 　マーシャル自身が考案したケンブリッジ大学のカリキュラムはきわめて野心的でした。経済理論・経済史・制度論を必修として中心に据え、選択の上級経済学に現実的・分析的な科目を揃えました。また法律学・政治学といった隣接領域も自然に学べるようになっています。このような構成は、実社会に出る大学生の要求も、専門的な経済学者を輩出する目的も、同時にかなえようとする計画でした。
>
> 　実際、1910 年代からこの制度の下で次々と優秀な経済学者が誕生し、また他大学にも経済学教育・商学教育が波及し、アメリカや日本で現在あるような「経済学部」が形成されることになったのです。　　　　　　（小峯）

　そこで、その読者は一般の人びとまで広く行きわたっていきます。『原理』の扉には、チャールズ・ダーウィンも『種の起源』（1859 年）で用いている「自然は飛躍せず」の言葉が書かれており、みずからの本も古典派経済学者――スミス（☞第 3 章）、リカード（☞第 5 章）、マルサス（☞第 5 章）、J. S. ミル――との継承性を保ちながら新しさや独創性の主張は控えめにする工夫がなされています。しかし、マーシャルの教え子でもあるケインズは、「ジェヴォンズ〔☞第 8 章〕は釜が沸くのをみて子供のような喜びの叫びをあげた。マーシャルも釜が沸くのを見たが、黙ってエンジンをつくった」という言葉を残しました。この言葉が示しているように、マーシャルは現代のわたしたちが使っている経済学の新しい分析道具を冷静につくったのでした。しかもマーシャルは経済理論をつくるだけでなく、現実問題にも強い関心をもっています。

　彼の 20 年近い歳月の努力の結果、ケンブリッジ大学に着任時からの悲願であった経済学のトライポスが 1903 年に創設されます。その結果、ケンブリッジの学生たちが経済学科を卒業していくことが可能になります。このことは、

マーシャルがケンブリッジ大学経済学科の創設者であることを意味しています。マーシャルは、彼の後継者の育成や経済学の知識をもった人材の社会への輩出に精力を注ぎました。その結果、マーシャルの教え子たちがケンブリッジ学派を担っていくことになります。

　1908年、マーシャルは66歳にして、執筆活動に専念するため経済学教授の椅子を退きます。彼の後任教授には、弱冠30歳のピグーが就くことになります。その後、マーシャルは歴史的記述を多く含んだ産業分析の書物『産業と商業』(1919年)と『貨幣信用貿易』(1923年)を出版します。彼は「社会の進歩の可能性」に関する著作の出版を希望していましたが、82歳の誕生日を前にして1924年に永眠することとなります。

2　マーシャル経済学の時代背景

貧困の罠　マーシャルが研究に携わった時期は、主としてヴィクトリア時代(1837〜1901年)の後期と20世紀最初の四半世紀(25年間)に当たります。ヴィクトリア女王が在位したこの時期は、イギリス経済の繁栄期と衰退初期という2つの対照的な時代を含んでいます。19世紀中葉までイギリスのライバルとなる工業国はなかったので、イギリスは工業的優位を独り占めし、「世界の工場」として繁栄を謳歌します。しかし、その繁栄とは裏腹にイギリスは多くの社会的矛盾も同時に抱え込んでいくことになります。たとえば、産業革命によりもたらされた都市への人口集中、人口の過密による労働者の劣悪な住宅事情と都市における悪い公衆衛生という社会問題などがあります。その結果、都市ではコレラなどの伝染病が流行して多くの死者が出ています。さらに、労働者の子供たちも仕事にかり出され、学校へ行く機会にも恵まれず、不衛生な工場や炭坑での長時間労働を余儀なくされます。このような状況の下、労働者の多くは彼ら自身や子供たちの将来の生活設計をすることなく、酒場に入り浸り、賃金をギャンブルで浪費し、怠惰な生活を送る毎日でした。このような親の背中を子供たちも見て育ち、成人してからは親と同じような貧しく怠惰な生活を送っていきます。つまり、労働者の貧困状態は親から子供、子供から孫へと続き、彼らは貧困の罠からいつまでも抜け

出せない状況が続いていきます。

国際競争力の低下　さらに、19世紀末の四半世紀は経済史上「大不況期」とも呼ばれています。「世界の工場」として経済的進歩と繁栄を誇ったイギリスは、1873年の恐慌から慢性的な不況に陥り、1896年まで本格的に不況から脱することはできませんでした。世界市場において無敵を誇っていたイギリスの工業も、ドイツやアメリカ合衆国に激しく追い上げられ、この時期にはイギリスの国際競争力に翳りが見え始めるようになってきます。そして、1890年代には、ドイツとアメリカ合衆国の鉄鋼・石炭生産はイギリスを凌ぐようになります。当時の不況がもたらす痛みは、労働者階級をまさに直撃しました。労働者の貧困問題は、工業化による社会問題だけでなく、経済的不況も原因だったのです。

このような時代背景の下、マーシャルは生涯にわたって、貧困の解決、イギリスの国際競争力の維持、経済学という学問の信頼回復と地位向上を研究課題にしました。こうした社会的諸問題を解決するため、マーシャルは経済学の研究と教育に情熱を傾けることになります。

3　労働者階級の将来

長時間労働の問題　マーシャルは、1873年にケンブリッジのリフォーム・クラブで「労働者階級の将来」という題で講演しています。のちに印刷された講演録は、マーシャルが発表した最初の論文という意味あいをもちます。この講演で、マーシャルは紳士階級と労働者階級の区別をおこない、労働者階級の仕事内容が肉体的・精神的にどのような影響を及ぼすかを考察しました。また、彼らが将来、紳士階級に成長するにはどうすればいいかを考えました。

労働者階級（とくに未熟練労働者）の仕事、つまり長時間の肉体労働がいかに彼らの精神的なものをむしばみ、彼らの人間的成長を妨げるかということをマーシャルは指摘しました。『経済学原理』においても、労働者階級の性格は、仕事の過酷さと仕事から得られる物質に大きく影響されることをマーシャルは述べています。労働者階級が一般的に肉体的・精神的に不健全なのは、彼ら自

身の責任であると考えられていましたが、疲れはてた仕事をさせられた労働者は自己啓発の機会もなく、それはむしろ苦痛なのです。マーシャルによると、労働者階級はまったく自己の能力を改良する機会をもたず、芸術や知識を得る楽しみもわからず、酒・賭博といった野蛮な楽しみだけを求め、一生このような娯楽だけで日々を過ごすのが当時の一般的な労働者の生活形態でした。

労働時間短縮と教育　マーシャルは「労働者階級の将来」のなかで、次のように述べます。社会にとって適切な人口と十分な富とその分配、彼らに行き届いた長期間にわたる教育が必要であろう。また、労働者は長時間の肉体労働の疲れで一日が終わるのではなく、夕方には知的・芸術的な楽しみを残すような紳士的な生活を彼らが送れることを理想とした社会であろう、と。

そのために必要とするものは、労働者階級の肉体的労働の削減、労働時間の短縮と教育の充実です。労働者にはみずから受けた教育よりも、より良い教育を子供たちに受けさせる必要があります。さらに、国家は無知な人間をつくることがないようにする義務を負い、そのために国家が積極的に教育に干渉していかなければなりません。結局、労働者階級が不健全な生活から脱却し、将来、紳士階級になるためにはどうすればよいかということを、マーシャルは経済学の研究を始めた当時から生涯にわたって研究していったのでした。

4　生活基準の経済学

生活基準とは　本章の冒頭に引用された「人間の研究」というマーシャルの言葉は、労働者がいかに人間的進歩をするかということも意味しています。当時の労働者は、低賃金が物質的貧困をもたらし、このことが道徳的堕落・精神的退廃ひいては低賃金をもたらすという悪循環のなかにいました。マーシャルがみずからの経済学の課題としたのは、この悪循環の鎖を断ち切ることでした。当時の労働者がおかれている貧困状態から抜け出し、自立する条件として、主著『経済学原理』において彼らは「生活基準」を身につけよ、と求められました。労働者の劣悪な生活状態は世代から世代へと累積的となり、彼らはその悪循環から抜け出せないままです。この悪循環を

> **コラム⑦　慈善の組織化**
>
> 　慈善（charity）の語は、キリスト教の「愛」（ギリシア語のアガペー）の訳語であるラテン語のカリタスに由来し、のちに隣人愛の実践である慈善も表わすようになりました。イギリス最古の慈善に関する法律は、エリザベス1世による1601年の公益ユース法（Statute of Charitable Uses）です。国王の許可を得ない財産譲渡や遺贈は当時厳しく制限されましたが、公益ユース法は、特定の慈善目的の基金としてそれらを公認しました。これにより富者がその遺産を基金とし、金銭、食料、医療などの面で地域の貧者を救う活動が盛んになります。多くの慈善主体が活動するようになれば、重複防止や、活動側の責任感向上のための連携体制やルールづくりも大切になります。1869年に設立された慈善組織協会（COS: Charity Organization Society）はこうした課題に取り組み、近代社会福祉事業の1つの先駆とされています。
>
> 　さて一言で「貧者」といっても、実際には多様な人びとからなります。1878年にメソジスト系教会牧師ウィリアム・ブースの設立した救世軍（Salvation Army）がその救済対象としたのは、最底辺の、救済に値しない堕落者ともみられていた怠け者、売春婦、犯罪者などでした。救世軍は、規律を重んじる軍隊的組織を特徴とし、現在も各国で活動を続けています。　　（本郷）

断ち切る処方箋として、マーシャルは「生活基準」という考えを用意しました。「生活基準」の上昇が意味することは、たんなる欲望の満足（「安楽基準」ともいいます）の量的拡大とは違い、労働者の生活態度を改善し、その知性・活力および自主性を質的に高めることです。彼らはみずからの潜在能力を開発することによって、生産能率の上昇、彼らへの分配分の増加、さらには次世代つまり子供たちにもより良き生活習慣と能力開発をもたらすことになります。

企業家の社会的貢献　　労働者がみずから「生活基準」を上昇させるきっかけとして、マーシャルは企業家が労働者に対して高賃金を払うことを求めています。高賃金の効果は労働者だけでなく、企業家にとっても利益となるはずなのです。なぜなら、労働者への高賃金は労働生産性の上昇をもたらすからです。企業家にとって能率の高い労働ができるので、実際は安価な労働になるのでした。

　また、マーシャルは「経済騎士道の社会的可能性」という論文で、中世の騎士が私欲ではなく忠誠心をもったように、現代の企業家も私欲の追求だけでな

く公共的精神をもつことが必要であると説いています。つまり、企業家は自己の利益のみならず、労働者の利益および彼らの福祉さらには社会の発展についても考える責任があるのです。マーシャルは富裕層の公共の福祉への貢献の必要性を説き、貧困を解決する方法の1つとして、「経済騎士道」の考え方が企業家に普及することに期待しています。さらに、企業家はいかにして事業に成功したかということが問われるのであり、このことが企業家にとって創造的な組織を形成し不断の革新と工夫の遂行をもたらし、企業組織の持続的な発展の原動力になるとマーシャルは考えています。

次に、労働者は彼らが得た高賃金をみずからの生活改善や子弟教育のために使うことをマーシャルは望んでいます。そのために、労働者はその日暮らしではなく子供たちの将来のことも考える生活態度、つまり先見性をもつことが必要となってくるのです。

教育の役割 　第2節で述べたように、労働者階級の子供たちの多くは工場などで長時間労働を強いられ、学校へ行く機会にも恵まれていませんでした。その結果、イギリスでは識字率ならびに初等学校への就学率が、ヨーロッパ他国と比べて低いのが現状でした。まさに、イギリスの貧困は教育の貧困も意味していました。まず家庭教育を基本として、両親がしっかりした養育義務をもって子供たちの将来のことを考え、家庭環境を充実させる必要がありました。

次に、政府は家庭教育では行き届かない部分において、十分な役割をはたす必要性があります。そのために、政府は費用負担を、消費ではなく将来への投資と考えなければいけません。教育によって労働者階級の潜在的能力や才能を十分に活かすことができれば、彼らの教育に投じた経費の何倍も国の富として回収することが可能となります。この考え方は現代では「人的資本理論」と呼ばれ、経済学の重要な考え方の1つです。教育は労働者の潜在的な資質を引き出し、さらに彼らの性格をも改善し、それによって彼らの子供たちの養育態度も改めることになります。そのことからも、マーシャルの「生活基準」の上昇には教育が重要な役割をはたしていることがわかります。

5　政府の役割と経済的自由

経済的自由とは　マーシャルは、「経済進歩の真の基調を創出するものは、新しい欲望の形成ではなくて新しい活動の展開である」と述べています。経済進歩には「新しい活動の展開」としての「生活基準」の上昇が必要です。それでは政府はどうすればよいのでしょうか。つまり経済進歩の問題は、労働者の福祉の問題と強く結びついていました。

マーシャルは政府が介入しない「自由放任」という考え方では、当時の社会問題である貧困を解決できないことを認識しています。また、政府が何もせずに現状のままに放置しておくことに、世論も批判的になってきています。マーシャルは初期の「労働者階級の将来」から晩年まで一貫して、とくに教育の分野において政府のはたすべき役割（産業の発展に対応できる一般教育の普及）を主張しています。彼は経済的自由を手放しで礼賛するところの自由放任主義者ではありません。彼は、「自由」というものの性質も時代とともに変化してきていると考え、競争の力を活用できない社会的弱者のためには政府が経済的自由を制限することも必要であると考えています。この考え方は、これまでの経済学の考えを大きく変えるものです。

貧困者の救貧策　当時の貧困者の救貧政策は、救貧院といわれる救助施設外（院外）で金銭的救助をおこなうものでした（☞コラム①）。マーシャルは、これまでの救貧対策に対して批判的です。なぜかというと、院外救済は財政的に費用が少ないので採用されたのですが、往々にして怠け者、浪費家、ずるい人間、偽善者の利益になるとマーシャルはみているからです。その結果、労働者の生活状態は悪化し、悲惨な状況になってしまったのです。先に述べた救貧法は労働者を救済する意図から成立した制度ですが、それによって労働者の道徳的および肉体的な活力は逆に低下させられたとマーシャルは考えています。

つまり、救貧法によってマーシャルが主張したような「生活基準」の考えとは反対に、労働者の勤勉さ、節約および貯蓄する態度に反比例するように彼らに金銭が配られ、将来の備えをすることは馬鹿らしいと考える労働者が多くな

ってしまいました。

　マーシャルは労働者の生活改善に対して消極的であったように見えるかもれませんが、それは真意ではなく、彼が批判したかったのはむしろ、労働者の独立心と活気をむしばむような救貧行政がおこなわれたことです。彼は院外救済によって労働者から勤勉さが消え、怠惰だけが残ったと判断しました。彼は、『タイムズ』紙において「労働者に対して自立をもたらすような救貧対策がおこなわれるならば、公的資金の導入に反対はしない」と述べています。

政府の役割

　個人では不可能な都市政策などに関しては、積極的に国家介入すべきである。これがマーシャルの考えです。彼は産業化、都市化の進展によってもたらされる環境悪化に早くから気づき、その対策として建物に課税することによる環境対策も考えました。マーシャルは、身体的・道徳的活力が損なわれるような都市の過密化を解消しなければならないと説いています。労働者とその子供たちには、新鮮な空気と十分なオープンスペースが必要でしょう。そこで、今日でいう「環境税」のような制度を地方当局が課すべきであるとマーシャルは主張しています。

　しかし、政府の役割は労働者がみずからの能力を発揮できる環境整備をすることであり、全面的に政府が介入して労働者の問題を解決するものではありません。つまり、政府が積極的に介入する集産主義（土地・工場・鉄道・鉱山など重要な生産のための手段を国有化して政府の管理下で統制するという考え）については、マーシャルは反対なのです。集産主義的な介入により、進歩の原動力であるところの経済的自由が制限されるからです。集産主義は、経済進歩につながる私的企業の創造的なものを狭めてしまい、マーシャルが意図した労働者の「生活基準」の上昇につながるものではなかったのです。

政府介入の範囲

　マーシャルによると、政府介入の領域が拡大し、政府に適した仕事を十分にやり遂げることができないほど、多数の骨の折れる責務を当時の政府は背負わせられてしまっています。社会改善のためには、政府活動の密度が高まることこそが重要であり、活動の範囲だけが一方的に広がるべきではないのです。したがってマーシャルは、「政府は奮起して、重大な仕事であって、政府以外は何人も効率的にはやれない仕事をするようにせよ」という言葉を残しています。

そこでマーシャルは、労働者の貧困問題の解決に対して、政府の積極的介入ではなく経済進歩をもたらす労働者の「生活基準」の上昇と、企業家が公共の精神をもつ「経済騎士道」の普及におおいに期待しています。マーシャルの福祉の考え方は、基本的にはイギリスの古典派経済学の流れを継ぐものですが、当時の時代背景をもとに、より現実的な対応になっています。政府の役割を積極的に推奨するのは後代の経済学者です。それゆえ、マーシャルは転換期の経済学者に当たります。しかし、企業家の社会的責任ならびに労働者の自立と進歩を主張したマーシャルの福祉観からも、わたしたちが学ぶべき点は多くあります。

6 おわりに

経済進歩における労働者の役割

マーシャルは貧困問題の解決に非常に力を入れましたが、貧困さえ解決すればよいとは考えませんでした。彼の主たる関心は、貧困問題の解決を通して労働者の問題をみずからの経済学体系に組み入れ、労働者が進歩向上していく経済システムをつくり上げることでした。マーシャルは、富の生産が能率的でしかも富の分配が公平におこなわれる社会を形成することが必要であると考えています。そのために、労働者の能力を社会のなかで活かしていくことこそ必要不可欠なのです。つまり、いかにすれば労働者階級を社会において十分に活かしていくことが可能かということが、彼の経済進歩観にはあります。

本章の冒頭で、「経済学は人間研究である」と書きましたが、さらにマーシャルは「ひとかどの人間は誰でも高尚な資質を実業のなかで活かそうとする」とも述べています。マーシャルの考えでは、労働者の子供たちに十分な教育を与えることにより、高度な労働の供給源も広がっていきます。さらに、経済が発展するにともない、高度な労働への需要も広がり、社会はそれらの労働の供給源として向上した労働者に依存するようになっていきます。実際に、当時そのようになりつつありました。

先にみてきたように、マーシャルは「生活基準」の上昇によって、労働者たちの低賃金→物質的貧困→労働者の道徳的堕落（精神的退廃）→低賃金という

悪循環を断ち切ることが可能と考えていました。高賃金が子弟教育をも含めて労働者の精神的向上をもたらし、最終的には彼らの熟練化による賃金上昇という上向きのスパイラルの可能性をマーシャルは考えていました。

労働者の階層移動　マーシャルは歴史上だけでなく将来も、経済進歩において労働者の役割はますます重要になると考えていました。企業経営の能力は、相続によって富を得た人びとに存在することはまれであって、むしろ労働者から身をおこした人物から出てくる場合も多いのです。しかしながら、労働者は企業経営に十分な資本をもっているわけではありません。そこでマーシャルが考えるのは、労働者階級の出身者がすぐに企業経営者になるのではなく、社会の階層を一歩一歩昇っていくことなのです。先に述べたような上向きのスパイラルの延長線上に、労働者がより高度な仕事に就く可能性があります。

このことは、子弟教育の考えとも深く関係しています。未熟練労働者の子供たちは高度な技術を修得すべきであり、熟練労働者の子供たちはいっそう責任を要する仕事に就けさせるべきであるとマーシャルは述べています。自分が受けた教育よりも、より良い教育を子供たちに与えることが必要なのです。マーシャルの階層移動で特徴的なのは、その移動が親から子供、子供より孫と一段上の階層に移るというという世代間の上昇です。このような移動が起こるかどうかは、親たちの生活と養育態度、つまり「生活基準」の上昇とも深く関係しています。マーシャルは未熟練労働者から熟練労働者、職長、部門の長へ、さらには大きな事業体の総支配人、大企業の下位の共同経営者、代表経営者へと昇っていっても、階級として連続性に中断はないと考えています。

マーシャルと経済進歩　マーシャルの経済進歩観として、労働者階級が経済発展に重要な役割をはたすことにおおいに期待をかけていたことが、これまでから理解できるでしょう。マーシャル経済学の課題は、労働者の貧困問題を解決するだけではありませんでした。彼が求めたものは、経済の進歩を通して人間的進歩を進めていくことでした。また、人間的進歩を通して経済進歩をはたすことでもありました。マーシャルはみずからの経済学体系にこれらの問題を取り入れ、解決のための処方箋を描くとともに、経済理論の構築を図ったのです。マーシャルは経済理論家として冷静な目で現実を見

つめ、当時の社会問題に対して温かい心をもって解決策を示した経済学者でした。

注
1) A. C. Pigou (ed), *Memorials of Alfred Marshall*, Augustus M. Kelley Publishers, New York, 1966 より。

■ レポート執筆のヒント ■
- イギリスの義務教育の成立史について調べてみよう。経済における教育の役割は何か、考えてみよう。
- ケンブリッジ学派の経済学者にはどのような人物がいるのか、どのような著作があるのか、どのような経済学的貢献をしたのかを調べてみよう。
- マーシャルの「生活基準」という概念は、労働者の貧困問題の解決とどう関係しているのか考えてみよう。
- マーシャルの政府の役割から、現代の福祉において学ぶべきことはどのような点なのか調べてみよう。

■ 文献 ■
（マーシャルの本）
『産業経済学』橋本昭一訳、関西大学出版部、1985 年。
『経済学原理』西澤保・藤井賢治訳、岩波書店、2024 年。永澤越郎訳、岩波ブックセンター、1985 年／馬場啓之介訳、東洋経済新報社、1965-67 年。
『経済論文集』永澤越郎訳、岩波ブックセンター、1991 年。
『クールヘッド&ウォームハート』伊藤宣広訳、ミネルヴァ書房、2014 年。

（参考文献）
D. P. オブライエン／J. R. プレスリー編『近代経済学の開拓者』井上琢智ほか訳、昭和堂、1986 年。
西岡幹雄『マーシャル研究』晃洋書房、1997 年。
西岡幹雄・近藤真司『ヴィクトリア時代の経済像』萌書房、2002 年。
橋本昭一編『マーシャル経済学』ミネルヴァ書房、1990 年。
馬場啓之助『マーシャル』勁草書房、1961 年。

（近藤真司）

第3部

20世紀型福祉国家への模索

教　授：1900年前後の世界史の事件として、何が印象に残っているかな？
龍　也：まずドレフュス事件ですね。作家ゾラが「われ弾劾す」（1898年）と無実を訴えた場面は感動しますね。
教　授：なるほど。当時、フランス第3共和制の弱さが露呈しました。背景にはユダヤ系資本への反発、ドイツの軍事的脅威などがありました。のちにドレフュス大尉は無罪を勝ち取りますが、この事件は圧政や民族的偏見からの自由、言論の自由、そして理想国家の建国運動（シオニズム）への影響という点から見逃せません。
みゆき：次にブール戦争（ボーア戦争、1899〜1902年）かな。ダイヤなど資源がいっぱいの南アフリカ、それが悲しくも欧州強国の餌食になっていきます。
教　授：この戦争も大きな影響を与えました。イギリス兵の体格が著しく劣っていたことに衝撃を受けた政府は、児童の給食を確保するなど、国民の衛生面にも気を配ることになります。従軍記者であったホブソン（☞第13章）は、福祉の経済学で重要な人物です。同じく従軍記者であったチャーチルは、のちにイギリスの首相となります。植民地大臣としてこの戦争を主導したチェンバレンは、もとは福祉重視の市長でした。
龍　也：2つの事件から大きな歴史の流れが見えてくる、ということですか？

教　授：そうです。この時期、イギリス経済はアメリカ合衆国やドイツに激しく追いあげられました。と同時に、貧困や不平等といった問題が「再発見」され、19世紀的な自由主義や個人主義の哲学に対して批判が強くなってきました。フランスではドレフュス事件の結果、政教分離や軍の民主化によって「良き時代」として安定を迎え、ロシア・イギリスとの協調路線（反ドイツ）に向かいます。

みゆき：それでは、第3部ではどんな人物が登場しますか？

教　授：まずマーシャルのあとを継いだ正統派ピグーは、福祉（厚生）の経済学という新しい分野を立ちあげ、福祉を経済学の中心課題に置きました（☞第12章）。異端派のホブソンは、不平等という資本主義の根本的欠陥が失業や貧困をもたらすと断罪しました（☞第13章）。

みゆき：正統と異端という対照的な2人ですが、その時代に解決が求められる問題を追究したということですね。ほかには？

教　授：社会改良家のウェッブ夫妻は、福祉の充実と国際競争の両立を証明しようとしました（☞第14章）。彼らはナショナル・ミニマムというとても重要な考えを編み出したことでも注目すべきです。他方、アメリカの制度学派の人びと（ヴェブレン、コモンズなど）は人間を快楽計算の機械と見るのではなく、制度のなかでダイナミックに進化していく主体と見なしました（☞第15章）。

龍　也：経済学でも社会問題（貧困や不平等）に対する関心が、ますます高まっていく気がします。でも、その解決方法はいままでと同じなのでしょうか。

教　授：良い着眼点ですね。この時期の学者は、政府の経済的役割をいっそう重視するという共通した特徴をもっています。「管理的な革命」（バーナム）、「大転換」（ポランニー）と呼ぶ事態が準備されてきたのです。

龍　也：「自由放任の終わり」ということかな。

教　授：資本主義の成長は外交面で帝国主義（植民地獲得競争）、内政面では雇用確保の保護主義として現われ、バルカン半島の複雑な宗教上・軍事上の衝突とともに、第1次世界大戦（初の総力戦、1914～18年）を引き起こしました。第3部ではこの破局が訪れるまでを扱います。それは福祉国家思想が徐々に形成されていく時代でもあります。

12 ピグー

厚生の経済学

「それ〔経済学〕は人間生活の改良の道具である。われわれの周りの貧苦と惨めさ、数百万のヨーロッパ人の家庭で消えようとしている希望の明かり、一部の豊かな家庭の有害な贅沢、多数の貧しい家庭をおおう恐るべき不確実性、これらは無視するにはあまりにも明白すぎる悪である。われわれの科学が追い求める知識で、これらを統御することができる。暗黒から光を！」(ピグー『厚生経済学』序文)。

【キーワード】

厚生　経済的厚生　「ピグーの3命題」　市民の役割　「第2命題論争」

　マーシャル（☞第11章）の後継者であるピグーは、「厚生経済学（welfare Economics）」と呼ばれる政策論分野を確立した人として有名です。そもそもこの名称は、彼の主著『厚生経済学』(初版1920年) に由来します。厚生経済学とは簡単にいえば、まず、①わたしたちのめざす究極の目的（厚生）を定め、次に、②それを実際に達成する手段としての経済政策のあり方を考える、というものです。①は倫理学の、②は経済学の議論なので、厚生経済学は倫理学と経済学を結合した学際的分野だといえましょう。彼が経済学を「倫理学の侍女」（倫理学に仕える学問）と呼んだのは、こうした意味においてです。

1　略伝——倫理学から経済学へ

倫理学と経済学

　アーサー・セシル・ピグー（Arthur Cecil Pigou, 1877～1959年）は1877年にイギリスのワイト島で生まれ、1959年にケンブリッジで死去しました。彼は豊かな家庭の出身でした（母はイギリス貴族の娘）。名門パブリック・スクールであるハロウ校を首席で

第 3 部　20 世紀型福祉国家への模索

ピグー[1]

卒業し、ケンブリッジ大学のキングズ・カレッジに進学すると、そこで彼は、倫理学者シジウィック（☞第 7 章）と経済学者マーシャルという 2 人の指導的人物に出会いました。この 2 人の学説を結合することで、厚生経済学がかたちづくられるのです（ただし倫理学の面では、のちにピグーは、同じくケンブリッジの倫理学者であるムアの影響も受けました）。

　若いころのピグーの知的経歴をみると、彼はけっして狭い意味での経済学者でないことがよくわかります。彼は経済研究を志して大学に入ったわけではありません。学生時代の彼は、まず歴史を学び、また倫理学を学び、そして最後にマーシャルと出会って経済学を学んだのです。ちなみに、ピグーの最初の公刊論文「慈善問題の諸側面」（1901 年）は慈善活動ないしソーシャル・ワークの正しい方法を論じたものであり、当時の慈善組織協会の活動（☞コラム⑦）や C. ブースの有名な貧困調査（☞コラム⑧）の影響下で書かれたものです。また最初の著作『宗教教師としてのロバート・ブラウニング』（同じく 1901 年）は倫理学の本でした。

　ピグーは 1908 年に、マーシャルの後任として 30 歳でケンブリッジ大学の経済学教授（当時としては大抜擢です）となりました。しかし年長の同僚たちのなかにはそれに反感をもつ者もおり、これが長い間ピグーを苦しめました。また彼は 4 つの政府委員会、すなわち、①国際金融に関するカンリフ委員会（1918〜19 年）、②所得税委員会（1919〜20 年）、③通貨などに関するチェンバレン委員会（1924〜25 年）、④経済学者委員会（1930 年）、のメンバーとして政策立案にも携わりました。その著作物は膨大ですが、とくに最初の体系書『富と厚生』（1912 年）と、これを発展・拡充させた「三部作」（『厚生経済学』、『産業変動論』初版 1927 年、『財政の研究』初版 1928 年）が重要です。

2　厚生とは？

目的善と手段善

人がある政策を唱えるとき、そこにはつねに価値観がともないます。経済成長がめざされるのは、富の増大

138

は「善」（の１つ）であるという価値観のためです。逆に、成長よりもゆとりを好む価値観もあります。いずれにせよ、価値、すなわちどんな社会をめざすのかという目的なしに政策を唱えるのは不合理でしょう。ですから『富と厚生』や『厚生経済学』の議論は、まずこの問題から始まります。そしてピグーによれば、「厚生（welfare：福祉とも訳せます）」の増大こそが、あらゆる経済政策の究極目的なのです。

厚生とは「目的としての善」です。この意味を理解するには、以下の２種類の善を区別せねばなりません。

①目的としての善（以下、目的善と略します）——それじたいとして善いもの。ピグーによれば、愛、利己的でないこと、幸福、開かれた心、誠実などがここに含まれ、これらはそのもたらす結果がたとえ悪いものであっても、それらじたいとしてみれば善いものとされます。
②手段としての善（以下、手段善と略します）——それじたいとして善いものではないが、そのもたらす結果が、①を促すことで、間接に善性を帯びるもの。お金や市場などがここに含まれます。これらはいわば道具にすぎないので、善いか悪いかは、それらのもたらす結果しだいです。

では、「知性」（あるいは人間の能力一般）は、①でしょうか。一見そう思われるかもしれません。しかしもしそうみるなら、知性のない人を一種の悪人とみざるをえないでしょう。もしそうみるなら、わたしたちのめざす理想社会に彼らの占める場所はなく、わたしたちはつねに、彼らを減らす政策を支持せざるをえないでしょう。しかしピグーは、こうした偏見に陥らぬように「厚生」を定義しています。厚生は、人びとの「意識の状態」とその「関係」です。すなわちそれは、人の「心」のあり方（上記①）と「心と心」の関係です。ピグーによれば「知性」は手段善にすぎない。目的善を阻害しないかぎり、「障がい者」はいかなる意味においても悪人ではありません。

学問的知識も、目的善と手段善に分けられ、それぞれ「光を生み出す学問」「果実を求める学問」と表現されました。前者はそれじたいとしての善い知識です。たとえば殉教や人類愛の歴史を学ぶことは、それが人間精神を鼓舞する

第 3 部　20 世紀型福祉国家への模索

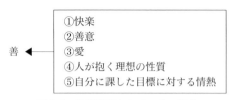

図表 6　意識状態としての善の形成

というだけで、それじたいとして十分な価値があり、それが何の役に立つのかと問うことはあまり意味がない。つまり、こうした知識はいわゆる実学ではなく、それじたいとして「光」を放つのです。一方、経済学は「果実を求める学問」（実学）です。経済世界は利己心や金銭動機によって特徴づけられますが、人間のこうした側面についての知識は、それじたいとして美しい「光」を放っているとは考えにくい。とすれば、経済学が善いものとなるには、「果実」すなわち社会的成果を出すほかない。経済学は、厚生の増大に役立つ道具にならねばならないのです。

善の構成要素　厚生すなわち目的善について、さらに補足しましょう。ピグーが意識状態としての善をもっとも詳しく論じている文献は、哲学論文集『有神論の問題』（1908 年）の第 4 章「善の問題」です。そこでは善は、図表 6 のように、①〜⑤などの要素が複雑に結びついて形成されると把握されました。

経済学との関連でとくに大事なのは、「快楽」に関する次のような主張です。(1)快楽の増大は、つねに善を増大させるわけではない。(2)快楽がマイナスであっても、善はプラスになりうる。(3)他のすべての要素が一定にとどまるならば、快楽の増大はつねに善を増大させる。

これらの主張からわかるのは、彼は快楽を重視する功利主義者[2]だと一般にいわれるのですが、(1)(2)をみると、かならずしもそういえないということです。結局、ピグーが功利主義者なのかどうかという問題は、(1)〜(3)をどう理解するかと、功利主義の定義とにかかっています。

以上で、ピグーがめざすものはかなり明らかになったでしょう。彼はまた次のように述べました。「われわれがめざすのは、可能な最高限度の、それじたいとして善である社会です。それは、それじたいとして善である諸性質をもつ

人びと、幸福な人びと——幸福は明らかに善であるから——、親密で友好的な互いの関係をもつ人びと——共感（sympathy）は明らかにより高い善であるから——を含みます」と。

3　厚生と経済的厚生の関係

ピグーの3命題　前節では経済政策の究極目的としての「厚生」についてみましたが、人の心の奥底や人間関係はあまりに複雑なので、これらに影響を及ぼすあらゆる要因を経済学で扱うのは不可能であり、またそうした影響を科学的に検証するのも不可能です。そこでピグーは間接目的として、「経済的厚生（economic welfare）」を設定します。

それは、厚生のうち貨幣額で測定できる部分であり、したがってそれは厚生の一部分です。またそれは、（貨幣で測定できるかぎりで）功利主義の「快楽」概念と同じものです。数量分析が可能なこの経済的厚生を高めることが、厚生経済学のおもな課題となります。経済的厚生は、①富の増大、②分配の平等、③景気の安定、の3つによって高められます。これは「ピグーの3命題」と呼ばれ（①〜③をそれぞれ、第1命題、第2命題、第3命題と呼びます）、いまでも多くの国の経済政策の基本になっています。

経済的厚生と全体的厚生　ただし1つの条件があります。経済的厚生の増加はしばしば全体の厚生を低下させることがありますが、これは許されないのです。たとえば経済成長を促す政策が、金銭だけを重視したり、社会的連帯を弱めたりする風潮をもたらすなら、そこには経済的厚生と厚生との不調和が起きているのです。ピグーは「人間的徳性」と「経済的徳性」を区別しました。前者は厚生に対応する人間道徳であり、後者は経済的厚生に対応する経済道徳（節約や自助努力など）です。そして彼によれば、後者の適度の高まりは前者を高めますが、後者の過度の高まりは前者を低下させてしまいます。

ピグーは、ある知人の著作から引用して、次のように述べました。「『あなたがたはどんな種類の機械でも、完璧につくったり使いこなしたりできる。しかしあなたがたは、家を建て、詩を草し、絵を描くことができないし、まして信

仰や大志を抱くことなどできようか。……手段ばかりで目的がどこにもない。……これがわたしのイマジネーションに映ったあなたがたの文明である』。この告発にはむろん誇張もあるが、真理もある。……善い道具である人びとを生み出す努力は、善い人間である人びとを生み出すことに失敗するかもしれない」。人材（いわば経済の手段）として優れている人は、かならずしも人物（経済の目的）として優れているわけではありません。

　ゲーム（運動競技）についての次のような主張も、大切な問題を提起していないでしょうか。「イギリスの若者はゲームに時間を浪費し、その偏屈な教師たちからしばしば眉をひそめられる。もっとひどい場合には、『ゲームの規律』を通じて〔将来の〕真剣な日常業務に備えるために、教師によってゲームが推奨されるのだ！　これらは陰気な、学者きどりの考えです。……ゲームこそが真剣な日常業務なのです。労働は目的への手段だが、遊びはそれじたい目的の一部だ。若者は遊び、大人は働く。しかし、若者にとっての遊びの価値は、それが大人への準備となる点にあるわけではない。むしろ大人の働くことの価値が、若者と遊ぶことを可能にする点にあるのだ」。

　ピグー厚生経済学の大前提は、厚生に含まれる他のすべての要素が一定にとどまるならば、経済的厚生の増大は厚生を増大させるというものです。彼は考察をおもに経済的厚生にしぼりましたが、それはけっして経済的厚生と厚生との緊張関係を軽視したからではないのです。

4　国家の役割

　前節までの考察で厚生経済学のめざす目的が定まったので、次はそれを達成する手段を考察しましょう。本節ではまず、政府（公的部門）の役割について、そして次節では、わたしたち市民（私的部門）の役割についてみていくことにします。

　経済政策を担う政府の役割については、「ピグーの３命題」に集約されているので、これを軸に整理するのがよいでしょう。ただし理論的内容には立ち入らず、論点の紹介だけにとどめます。

> 第1命題（富の増大）

第1命題の課題は、①経済成長にかかわるもの（資本蓄積や資源枯渇）、②最適資源配分にかかわるもの、に大別できます。

①は、人びとの「未来を展望する能力」にかかっています。もし人びとが未来（自分自身の未来だけでなく、次の世代の未来も含む）の事柄にまったく配慮しなければ、天然資源や生物を激減させたり、先人が長い年月をかけて貯えた富を自分たちの世代だけで食い潰したりするかもしれない。これでは経済成長どころではありません。成長の問題は、未来をどう評価するか、現代世代は将来世代に何を残すのか、という問題に深くかかわっています。もし国民の「未来を展望する能力」が不十分ならば、国民の自由な経済活動に政府が介入し、資源保護・資本蓄積に関する適切な政策をおこなうべきです。

また、②には、たとえば「独占」や「環境破壊」（外部不経済）の問題があります。とくに、後者を解決するためにピグーが考案した財政政策（ピグー税と呼ばれます）は、環境経済学などの分野でいまも重視されています。ピグー税とは、たとえば環境に配慮しない自動車には課税し、その価格を上げて普及を抑え、これに対して、環境に配慮した自動車には補助金を出し、その価格を下げて普及を促す、といった政策です。要するに、社会にプラスの影響を及ぼすものには補助金を出し、マイナスの影響を及ぼすものには課税するわけです。

> 第2命題（分配の平等）

貧富の格差には、所得（年収）というフローの不平等と、財産というストックの不平等があります。これらの平等を促す課税政策は、三部作の1つである『財政の研究』で詳しく扱われ、そこでは累進的な所得税・相続税が提唱されました。しかしこうした平等化政策は、経済成長を鈍化させるという副作用をもつことがあります（第2命題にとって有利な政策が、第1命題にとって不利な政策であることも多い）。こうしたジレンマにもかかわらず、ピグーは平等を重視しました。「結局、技術進歩が続くかぎり、生産はとにかく拡大すると予想されます。分配の平等の副作用は、生産の破局ではなく、せいぜいその増加率の若干の低下でしょう。それは大きな災いではありません」。

> **コラム⑧　セツルメント運動と貧困調査**
>
> 　セツルメント運動とは、知識人などがスラムで貧民と一緒に暮らし、知的、人格的な感化を及ぼそうとするもので、イギリスのエドワード・デニスン(1840〜70年)の提唱によるとされます。S. バーネット牧師夫妻のトインビー・ホール(ロンドン、1884年設立)、ノーベル平和賞を受賞した J. アダムズのハル・ハウス(シカゴ、1889年)、片山潜のキングスレー館(東京神田、1897年)などが有名です。
>
> 　さて、チャールズ・ブースが1886年からロンドンでおこなった貧困調査は、人びとの貧困観を変える——ごく一部の、個人の問題(怠惰や飲酒など)とみられやすかった貧困が、社会問題として認識される——契機となりました。彼は、当時の標準家庭(夫婦と子供3人)のぎりぎりの必要所得とされた週21シリングの規則的所得を基準とし、これを下回ることを「貧困」と定義しました。調査結果は、世界でもっとも豊かなはずの大英帝国の都の住人の約3割が貧困状態にあるとされた点、そのおもな原因には個人の問題として片づけにくい雇用や病気などがあるとされた点で、多くの知識人を驚かせました。1899年にはラウントリーがヨークで調査をおこない、やはり従来の常識よりも高い貧困率を見いだしました。
> 　　　　　　　　　　　　　　　　　　　　　　　　　　　　(本郷)

第3命題（景気の安定）

景気の波を小さくし、雇用(労働者の所得)の安定を図ることは、三部作の1つである『産業変動論』で詳しく扱われています(産業変動とは景気循環のこと)。変動を除去する代表的政策の1つに、公共事業による需要管理政策があります。これは、不況期には政府支出を増やして労働需要を高め、好況期には政府支出を減らして労働需要を抑えるというものです。ピグーは早くも1908年の彼のケンブリッジ大学教授就任講演『実践との関わりにおける経済学』や、1910年の論文「非自発的遊休の問題」で、こうした公共事業論に言及しました。また1929年には、一定量の公共支出が最終的にどれだけの雇用を創出するかという、いわゆる乗数の定式化をはじめて試みました(しかし残念ながら、その定式には誤りが含まれました)。乗数論は、のちにケインズ(☞第17章)によって大きく発展させられましたが、その源流の1つはピグーにあります。

5　市民の役割

市民の社会的義務　前節では公的部門の役割をみました。しかし公的部門は「無知、党派的圧力、私益による個人的腐敗」に陥ることもあり、また「声高な一部の有権者が投票のために組織されれば、全体の利益を容易に圧倒する」かもしれません。政治家や官僚がつねに社会全体のために行動しているとみるのは、あまりにも楽観的です。だとすれば、私的部門のはたらきもまた重要です。「善き社会[3]」を実現するには、政府のみならず、市民もまた一定の社会的役割を自発的に担わねばなりません。わたしたちは、公的サービスのたんなる受益者であってはならないのです。

ピグー自身もたしかに献身的な活動家でした。たとえば第1次世界大戦中(1914～18年)、彼は大学の休暇期間をヨーロッパ大陸での医療ヴォランティアに費やしました。アメリカ・フォード社の車を、救急隊のために私費で2台購入し、これを戦地で運転しましたが、1台目が大破したのも含め、「命を落とさなかったのは奇跡としかいえないような事故」を彼は3度経験しています。ケンブリッジの教授という高い地位にあった人が、私人としてこれほど危険な奉仕活動に加わったことは、その生き方を象徴するものであるように思います。

彼の「3命題」は、政府の行動指針であると同時に、市民の行動指針でもあります。本節ではその一例として、1922年の論文「貨幣の私的使用」の内容を紹介します。これは、社会に貢献するために、どのようにお金を使うべきかを市民に助言したものです。ピグーは、お金の使い道を贈与・貯蓄・消費の3つに分け、順に検討しました。わたしたちは所得をこれらの間にどう配分し、またそのさい何に留意すべきなのでしょうか。

贈与（慈善）について　心の状態としての「善」を得るには、ある程度の富が不可欠です。しかし十分な富をもたない者もいます。政府は累進課税政策などによって、富者から貧者に貨幣を移転できますが、平等化にともなう副作用（経済成長の鈍化など）を懸念して、大規模な課税をためらいがちです。だから富者には、貧者への「贈与」という自発的移転の余地がまだ残っています。そのさい、とくに次の2つに注意すべきです。第1に、

一時しのぎの救済ではなく「新たな生活の開始」を目的とすること。第2に「友愛の共有」、すなわち贈与が、上から下へというかたちではなく、「友から友へ」というかたちでなされること。さもないと、助けられることが「恥」の感情を生むからです。

貯蓄について これは、まず、①貯蓄量の決定、次いで、②貯蓄内容の決定、という2段階からなります。①では、私的な最適額より多めの貯蓄が推奨されます。なぜならそれは、資本家階級に比べて貧しい労働者階級の所得を上昇させる傾向があるからです（貯蓄増→資本増→資本に対する労働の希少性が高まる→労働の生産力増→賃金増）。

②では、もしわたしたちが株式の購入などのかたちで蓄えを投資すれば、社会の生産力をある程度方向づけることができます。たとえば酒造メーカーに投資すれば、酔っぱらいが増えて治安を悪化させ、警察予算を増加させるかもしれませんし、環境に配慮する企業に投資すれば、わたしたちはその企業努力を支援できます。

消費について これも上と同じく、①消費量の決定、②消費内容の決定、という2段階からなります。①では（上でみたように貯蓄は私的な最適額より多めがよいので）、消費は私的な最適額より少なめがよいということになります。

②では、「奢侈品」が推奨されます（奢侈という概念が、①ではなく②の意味で用いられる点に注意）。なぜならもしわたしたちが、おもに労働者が購入する必需品の代わりに奢侈品を購入すれば、需要の減少により必需品の価格は下がり、貧者の実質所得は増えることになるからです。また先ほどの貯蓄の場合と同じく、どんな生産者を育てるべきかという点にも配慮すべきです。たとえば「良好な環境が整えられ、公正な賃金が支払われていると判明した店や工場から買う」ことで、わたしたちは「経営者による労働者の正当な扱いを奨励」できるのです。商品がどこでどのように製造されたのかを知るのは困難かもしれませんが、消費者団体の発行する「ホワイト・リスト」（優良店・工場のリスト）が参考になるでしょう。

さらに、わたしたちが消費の時期を工夫すれば、雇用変動はわずかながらも抑えられるでしょう。「社交シーズンのドレス」のように季節変動に左右され

る財は数多くあります。その必要性が前もってわかるなら、繁忙期を避けて注文することで、それらの業種の雇用を安定化できるのです。

6 おわりに

福祉国家と福祉社会　以上のようなピグーの一連の議論を、わたしたちはどう評価すべきでしょうか。厚生経済学をめぐるその後の議論にも目を向けながら、この問題を考えたいと思います。

　ピグーは、19世紀の救貧法（☞コラム①）と20世紀後半の福祉国家論との間に位置する人物です。市場経済を基本的に承認しつつ、そこで政府のはたすべき固有の役割を体系的に明らかにしようとした厚生経済学は、のちにイギリスが歩んでゆく福祉国家への道を整えるものだったといえます。ここにその1つの歴史的意義があります（しかし厳密にいうと、この点は「福祉国家」の定義という厄介な問題にかかっています）。

　さらに、国家の義務と市民の義務の両方が明示的に扱われた点には、現代的意義も見いだせるでしょう。というのも、1970年代に入ると、福祉国家論はその名称が示唆するように国の役割ばかり強調しているという批判が強まったからです。福祉国家ではなく、福祉社会という言葉が広く用いられるようになったのも、そのためでした。

第2命題論争　時代はさかのぼりますが、かつて1930年代に厚生経済学をめぐる有名な論争がありました。そのおもな争点はピグーの「第2命題」でした。この命題によれば、金持ちから貧乏人にお金が移転されれば、金持ちはそれほど痛手を感じないのに対し、貧乏人はおおいに助かるだろうから、社会全体で経済的厚生は増大するはずです。しかしこれはけっして科学的な議論ではありません。なぜなら、金持ちと貧乏人の双方の心の状態を科学的に測定し比較するのは不可能ですから。この「第2命題論争」をきっかけに、「新厚生経済学」（☞第20章）と呼ばれる新しい立場が主流を占め、一方、ピグーの厚生経済学は「旧厚生経済学」と呼ばれ、あまりかえりみられなくなりました。新厚生経済学は、経済学の科学的客観性を尊重するため、「善き社会」とは何かといった倫理的議論をいっさいしません。

最近になってピグーがにわかに再評価され始めた最大の理由は、A. セン（☞第24章）に代表される福祉経済学の新たな展開に見いだされます。倫理学と経済学を結合させるという2人に共通する方法論的立場（新厚生経済学とは対照的な立場）への関心が高まっているわけです。とはいえ、現代の目でピグーを再評価するさい、彼の功績と限界の両方に目を向けねばならないのは当然でしょう。とくに限界をどうみるかという問題は、新厚生経済学やセンの議論をどう評価するかという問題に直結しています。

注
1) 資料提供＝ケンブリッジ大学キングズ・カレッジ。
2) 本章でいう功利主義とは、「善＝快楽」という倫理学上の見方、つまり快楽主義のことです。ただし快楽は、満足・欲求充足・幸福・効用などの用語で表わされることもあります。
3) この本の他の章では「良き社会」という言葉が使われていますが、本章では最初に「善」を定義したことに対応させて「善き社会」という言葉を用いました。しかし、どちらも同じ意味です。

■ レポート執筆のヒント ■
・おもな考察を経済的厚生にしぼるというピグーの立場と、人間の厚生全般を扱うというホブソン（☞第13章）の立場を比較検討してみよう。
・福祉社会における市民の役割と政府の役割を整理してみよう。
・分配論をめぐる「第2命題論争」の意義を考えてみよう。
・ピグー税の応用例とその限界を考えてみよう。

■ 文献 ■
（ピグーの本）
『ピグー　富と厚生』八木紀一郎監訳／本郷亮訳、名古屋大学出版会、2012年。
『厚生経済学［第4版］』気賀健三ほか訳、東洋経済新報社、1953年。

（参考文献）
千種義人『ピグー』日本経済新聞社、1979年。
本郷亮『ピグーの思想と経済学——ケンブリッジの知的展開のなかで』名古屋大学出版会、2007年。
山崎聡『ピグーの倫理思想と厚生経済学——福祉・正義・優生学』昭和堂、2011年。

（本郷　亮）

13 ホブソン

異端の経済思想

「いまや自由主義は、個人生活と私的企業との関係における国家の新たな概念を必然的にともなう任務に正式に従事している。……それは、以前の自由主義との連続性をもっともよく示す観点からすれば、自己発展のための均等な機会の提供ということに含まれる個人の自由の全面的な評価と実現を意味している。しかし、この個人の観点には、正しい社会認識が結合されなければならない。すなわち、この自己発展の要求や権利は、より高次の社会福祉の増進に適合されなければならないという主張がそれである。」
(『自由主義の危機』序論)

【キーワード】

失業　最低賃金法　帝国主義　消費と仕事

　この章では、19世紀後半から20世紀前半の時期に活躍した異端の経済学者ホブソンを取り上げます。彼は、不況を原因とする失業と貧困をなくし、すべての人びとが平等な機会を与えられることによって、自分の個性を発展させることができる真に自由な社会の確立をめざしました。また、彼は、人間の「厚生」(福祉・幸福)を拡大させる方法を模索した経済学者でもありました。以下では、このホブソンの不況と失業の原因に関する理論的分析と、独自の厚生経済学について考察していきます。

1　略伝——異端の経済学者として生きて

『異端の経済学者の告白』

　『異端の経済学者の告白』(1938年)という自伝によれば、ジョン・アトキンソン・ホブソン(John Atkinson Hobson, 1858〜1940年)は、イギリス「中部の中規模の工業都市」ダービーで1858年に生まれています。彼の実家は、自由党系の地

第3部　20世紀型福祉国家への模索

ホブソン[1]

方新聞『ダービーシャー・アドヴァタイザー』を発行していました。この「中流階級の中層」に属する家庭のなかで、彼は何不自由なく育ったようです。

1880年にオックスフォード大学を卒業した後、ホブソンは、「パブリック・スクール」と呼ばれる中等・高等学校でラテンやギリシアの古典を担当する教師の職に就きました。数年後、経済学者になることを志してその職を辞めた時期に、ホブソンは、A. F. マ
マリーという一風変わった人物と出会っています。このママリーは、成功した実業家で有名な登山家であるとともに、「過少消費説」（ないしは「過剰貯蓄説」）という経済理論を主張する人でもありました。最初、ホブソンは、そのママリーの経済理論が間違っていると反論を試みましたが、結局は自分自身もこの過少消費説を主張することになります。そして、このママリーと共同で処女作『産業の生理学』（1889年）が出版されました。

『産業の生理学』のなかで展開された過少消費説は、不況の原因を社会における消費需要の不足に求めるもので、当時の正統派の経済理論と真っ向から対立する異端説でした。どれほど異端かというと、この処女作出版後、すでに決まっていたロンドン大学公開講座の経済学講師という職を、取り消されてしまったほどでした。一般市民向けの公開講座（大学拡張運動の一環）とはいえ、正統派の経済理論を批判する者に、経済学の授業を担当させるわけにはいかなかったのでしょう。

ジャーナリスト兼研究者として

以後、経済学の世界における異端者となってしまったホブソンは、その生涯をジャーナリストとして送ることになります。彼は、ボーア戦争開戦間近の時期に日刊紙『マンチェスター・ガーディアン』の特派員として南アフリカを訪れました。その取材で得た事実をもとに、イギリス政府の海外膨張政策を『帝国主義論』（1902年）という著書で告発し、一躍有名人になりました。

異端説を主張したために大学教授になることはできませんでしたが、ホブソンは、ジャーナリストとして活躍する一方で、経済学の研究を続け、多数の著書を出版しました。そのなかで、当時の自由放任的な資本主義が、不況と失業

を発生させ、多くの人びとの厚生を増大させるどころか、社会の不平等を拡大して人びとに貧困の苦しみを与えるものだと強調しました。彼は、失業と貧困が存在しない社会の実現をめざして、積極的な国家介入政策の必要性を力説し続けたのです。

彼の経済理論は、長らく異端説として無視され続けました。しかし、時代は変わり、ホブソンは、ケインズ（☞第17章）の先駆者の1人として評価されるようになりました。当のケインズ自身も、『雇用・利子および貨幣の一般理論』（1936年）のなかで、彼の過少消費説を「経済思想に一時代を画したもの」と高く評価しています。

虚弱な体質で引っ込み思案ではありましたが、信念を曲げることなく、その生涯を通じて失業と貧困の解消策と人間の厚生の拡大策を模索し続けた異端の経済学者ホブソンは、ロンドンの自宅で1940年に81歳で没しました。

2　不況と失業の原因分析

不況の発生と正統派経済学の考え方

イギリスは、1760年代から1830年代まで続いた産業革命を通じて資本主義を確立していきました。そして、その産業革命以降、イギリスは圧倒的な工業生産力を手にし、「産業の総帥」「世界の工場」と呼ばれる世界一の経済大国になっていきます。

しかし、19世紀も後半にさしかかると、あらゆる商品が市場で大量に売れ残ることによって発生する不況がイギリス資本主義を襲うようになります。そして、不況が深刻化していくにつれて、失業による貧困層の増大がイギリス国内で大きな社会問題となっていきました。また、この時期、イギリスはしだいにその経済大国の地位を後発資本主義国であるドイツやアメリカに奪われ始めました。これらの国々では、国家が先頭に立って経済成長を達成し、先進国イギリスを追い抜こうとしたのです。結果として、イギリスの国際競争力は著しく低下してしまいました。こうした経済面におけるイギリスの国際的な地位の喪失も、国内における失業者の増大に拍車をかけるものでした。

それでは、当時の正統派であったJ. S. ミル（☞第6章）以降の古典派経済学

者たちは、こうした不況と失業の発生をどのように分析していたのでしょうか。驚くべきことに、正統派の経済学者たちは、この深刻な不況をあくまでも一時的な現象にすぎず、いずれは自然に解消されるものと見なしていたのです。こうした楽観的な正統派の考えの基礎には、「セイの販路法則」が据えられていました。この法則は、「供給はそれみずからの需要をつくり出す」という短い一文で簡潔に表現されます。それは、具体的には、市場に売り出されたすべての商品はかならず売り切れるということを意味しています。この販路法則を正しいと前提する経済学者たちは、資本主義市場の自動調整機能に絶大な信頼を寄せて、一時的に何らかの理由によって個別商品の過剰、すなわち、売れ残りが発生したとしても、すべての商品がいっせいに売れ残るなどということはありえないと考えていました。したがって、大量の失業者の群れを前にして、不況を解決する方法は「自由放任」、つまり、何もしないで「一時的な」売れ残りの解消を自由な市場自体に任せておくというものだったのです。

　正統派の人びとからすると、不況は一時的な現象にすぎないわけですから、いつまでも慢性的に労働者が失業状態のまま貧困化するなどということはありえないことでした。しかし、現実には大量の失業者が街にあふれていました。そこで、職にも就かず貧しい状態にある者たちは、そうした状態を自発的に選んだたんなる怠け者であるに違いないと考えられたのです。つまり、失業とその結果としての貧困は、あくまでも怠け者の自業自得だというわけです。

　ホブソンは、こうした正統派の考えをとうてい受け入れることはできませんでした。個々人の怠惰が失業と貧困をもたらす原因なのではなく、資本主義じたいの欠陥が不況を発生させて失業を生み出し、人びとを貧困化させるというのが彼の主張でした。それでは、その彼がいう資本主義の欠陥とはどのようなものなのでしょうか。

過少消費説による資本主義の理論的分析

　ホブソンは、『失業者問題』（1896年）という著書のなかで、失業は怠惰によるものではなく、不況によってもたらされるものであり、その不況は生産されたすべての商品を完全に買いつくすだけの需要が社会に不足しているということ、つまり、「過少消費」によって引き起こされると明言しています[2]。

　ホブソンの処女作である『産業の生理学』では、この過少消費の原因は豊か

な人びとの貯蓄が過剰であるという点に求められています。豊かな人びとの貯蓄が投資されて、社会に存在している消費需要を上回るほどの大量の商品が生産され供給されてしまうということが、大量の商品の売れ残り、つまり不況を発生させる原因だというのです[3]。

　ヴィクトリア時代のイギリスでは、個人の節約はすばらしい美徳だと考えられていました。節約によって貯蓄された財産は、投資されて工場がつくられ、その工場で労働者が雇用されます。そして、その工場で雇用された労働者によって多くの商品が生産されていきます。奢侈的消費（贅沢品の消費）に回されずに、節約によって蓄えられた個人の貯蓄は、労働者を雇用して多くの商品を生産し供給することを通じて、社会をより豊かにする良い行為だと考えられていたのです。

貯蓄は美徳か？　ホブソンは、正統派の経済学者たちだけでなく、多くの一般市民からも支持されていた、節約を美徳とする倫理観に攻撃を加えました。彼は、自分の異端説に基づいて、節約を通じた過剰な貯蓄こそが不況と失業をもたらす元凶なのだと指摘したのです。彼が公開講座の経済学講師の職を取り消されただけでなく、異端者として追放されてしまったのは、正統派の経済理論を批判したということに加えて、当時の社会の基礎に据えられていた節約を美徳とする倫理観を踏みにじった不道徳な人物だと見なされたからでもあったのです。

　研究を重ねるうちに、ホブソンは、資本主義における不平等な所得分配制度こそが諸悪の根源だと考えるようになっていきます。彼は、豊かな人びとの過剰貯蓄の原因にさらなるメスを入れていったのです。資本主義では、貧富の格差、所得の不平等が発生せざるをえません。まったく何の政策介入もなされず自由に放任された資本主義の下では、一部の豊かな人びととその他大勢の貧しい人びとという構図ができあがっていきます。

　この不平等な所得分配に基づく一部の豊かな人びとの大量の貯蓄が投資されると、その結果として、大量の商品が生産されます。この大量の商品がすべて売り切れるためには、その前提として、社会に大きな消費需要が存在していなければなりません。しかし、その商品を需要するはずの大多数の人びとは、わずかな所得しかもたない貧しい人びとでしかありません。彼らには、大量に供

給される商品をすべて買いつくすほどの所得は与えられていないのです。したがって、資本主義の不平等な所得分配制度の下では、必然的に大量の商品が売れ残り、不況が到来して大量の失業者が発生してしまうのです。これが、過少消費説による不況と失業の原因分析から得られた結論でした。

3 帝国主義批判と新自由主義

不況解消策としての海外膨張　当時、不況と失業の解決策としては、「帝国主義政策（☞コラム⑨）」が採用されていました。ホブソンは、『帝国主義論』のなかで、過少消費説に基づいて、この帝国主義を分析しています。ソヴィエト連邦建国の立役者である I. V. レーニンは、このホブソンの『帝国主義論』に高い評価を与えています。

　当時のイギリスでは、国内の不況を解決するために海外へ目が向けられました。国内で大量に商品が売れ残って不況が発生しているときに、商品をさらに生産し続けることはありえません。当然、売れない商品の生産は停止され、労働者は解雇されて大量の失業者が街にあふれ出します。帝国主義国家イギリスは、海外の植民地へ自国の商品を売りつけることを通じて、こうした売れ残りによる国内の不況と失業を解決しようとしたのです。

　ところで、不況期には、豊かな人びとはイギリス国内で利益の上がる投資先を見つけることができませんでした。なぜなら、売れ残る商品をさらに生産するために、新たにイギリス国内に投資して工場を建てるなどということはナンセンスだったからです。そこで、国内で有利な投資先を失った豊かな人びとは、だぶついた自分の貯蓄を海外へ投資しようと画策しました。

　しかし、ここで 1 つの問題が発生します。こうした海外投資をめざしたのは、イギリス人だけではなかったのです。各国政府は、自国の豊かな人びとが利益を手にすることができる投資先を確保しようとしていました。結果として、資本主義諸国は互いに対立しあい、最終的には帝国主義戦争が勃発してしまいます。国内の売れ残り商品を他国に押しつけるとともに、豊かな人びとの有利な投資先を手に入れるために、植民地の拡大を求める政策が実施されている。ホブソンはこうした事実をえぐり出し、批判しました。そして、彼は、海外に売

> ### コラム⑨　帝国主義（植民地問題・南北問題・民族問題）
>
> 　19世紀後半以降、西欧の帝国主義諸国家は、植民地獲得のためにこぞってアフリカやアジアへ進出しました。目的は、その地域の労働力、資源、市場を支配するためでした。当時、「優等人種」の白人には「劣等人種」の有色人種を「文明化」する使命があると主張されました。有色人種の国である日本ですら、「脱亜入欧」などと唱えて白人を真似ようと主張する者がいたほどです。現実には、インドを独立へ導いたマハトマ・ガンディーを描いた映画『ガンジー』で描かれるように、有色人種は列車の一等切符をもっていても三等車へ行かされるといった、「優等」なはずの白人種による「愚劣」な人種差別がおこなわれました。また、植民地は、単一の農作物の栽培だけを押しつけられ、天然資源を強制的に供給させられました。
>
> 　こうした植民地問題は、のちに新たな問題を発生させます。第2次世界大戦後に独立をはたした多くの旧植民地国は、自国内に工業を発展させることができず、北半球の先進工業国との間の経済格差、いわゆる南北問題に苦しんだのです。また、旧植民地諸国は、さまざまな民族問題を抱えることとなりました。旧植民地諸国の国境線は、その地域の民族、言語、宗教などをまったく無視して勝手に引かれました。このため、旧植民地諸国には深刻な民族対立が生じることとなったのです。
> 　　　　　　　　　　　　　　　　　　　　　　　　　　　（八田）

れ残り商品や過剰な貯蓄のはけ口を求めることによって不況と失業を解消するのではなく、あくまでも問題をイギリス国内で解決する方法を提案したのです。

所得分配政策と高賃金論　　まず、ホブソンは、不況と失業の原因である所得分配の不平等を是正する方法として、積極的な国家介入政策の実施を主張しました。つまり、不平等な所得分配に基づく豊かな人びとの過剰貯蓄に累進的な税を課すことによって、所得分配の不平等を是正しようというのです。この所得への累進課税を通じて国庫に納められた税金が貧しい人びとに再分配されれば、彼らの所得が増加することによって社会の消費需要が拡大し、国内商品の売れ残りが解消されていくと考えられたのです。

　また、ホブソンは、労働者の賃金引き上げ、つまり、高賃金論も提唱しました。当時、商品が大量に売れ残る不況期には、労働者たちの賃金引き下げが主張されました。賃金を引き下げることによって生産費を低く抑えて商品の価格を安くし、何とか商品を売りさばこうというのです。しかし、過少消費説の立

場からすれば、この賃金切り下げは、社会の大多数を占める労働者たちの消費需要を縮小させることによって不況をさらに悪化させるものでしかありません。彼は、労働者たちが人間としてまともな生活を送ることができる賃金水準を確保することこそが必要だと主張したのです。

新自由主義とリベラル・リフォーム　このホブソンの過少消費説を基礎とした所得再分配政策論や高賃金論は、19世紀末から20世紀初頭の「新自由主義」（ニュー・リベラリズム）という政治・経済思想の中核を占めるものでした[4]。新自由主義は、旧式の自由主義を時代にあわせて修正した自由主義でした。貧富の格差と不況を解消するための積極的な国家介入政策を主張する点で、新自由主義は「新しい」思想でしたが、個人の自由を尊重して統制や計画といった社会主義的な手段を認めないという点では、あくまでも「旧式」の自由主義との連続性をもつ思想でもありました。

　この新自由主義は、20世紀初頭の自由党政権による社会改革、いわゆる「リベラル・リフォーム」に影響を与えた主要な思想の1つだと考えられています。このリベラル・リフォームでは、最低賃金制度、老齢年金制度、疾病と失業に対する社会保険制度などが一連の社会立法を通じて確立されました。こうした新潮流は、第2次世界大戦後にベヴァリッジ（☞第17章）の社会保険構想やケインズの経済政策論を基礎として樹立されるイギリス福祉国家に先鞭をつける画期的なものでした。このリベラル・リフォームに一定の影響を与えたホブソンの新自由主義は、イギリス福祉国家の思想的な源泉の1つと考えることもできるのです。

4　厚生の拡大へ向けて

人間の全般的厚生の検討　不況と失業が発生するメカニズムを科学的に分析し、人びとに仕事と高い賃金を提供するための社会・経済政策を模索する一方で、ホブソンは、『社会問題』（1901年）、『仕事と富』（1914年）、そして、『富と生活』（1929年）という3冊の著書を通じて、人間の福祉や幸福、つまり経済学の用語でいう「厚生」（welfare）の内容や質をも分析しています。

ホブソンの同時代人であるピグー（☞第12章）は、『厚生経済学』（1920年）という著書のなかで、人間の厚生の総体、すなわち「全般的厚生」（ないしは社会的厚生）という概念は非常に漠然としたものであり、科学的に把握することは困難だとしています。全体の厚生が無視されたわけではないのですが、科学としての経済学が取り扱うことができるのは、全般的厚生の一部分であり、貨幣という尺度によって把握できる「経済的厚生」だけとされたのです。ピグーは、この経済的厚生を増大させるために必要な政策として、「経済成長の促進」「所得分配の平等化」、そして「景気変動の安定化」を挙げています。ホブソンは、こうしたピグーの厚生経済学とその政策論に一定の評価を与えてはいました。

　しかし、ホブソンは、経済的厚生の増大だけで事が足りるとは考えませんでした。彼は、経済的厚生だけでなく、人間の全般的厚生をも取り扱う独自の厚生経済学をつくり上げることを試み、自分自身のこの全般的厚生に関する経済学を特別に「人間的厚生の経済学（economics of human welfare）」と名づけています。

生産活動と消費活動における厚生　当然、ホブソンは、経済学者として、経済的厚生の増大を促進すべきであると考えていました。しかし、彼は、人間の厚生は貨幣によって評価される経済的厚生だけではなく、あくまでも「人間的評価」の基準に照らしてトータルに検討されなければならないとも考えたのです。そこで、彼が人間の全般的厚生を検討するさいに着目したのは、人間の生活領域、とくに生産活動と消費活動における人間の厚生のあり方でした[5]。人間の生活のうち、その時間の大半が仕事と消費に向けられることから考えて、この2つの活動における人間の厚生の中身を問題とした分析の仕方は、しごくまっとうなものといえるでしょう。

　ホブソンは、人が失業状態から脱してただたんに職に就けばそれでいいというのではなく、厚生を拡大させる仕事とは何かという点を考察しています。そして、その仕事によってつくり出される商品に関して、どのような商品の消費が人間の厚生を拡大させるのかという点も検討しました。こうした取り組みのなかで、彼は、賃金・雇用統計だけでなく、労働時間、余暇時間、罹患率、衛生統計、識字率、アルコール支出額といったさまざまな統計数値によって、人

間の厚生を把握しようとしています。たとえば、いくら所得が増加して経済的厚生が増大したとしても、そのために労働時間が延長されて余暇時間が短縮されてしまったのでは、本来的な意味での人間の厚生は拡大したとはいえません。また、所得が増えたとしても、健康を害したのでは元も子もないのは当然でしょう。彼は、物事は複雑かつ有機的に関連しており、それを貨幣だけで評価することはできないと考えたのです。そして、人間の厚生は多様な観点から総合的に考慮されなければならないというのです[6]。

まず、ホブソンは、正統派が生産活動をたんなる不満足や苦痛、つまり「費用」をもたらすものとしか考えず、消費活動を人間の厚生を意味する「効用」をただ増大させるものとしか見なさない点を批判しています。こうした見方は、一面的にすぎるというのです。

ホブソンは、生産活動でも、それが個性的で創造的なものは人間に効用をもたらし、単調かつ機械的で他人から命令されたルーティン・ワークは大きな費用を発生させると考えました。あらゆる仕事が一律に費用をもたらすというのではなく、その仕事の内容や質が問題だというのです。彼の厚生経済学では、工場労働者の仕事は身体と精神に大きな費用を与える典型的なルーティン・ワークであるとされ、工場労働者の作業環境を改善することによって、この費用の削減を図らなければならないと主張されています。

消費活動も、そのすべてが効用をもたらすものとはかぎりません。ホブソンは、煙草やアルコールのような害を与える商品の消費は人間に効用をもたらすものではないと考えました。彼は、消費の内容や質をも問題としたのです。また、大量生産方式によってつくり出される画一的な商品も人間に効用を与える真の富ではないとされています。もちろん、彼は、生活必需品の大量生産を否定するわけではなく、その重要性を認めています。しかし、人間の個性が発展し生活がより洗練されて、大量に生産された画一的な商品ではなく、個性的で創造的な商品がより多く消費されるようになれば、大きな効用が人間にもたらされるというのです。そして、個性的で創造的な商品への需要が増大すれば、画一的な商品を生産するための単調で機械的なルーティン・ワークは減少し、個性的で創造的な商品を生産するための仕事の比重が増すとしています。つまり、生産活動と消費活動の両面における個性化を通じて、人間の全般的厚生が

拡大していくというのです。この個性化にとって重要なものとして、彼は、労働時間の短縮・余暇時間の延長を挙げています。人間の自由と個性の発展にとって、所得はもちろん、余暇時間も必要不可欠なものだというのです。

5　おわりに

人間の厚生の拡大　　ホブソンの名は、過少消費説を武器に不況と失業の解消を企図した異端の経済学者として銘記されるとともに、トータルな人間の厚生というつかみにくい概念を果敢に分析し、その拡大策を模索した先駆的な経済学者としても記憶されるべきでしょう。経済的厚生のみならず、人間の全般的厚生をも拡大させることをめざしたその「人間的厚生の経済学」は、彼の経済思想の異端性をさらに印象づけるものでした。

ホブソンは、正統派に反して不況と失業の原因が資本主義じたいの欠陥にあるということをえぐり出した経済理論上の異端者であっただけでなく、人間の厚生を拡大させるための方法を確立しようとしたという意味でも偉大な異端者であったのです。

注
1）　資料提供＝LSE 政治学および経済学図書館。
2）　ホブソンは、ケインズに先立って「非自発的失業」（労働意欲があり、どのような安い賃金でも働く意志がありながら、職に就くことができない状態）という概念をいち早く使用した経済学者の1人でした。ホブソンは、その概念を1895年に定式化しています。
3）　ホブソンは、貯蓄はすべて投資されるものと前提していました。この点は、のちに「退蔵」こそが問題だと考えるケインズ経済学者たちからもっとも批判された点の1つでした。
4）　訳語は同一ですが、このホブソンの「新自由主義」（ニュー・リベラリズム）と今日の「小さな政府」論の基礎とされる「新自由主義」（ネオ・リベラリズム）は、多くの点で相違する政治・経済思想です。
5）　こうしたホブソンの考えは、「生活以外に富はない（there is no wealth but life）」と述べ、たんなる物質や貨幣ではなく、人間の生活を充実させるものこそが真の富だと主張した J. ラスキン（☞コラム④）から影響を受けています。このラスキンは、オックスフォード大学の美術史の教授であるとともに、近代産業文明や正統派の経済学に対する鋭い批判者でもありました。
6）　相互に複雑に依存しあっている物事を総合的に把握しようとするホブソンの考え方は、同じダービーの出身者である社会進化論者 H. スペンサーから影響を受けたものです。競争による「自然淘汰」を経済社会にも適用し、自由放任主義を主張したスペンサーの考え方は受け入れませんでしたが、ホブソンは、社会を一種の有機体と見なすスペンサーの有機体説的社

会観は高く評価していました。

■ レポート執筆のヒント ■
・日本その他の先進国における失業手当や最低賃金法が、いつ、どのように制度として確立されたのか調べてみよう。
・「自発的失業」「非自発的失業」「季節的失業」「摩擦的失業」など、経済学における「失業」の諸概念について調べてみよう。
・ホブソンの『帝国主義論』を読み、ホブソンの帝国主義批判の内容を詳しく調べてみよう。
・「消費」と「仕事」の意義と目的について考え、自分の意見をまとめてみよう。

■ 文献 ■
(ホブソンの本)
『異端の経済学者の告白』高橋哲雄訳、新評論、1983年。
『帝国主義論』(上下巻) 矢内原忠雄訳、岩波文庫、1951〜52年。

(参考文献)
安保則夫『イギリス労働者の貧困と救済』明石書店、2005年。
岡田元浩『巨視的経済理論の軌跡』名古屋大学出版会、1997年。
清水嘉治『改革の経済思想』白桃書房、1998年。
R. L. ハイルブローナー『入門経済思想史――世俗の思想家たち』八木甫ほか訳、ちくま学芸文庫、2001年。
毛利健三『イギリス福祉国家の研究』東京大学出版会、1990年。
山田秀雄『イギリス帝国経済史研究』ミネルヴァ書房、2005年。

(八田幸二)

14 ウェッブ夫妻

「国民的効率」とナショナル・ミニマム

> 「……この種に属する社会制度について、唯一の目的は効率であり、また効率こそ最終的な基準である。この社会制度は、あらゆる社会的理想あるいは一般目的のために用いられよう。技術的ないし科学的とも形容されるこの社会制度は、応用科学の教えに即して工夫され組織される点に特徴がある。」(『社会調査の方法』第1章)

【キーワード】

ナショナル・ミニマム　国際競争　産業進歩　進歩と退行

　福祉支出は国民経済への負担となるから、国際競争力を重視すれば福祉を切り捨てざるをえない、という見解がしばしば見受けられます。はたしてそのように言い切ることは可能なのでしょうか。本章では、この問題を考察するために、いまからおよそ100年前に「ナショナル・ミニマム」という考えを打ち出したウェッブ夫妻について取り上げます。彼らは、「国民的効率」という概念をもとに、福祉の充実と国際競争との関係をいち早く考察した人物でもありました。彼らの議論は、いくつかの限定を付せば、今日のわたしたちにも非常に大きな示唆を与えてくれるでしょう。

1　略伝──19世紀末のイギリス社会

夫シドニーの生い立ち　ウェッブ夫妻は、19世紀末から20世紀初頭のイギリスで福祉国家の形成期に活躍したことが広く知られています。2人の生い立ちは非常に対照的でした。夫のシドニー・ウェッブ(Sidney Webb, 1859～1947年)は、ロンドンの下町の商店主の家庭に育ちました。彼の出身階層は下層中産階級と分類されます。下層中産階級とは、労働者階級

161

よりは少しだけ豊かだけれども、世襲財産は少なく、世の中に出て行くためには自分の実力だけを頼りにせざるをえなかった人びとのことです。この時代における「専門職業人」の出身母体でもありました。「専門職業人」には、同時代のロンドンを舞台にした『シャーロック・ホームズ』で有名なコナン・ドイルや、シドニー・ウェッブの生涯の親友で、劇作家のバーナード・ショウ（映画『マイ・フェアレディ』の原作者）も含まれます。

　シドニーは、しばらくシティ（ロンドンの金融街）で働いていましたが、ロンドンの夜間大学を卒業し、傑出した学力をもとに、植民地省の高級官僚試験に合格しました。それまで縁故採用が中心であった公務員の世界に、今日のわたしたちになじみの深い競争試験が導入されたのも、このころです。シドニーは、オックスフォードやケンブリッジを卒業したライバルたちほど家庭には恵まれていませんでしたが、この競争試験のおかげで大英帝国中枢の高級官僚の地位に就くことができたわけです。つまり競争試験とは、上昇志向のある貧しい人びとには大いに歓迎される新制度だったのです。しかも、この時代の高級官僚の生活はたいへん優雅でしたから、シドニーは仕事の空き時間にさまざまな社会活動をすることができたようです。彼は、1885年に、現在のイギリス労働党の母体の1つである「フェビアン協会」（1884年設立）に加入し、バーナード・ショウとともに、やがて中心的存在となりました。

妻ビアトリスの生い立ち

　他方、妻のビアトリス・ウェッブ（Beatrice Webb, 1858〜1943年：旧姓ポッター）は、非常に裕福な上層中産階級の出身でした。中産階級といっても、日本でいう「中流」をイメージしてはいけません。この場合の上層中産階級とは、大金持ちだけど貴族ではないだけの人たちと表現したほうが正確です。ビアトリスの生まれた家は、グロースターシャーというロンドンから電車で2時間の田園地帯の豪華な屋敷でした。ビアトリスの祖父はリチャード・ポッターという自由党の政治家で、19世紀半ばにコブデンやブライトらとともに自由貿易運動（「穀物法反対同盟」）を率いた有名人で、マンチェスターの綿業で巨富を築きあげました。ビアトリスの父もまた裕福な事業家でした。

　ビアトリスは、病弱で正式な学校教育は受けていませんが、小さいころに「社会進化論」で有名なH. スペンサーに学問の手ほどきを受けるという、ヴ

第14章　ウェッブ夫妻

シドニー・ウェッブ

ビアトリス・ウェッブ

ィクトリア時代でもっとも贅沢な教育環境で育ちました。スペンサーの社会進化論とは、この時代の最先端の科学哲学で、社会は自由競争によって進化（進歩）し続けるというものでした。スペンサーの社会進化論を突き詰めると、福祉政策は否定されることになりますから、のちのビアトリスは師匠とはまったく逆の方向へと歩んだことになります。ですが、ビアトリスはスペンサーの社会進化論から、人間は環境によって「選択される」（ダーウィン）だけでなく、それに「適応する」（ラマルク）という重要な概念を学んで、自分の理論に取り込みました。彼女は、自分は裕福な家庭の出身でありながら、ロンドンのイースト・エンドと呼ばれる貧困地帯に関心をもち、「貧困線」で有名な C. ブース（☞コラム⑧）と協同研究をおこなっています。

パートナーとして

2人は1892年に、周囲の反対を押し切って結婚します。夫のシドニーは、ビアトリスの財産所得によって高級官僚を退職することができ、日本でいう東京都庁に当たる「ロンドン州議会」議員として、高等教育改革に従事しました。その途中で、ケンブリッジと並ぶイギリス経済学のメッカである LSE (London School of Economics and Political Science) の設立に中心的な役割をはたしたことはよく知られています。夫妻の最初のアカデミックな仕事が、『労働組合運動の歴史』（1894年）と『産業民主制論』（1897年）で、後者においてナショナル・ミニマムの概念がはじめて提唱されました。他方、ビアトリスは「救貧法に関する王立委員会」の中心メンバーとして活躍し、シドニーとともに『少数派報告』（1909年）を執筆しました。ウェッブを中心に、「国民的効率」という概念が打ち出されたのも、ちょ

うどこの 19 世紀の終わりから 20 世紀初頭のことでした。

2　産業衰退とイギリス経済

「産業衰退」と教育　　実は、この時代のイギリス経済は「産業衰退」と呼ばれる深刻な問題にぶつかっていました。それまで「世界の工場」として世界に君臨していたイギリスは、製造業のシェアをドイツ、アメリカなどの後進諸国に奪われて、しだいに危機感を募らせていました。

ウェッブの考えによれば、当時のイギリスの「産業衰退」の原因は、ドイツ、アメリカに対する高等教育の遅れにありました。今日でいう経済・経営・法学、理工系などの実学分野の学生が産業界で大量に必要とされ始めた時代のことです。ドイツ、アメリカではこうした分野での大学教育を積極的に推進しましたが、先進国のはずのイギリスでは、こうした実学の教育はほとんどおこなわれていなかったのです。

ウェッブは帝国の首都であるロンドンに、経済学・法学・政治学などの実学系の大学が不足しているとつねづね考え、1895 年に LSE を設立し、「実学」を科学的基礎に据えようとしていました。ケンブリッジのマーシャルも「産業衰退」への危機感をもっていましたが、大学で大事なことは、すぐに役に立つ「実学」よりも、基礎的な「理論」および幅広い見方のできる人格形成であると主張し続けていました。あるいは、チェンバレンの関税改革運動を応援したアシュリーという経済学者は、マーシャルとは正反対に、大学では「実学」だけを教えればよいと考えました。こうしたなかで、ウェッブの LSE は、「理論」とともに「実学」を修得するという意味で、非常にバランスのとれたかたちをめざしていました。このようにウェッブは教育を重視して、イギリス経済を立て直そうとしたわけです。

「産業衰退」と福祉　　さらに、教育とは別にウェッブが重視したのが福祉の問題でした。しかし、ここでみなさんは、はっとされることでしょう。現在の日本とも一部で共通しますが、「産業衰退」が叫ばれるほどの国際競争が激しい時期に、「福祉を充実させよう」と主張する人がいたら、まずどのような印象をもつでしょうか。冒頭にも触れたように、福祉の

充実は経済の重荷になるのだから、福祉の切り捨てこそが大切で、福祉支出の引き上げなどはもってのほかだと思ってしまうのではないでしょうか。

ですが、ウェッブ夫妻は、そうしたイギリスの「産業衰退」が叫ばれていた時期に、ナショナル・ミニマムに集約される福祉の整備を提唱し、広い支持を得たのでした。このことは何を意味するのでしょうか。この問題を理解するためには、しばらく当時のイギリスにおける経済学の状況をふりかえっておく必要があります。

3　ウェッブ夫妻とアルフレッド・マーシャル

マーシャルの「有機的成長論」　最初に重視すべきは、マーシャル（☞第11章）の経済思想から、ウェッブが非常に多くを学んでいたということです。これまで、ウェッブ夫妻は「社会主義者」として、たとえば生産手段の国有化を論じるだけの人物であると断定されてきました。他方でマーシャルは、いわゆる新古典派経済学と経済的自由主義の創設者として描かれ、両者の間の対立点ばかりが強調されることが多かったのです。しかし、近年の研究によってマーシャルの思想には、のちの福祉国家へとつながっていくさまざまな発想が秘められていたことが解明されてきました。

その代表例が「有機的成長」というマーシャルの概念です。それは自由競争による企業組織の拡大・高度化と、これに引きずられて上昇する労働者の生活と活力の向上が、車輪の両輪のように展開していくことで、イギリス経済が発展し、底辺層の貧困問題も解決されていくというものでした。ただし、マーシャルは、自由競争の環境整備が最優先であり、経済的自由主義を推進することが、国民の福祉の充実へのもっとも近い道であると主張し続けました。

「有機的成長」とナショナル・ミニマム　これに対しウェッブの主張は、基本線でマーシャルの「有機的成長」のビジョンをふまえつつも、経済的自由主義を「ナショナル・ミニマム」に代表される社会制度で補完することが、イギリス国民経済の発展をもたらすというものでした。そのキーワードが「国民的効率」です。ウェッブは、マーシャルを含めた経済学が対象とする価格機構の世界では、経済社会の真の豊かさ（「効率」）を説明

できないと考えていました。

　ウェッブが使用する「効率」とは、人間の潜在能力が余すところなく発揮され、物質的な欲望充足に結合している状態のことです。それは市場機構だけでは保証されることはなく、さまざまな社会制度によって補完され、絶えず再調整される必要があるのです。ウェッブの「効率」という概念は、わたしたちがミクロ経済学のテキストで学ぶ「パレート効率性（パレート最適）」（☞第20章）とは異なることに注意する必要があります。そうした「効率」を確保するための社会制度の調整方法を科学として研究するのが、ウェッブにとっての「応用社会学」（本章冒頭の引用文参照）の課題でした。

4　ナショナル・ミニマム

　「進歩」と「退行」　さて、マーシャルによれば、自由な経済活動が進めば、国民所得（国民分配分）が増大し、労働に対する需要が増大するので、低賃金の貧困階層はやがて消滅するとされていました。他方、ウェッブ夫妻は、貧困問題が自由な経済活動によっては解決しえないと考えました。ウェッブによれば、貧困な労働者たちは、低賃金・不規則雇用に応じて、わずかな欲望しかもたないように「適応」してしまうからです。スペンサーから学んだ「適応」という概念をもとに、ウェッブはこうした状況を、経済人として本来望ましい「進歩」とは逆の「退行」という言葉で表わしました。

　このような状況で、賃金（たとえば時給）を引き上げても、彼らはその分だけ労働時間を減少させるだけです。ウェッブは、彼らのことを大都市における気ままな「有閑階級」とも呼んでいます。しかも、こうした彼らをあえて雇おうとする人びとも大勢存在しました。ドック（波止場）における荷物運びのような単純労働がそれです。大型船舶の出入りに応じて、雇主はその日ごとの労働者数を彼らのなかから自由に確保し、必要が足りればさっさと門を閉めてしまいます。しかし、そのようなひどい扱いを受けても、彼らはまた次の日もその門前に仕事を求めて群がることになります。

　低賃金の経済　つまり、そこには「高賃金の経済」とは逆の「低賃金の経済」が作用してしまうのです。「有機的成長」に

着目したマーシャルは、この「高賃金の経済」の側に立って、高賃金の誘因によって労働者の生産性が増し、このことが経済発展をもたらし、ふたたび賃金を引き上げていくという好循環に着目しました。ウェッブもこの点には賛成するのですが、他方で「低賃金の経済」にも等しく注意を払いました。すなわち、低賃金によっていったん破壊されてしまった経済人としての生活スタイルは、低水準で固定化されてしまい、単純作業に立脚した産業部門のなかには、これを積極的に利用しようとする雇主が現われてくる、という悪循環を見逃さなかったのです。「高賃金の経済」「低賃金の経済」はどちらか一方が優勢になって他方を駆逐するのではなく、同時に存在することになるという理解に、通常の経済学とは異なるウェッブの主張の特徴があります。

ナショナル・ミニマム　そこでウェッブは、この「高賃金の経済」の経路(進歩)のみを促進し、「低賃金の経済」の経路(退行)を除去できないかと考えます。ここに「ナショナル・ミニマム」という考え方が出てきます。「ナショナル・ミニマム」は、「最低賃金、最長労働時間、衛生安全、義務教育」の4つの項目からなります。「最低賃金」とは、その時々の生活費から逆算して、経済人としての「進歩」のために必要な最低限度の生活費以下での賃金契約を禁止するものです。「最低賃金」はもちろん日本にも存在しており、令和6年10月現在、東京都で時給1163円となります。また企業は、原則週40時間(「労働時間」のナショナル・ミニマム)を超えて労働者を働かせてはならず、安全で快適な職場環境を整備すること(「衛生・安全」のナショナル・ミニマム)が義務づけられています。最後の「教育」のナショナル・ミニマムとは、義務教育のことで、実質的には児童労働の禁止を意味します。

　ただし、こうした4つのナショナル・ミニマムは、低所得者に対するたんなる平等主義的な所得分配策であったのではありません。ウェッブ夫妻には、分配の平等のみを重視する「社会主義者」というレッテルが貼られていますから、この点には注意が必要です。「ナショナル・ミニマム」は、快適な労働条件によって労働者の健康、知力、活力を増大させ、また、劣悪な条件でしか労働者を雇用できない非効率な企業を追放することで、マーシャルのいう「有機的成長」を加速度的に推進しようとする生産力理論であったのです。ちなみに、ウェッブのこうした主張は、日本では、かつて東京大学の大河内一男教授が提唱

したところの、生産力説的な社会政策論という考え方と、ほぼ等しい視点にあります。「ナショナル・ミニマム」は、ピグー（☞第12章）やベヴァリッジ（☞第17章）にも、かたちを変えながら継承されていくことになりました。

5　自由貿易とナショナル・ミニマム

チェンバレンの関税改革運動

さて、ここでいよいよ冒頭に述べた問題に触れることができます。国際競争力を強化するためには、福祉政策はいかにあるべきかという問題のことです。実は19世紀末、イギリスの「産業衰退」をめぐる議論において、福祉政策は、自由貿易か保護貿易かという問題と密接にからみあっていました。

福祉政策と保護貿易とをペアにした考え方としては、チェンバレンによる関税改革運動が有名です。彼らは理論的には、アシュリー、ヒューインズといった「イギリス歴史学派」の経済学者に支えられ、国内的には福祉政策を充実すべきだと考えていました。つまり、保護関税によってイギリス産業を外国との競争から守ることで国内雇用を確保し、保護関税の収入を福祉財政に当てればよいと考えたのです。自由貿易の世界に生きる今日のわたしたちにとって、安易にこうした保護主義を受け入れることは難しいでしょう。しかし、チェンバレンの議論は、国際競争と福祉政策との関連についての、それなりにまとまった政策パッケージであり、その後もしばしば復活してくる考え方の1つです。

他方、こうした関税改革運動に真っ向から立ち向かった経済学者がマーシャルでした。マーシャルは、さきほど触れた「有機的成長」という考え方をもとに、自由競争によって経営者の総意工夫を伸ばすような競争環境を絶えず創出し続けることが、イギリス経済の発展、ひいては下層労働者の貧困解決のために重要であると考えました。それゆえ「反チェンバレン宣言書」に、エッジワース（☞第8章）、ピグーらとともに署名したのです。こうしたマーシャルの自由貿易論は、安価なパンを求める労働者の要求とも合致しましたから、その後、イギリスが保護主義を採用する1932年（輸入関税法、オタワ会議）まで存続することになります。

第14章　ウェッブ夫妻

貧困層の労働条件　さて、このような福祉政策をめぐる自由vs保護の論争に、ウェッブはどのような位置にあったのでしょうか。専門家の間でもしばしば誤解されるところですが、ウェッブはチェンバレンの「関税改革運動」を支持したわけではありません。実は、ウェッブにとっても、イギリスの「産業衰退」は自由貿易をもとに解決されるべきだという基本線は、マーシャルと同じだったのです。ウェッブとマーシャルの違いは、自由貿易を前提としつつも、とくに貧困層の劣悪な労働条件について、「ナショナル・ミニマム」すなわち国家による規制が必要であるというものでした。

ウェッブは、基本的にはマーシャルのいう経済的自由主義と「有機的成長」によって、国民経済が発展していく経路を認めていました。ですが、すでに述べたように、低賃金部門における労働者の「退行」と、「低賃金の経済」の存在が、国民経済を下方に引きずり落としていく別の経路も存在するとみていました。ウェッブはこうした低賃金部門のことを、健康な生命体に寄生してこれをダメにしてしまう悪性生物にたとえ、「寄生的産業」と名づけました。

寄生的産業　「退行」をもたらす産業には、ウェッブによれば2つの形態がありました。第1に、児童・婦人など、所得を他の人によって補塡されている家計補助的労働力を雇用する産業です。こうした部門は、児童・婦人の生活費を一部負担している階層・産業に対して「寄生」しているというわけです。この考え方を突き詰めれば、学生時代のアルバイトは、かならずしも得策ではないということになります。第2に、労働者一般を劣悪な労働条件で酷使している産業がこれです。国民経済の生産力を維持するためには、活力ある労働人口を一定数において長期的に維持する必要があります。ですが、「寄生的産業」の経営者は、労働力という「国民的資源」を長期的には枯渇させることになります。今日のわたしたちにとっても、低賃金・長時間労働で過労死寸前に追い込まれた労働者が、はたして十分な活力と生産性（「効率」）を発揮できるかと考えれば、この点を直感的に理解できるでしょう。

しかも「寄生的産業」は、社会全体からみれば、あたかも「補助金」「輸出奨励金」を受け取っているようなものだとウェッブはいいます。本来、資本・労働といった生産要素は、価格機構のはたらきによって、国民経済の発展にも

っとも適したかたちで配分されるはずです。ですが、「寄生的産業」は、対価を支払わない安価な労働を数多く雇用し、代わりに資本への投資（たとえば機械化・技術革新）を怠ることによって、国民経済全体の理想的な配置をゆがめてしまうとウェッブはいいます。ウェッブが、「寄生的産業」を「産業進歩」の観点から厳しく批判する理由がここにあります。

さらに「寄生的産業」は、安価な労働を使用することで、海外市場に対して輸出をますます伸張させ、マーシャルのいう「有機的成長」を遂げていく基幹産業の輸出を押しのけてしまうことになります。ウェッブは、「産業衰退」の原因を、こうした「寄生的産業」の肥大化に見いだしたわけです。ウェッブは、「寄生的産業」が放置されているイギリス経済の状況が、「進歩」とは逆の「退化」に向かうものと危惧したのでした。

自由貿易＋ナショナル・ミニマム　それでは、「寄生的産業」をめぐるこうした国民経済の「退化」を防止するにはどうすればよいのでしょうか。そもそも自由貿易は放棄されなければならないのでしょうか。そうではありません。問題は、自由貿易が「無規制」におこなわれている現状にあるとみたウェッブは、その解決策をナショナル・ミニマムによる自由貿易の補完に求めたのです。ウェッブは『産業民主制論』（1897年）で次のように述べています。

「このような見地からすれば、各国に教育・衛生・余暇・賃金のナショナル・ミニマムを組織的に施行しようとする提案は、自由貿易政策の必要な仕上げになる。このようなミニマムをあらゆる産業に遵守させることによってのみ、各国は、国際貿易を通じて有害な寄生的産業が肥大化してしまうことを防止することができる」。

要するに、ナショナル・ミニマムによって、国民経済の進路を「有機的成長」に向けた経路に復帰させることができるのです。伝統的な自由貿易政策が、経済社会からの規制の排除（レッセ・フェール）を意味したのに対し、ウェッブは、自由貿易による好ましい成果を実現するためには、一定の規制が必要であると主張したことになります。

もちろん、このことはイギリス一国にとどまらずに、ナショナル・ミニマムを採用するあらゆる国に当てはまります。結果的に国際競争は、低賃金部門の

肥大化を通じて各国の産業すべてを劣位平準化させてしまう競争（「退化」）から、各国における福祉の向上と両立しうる理想的な国際分業（「進歩」）へと転換することになるでしょう。このかぎりで、ウェッブのナショナル・ミニマム論は、イギリス一国の「ナショナリズム」に立脚した政策ではけっしてなく、国際間の自由貿易とそのあるべき発展経路をも射程に入れた国際主義的見地に立っていたことがわかります。

6　おわりに

国民的効率の現代性　今日的な見地からみれば、ウェッブの議論にはいくつかの限定を付す必要があります。たとえば、今日のわたしたちが直面しているグローバリゼーションという問題がそれです。ウェッブは、上記のような立論が成立するのは、労働コストが上昇した福祉国家から資本が逃避しないことが条件であることに気づいていました。ただしウェッブは、この「資本逃避」という問題について、かりにイギリス国内で投資機会が減少（ロー・リターン）したとしても国内投資は安全（ロー・リスク）であり、海外へのハイ・リスクの投資に比して一概にどちらが得とはいえないと仮定していました。

他方、同時代のホブソンらの経済学者は、海外への膨大な資本輸出こそがイギリス経済問題の基本であると主張していましたから、資本逃避についてのウェッブの想定はやや楽観的すぎたかもしれません。あるいは、ウェッブの構想は、第2次大戦後のケインズが提唱した国際間の資本移動の管理という観点を待ってはじめて、理論的に実現の見通しが立つともいえるでしょう。

こうした制限を付したうえであらためて考えてみたとき、「国民的効率」というウェッブの構想は、今日のわたしたちにも、福祉政策についての思考の手がかりを与えてくれるのではないでしょうか。

■レポート執筆のヒント■
- 「賃金、余暇、衛生安全、教育」のナショナル・ミニマムについて、今日の日本で実現されている政策について、具体的に調べてみよう。

- マーシャルの経済思想と、ウェッブのナショナル・ミニマム論との共通性と差異について、「進歩」と「後退」をキーワードにして整理してみよう。
- 国際競争が激化すると、福祉施策は後退せざるをえないのでしょうか。ウェッブの議論をもとに考えてみよう。

文献

(ウェッブ夫妻の本)

『産業民主制論』高野岩三郎監訳、法政大学出版局、初版1927年／第3版1990年。

『社会調査の方法』川喜多喬訳、東京大学出版会、1982年。

(参考文献)

井上義朗『市場経済学の源流——マーシャル、ケインズ、ヒックス』中公新書、1993年。

江里口拓『福祉国家の効率と制御——ウェッブ夫妻の経済思想』昭和堂、2008年。

G. カッセル『社会政策』石原俊時訳、蒼天社出版、2023年。

A. ギャンブル『イギリス衰退100年史』都築忠七・小笠原欣幸訳、みすず書房、1987年。

R. J. ハリソン『ウェッブ夫妻の生涯と時代——1858年～1905年：生誕から共同事業の形成まで』大前眞訳、ミネルヴァ書房、2005年。

(江里口　拓)

15 ヴェブレンとコモンズ
制度学派と良き社会論

「高度に組織化されたあらゆる産業社会では、立派な評判を得るための基礎は、究極的に金銭的な力に依存している。金銭的な力を示し、高名を獲得したり維持したりする手段が、閑暇であり財の顕示的消費なのである。」(ヴェブレン『有閑階級の理論』第4章)

「制度とは、個人の行動を統制し、解放し、拡張する集団的行動である。」(コモンズ『制度経済学』第2章)

【キーワード】
制度　進化　製作者本能　失業補償

　制度学派は、19世紀末以降、資本主義が独占化していくアメリカで形成された学派です。この学派が主張する「制度経済学」とは、制度を中心に人間の経済行動を分析しようとするもので、1920年代のアメリカで「知的な運動」として広がっていきました。本章で取り上げるヴェブレンとコモンズは、制度学派を代表する人物です。ヴェブレンは大衆消費社会や大企業(ビック・ビジネス)体制の到来をいち早く指摘して痛烈な批判をおこないました。一方、コモンズはヴェブレンの直系の弟子ではありませんが、ヴェブレンの影響を受けて独自の制度経済学を主張し、のちのニューディール政策に影響を与えました。ここでは両者の資本主義に対する考えを紹介し、良き社会について考察します。

1　略伝——進化論と法

ヴェブレン　ソースティン・ヴェブレン(Thorstein Bunde Veblen, 1857〜1929年)は、アメリカ中西部のウィスコンシン州でノルウェー移民であった西部開拓農民の子として生まれました。移民の村

ヴェブレン

で文化的な疎外感を感じながら育ったことは、彼の懐疑的で批判的な思想形成に少なからぬ影響を与えたといわれています。ヴェブレンはカールトン・カレッジを卒業後、ジョンズ・ホプキンス大学院に進学しましたが、途中でイェール大学に移り、1884 年に哲学博士号を取得しました。しかし、なかなか就職できず、ミネソタ州の故郷に戻って読書に没頭したり、コーネル大学に入学して新たに経済学を学んだりした後、新設のシカゴ大学で職を得たのは 1892 年、彼が 35 歳のときでした。その後、スタンフォード大学 (1906〜09 年)、ミズーリ大学 (1910〜17 年)、ニュー・スクール・フォア・ソーシャル・リサーチ (1919〜22 年) へと移りますが、大学教育を含んだアメリカ社会全体を批判し続けたため、最後のポストだけが教授で、あとは講師、准教授などにとどまり、不遇な状況が長く続きました。

ヴェブレンを一躍有名にしたのは、彼の処女作で代表作でもある『有閑階級の理論』(1899 年) です。有閑階級とは、生産活動に直接かかわることなく、みずからが所有する財産で生活し、経済社会全体に影響力がある人びとを指します。ヴェブレンはこの有閑階級の分析を通して、文化人類学と経済学とを統合するような進化論的経済学[1]を提示しました。この著作の副題が「制度の進化に関する経済学的研究」とされているように、それまでの経済学ではほとんど議論されてこなかった「制度」と「進化」の重要性を示したことで、ヴェブレンは制度学派（☞コラム⑩）と進化経済学の創始者とされています。

『有閑階級の理論』以後の著作は、『営利企業の理論』(1904 年)、『製作者本能』(1914 年)、『技術者と価格体制』(1921 年)、『不在所有者制』(1923 年) などがあります。ヴェブレンはこれらの著作を通して、社会の発展とは人間の思考習慣＝制度の累積的発展であると主張しました。1929 年 8 月 3 日、ヴェブレンは 72 歳でこの世を去りました。

コモンズ

ジョン・コモンズ（John Rogers Commons, 1862〜1945 年) は、アメリカ中西部のオハイオ州で自営業主の子として生まれました。経済面と健康面で苦労しながらオバーリン大学を卒業し、26

歳でジョンズ・ホプキンズ大学院へ進学します。コモンズはここで歴史学派の影響を受けた R. イーリーから政治経済学を学びました。しかし、博士号を取得することなく、ウェズリアン大学の講師となります。その後、オバーリン大学、インディアナ大学、シラキューズ大学で教鞭をとりましたが、学生運動に協力するなど、行く先々で問題を起こし、退職させられています。また、この時期に最初の著作である『富の分配』(1893 年) が出版されましたが、大学側から社会主義的だと非難され、インディアナ大学を追放されています。

コモンズ

　1899 年から 1904 年の 5 年間、コモンズは労使問題や移民調査にかかわり、とくに労使調停を通じて団体交渉のあり方を学んでいます。そして 1904 年にウィスコンシン大学の教授に就任し、1932 年までの約 30 年間、ウィスコンシン州知事のラフォレットとともに、各種進歩的な政策立案に参画しました。コモンズはこうした政策立案過程で、自分たちが提出する法案の合憲性を確認するため、しだいに法と経済学との関係を意識するようになります。その成果がコモンズの主要著作である『資本主義の法律的基礎』(1924 年)、『制度経済学』(1934 年)、そして彼の死後出版された『集団行動の経済学』(1950 年) に集約されることになります。

　全 10 巻に及ぶ『アメリカ産業社会史資料集』(1910～11 年) や『合衆国労働史』(全 4 巻、1918～35 年) の執筆・編集に従事したことから、コモンズは労働史研究におけるウィスコンシン学派の創始者とされると同時に、ヴェブレンやミッチェルとともに制度学派の創始者の 1 人とされています。コモンズはウィスコンシン大学を退職してからも精力的に研究や活動を続けていましたが、1945 年 5 月 11 日、82 歳で他界しました。

2　ヴェブレン——『有閑階級の理論』

製作者本能

　「浪費」という言葉を聞くと、一般的に否定的なイメージが連想されます。それは軽蔑や非難の対象にもな

りますが、そのような感情を抱くのは、そもそも人間には無駄を省き、効率的にものをつくりたいという本能があることを意味しています。ヴェブレンはこうした本能を「製作者本能」と呼びます。この「製作者本能」が、ヴェブレンの理想社会を理解するキーワードとなります。

ヴェブレンは『有閑階級の理論』で、「製作者本能」の発揮は「平和愛好的」な未開の時代に特徴的なことだとしています。ところがその後の時代においては、日常の生活で闘争が支配的になり、人の評価が闘争によっておこなわれる略奪的な文化段階へ移行していきます。有閑階級はこうした文化的な進展、すなわち「私有財産制」の開始とともに登場してきます。私有財産は略奪的文化のもっとも初期の段階においては、優越を欲する性向や武勇の証拠を示す「男性による女性の所有」という形態で現われます。それが人間だけでなく、生産労働の産物を含むようになると、物の所有権が発生し、利得や蓄積、さらには蓄積された財貨の消費という行為へつながっていきます。つまり、略奪的気質に基づく文化段階では、「競争心」によって武勇の証拠を誇示する必要があったのです。これが金銭上の見栄として現われてきます。

顕示的閑暇と顕示的消費

ヴェブレンは「人間と人間との自己中心的な対立関係がはっきり意識されてくるにつれて、優れた業績を求める性向——製作者本能——は、ますます金銭的に優れた業績を達成するという点で他人を凌ぐための努力へと、姿を変えてゆく傾向がある」と述べています。略奪的な文化段階から金銭的な文化段階へ移行していくと、有閑階級（leisure class）の存在はより大きくなります。この段階になると、彼らは生産的な労働による富の増大を求めるのではなく、金銭的な名声を求めます。そして金銭的能力の証拠として「顕示的閑暇」をおこないます。「閑暇」とは、怠惰や何もしないことではなく、「時間の非生産的消費」すなわちレジャーを意味します。他人が羨むようなレジャーをはっきりと示す（顕示する）ことで、生産労働をしなくても生活に何ら支障が生じないほど十分な金銭的能力をもっていることを証明したのです。

有閑階級は、「顕示的閑暇」と同時に「顕示的消費」（見せびらかしの消費）をおこないます。そして社会が狭い共同体から、より広範で階層分化が進展したものになると、「顕示的閑暇」ではなく「顕示的消費」が名声を示す手段に

なっていきます。これは、都市化にともなう消費の相対的な重要性が高まったことや、「製作者本能」によって無駄な閑暇に対する不快の念が生じてきたことによります。「顕示的消費」は、見知らぬ人に対しても「絶えず支払い能力を見せつける」ことで、みずからの金銭的能力を示すことに利用されます。そのためには、消費は過剰な支出をともなう「浪費」でなければなりません。ヴェブレンは「ここで『浪費』と呼ばれる理由は、この類の支出が全体として人間生活や人間の福祉に役立たない、ということにあるのであって、それを選択する個々の消費者の見地からみた場合に、浪費あるいは方向違いの努力や支出になる、ということではない」と述べています。

　こうした「顕示的消費」についての考察をみてくると、「消費」は効用（満足度）を得るための、財の消費だけではないことがわかります。「顕示的消費」をおこなう有閑階級は、支払い能力を見せつけるための消費をおこなうので、彼らが欲しがるような財を売る場合は、価格は高ければ高いほど売れることになります。これは経済学のテキストに出てくる「需要の法則」、つまり財の需要量は価格が低下するに従って増加するという右下がりの需要曲線とは逆の結果になります。これを「ヴェブレン効果」といいます。ヴェブレンが『有閑階級の理論』で示した重要な指摘の１つは、この人間の消費行動に関することでした。

　<u>ヴェブレンの制度概念</u>　このようにして、有閑階級は福祉には役立たない「浪費」をおこなう階級ということになります。では、有閑階級の「制度」といった場合、それはどのような制度を意味するのでしょうか。ヴェブレンは制度を「個人や社会の特定の関係や特定の機能に関する広く行きわたった思考習慣」と定義します。そして社会構造の進化とは、こうした過去に形成された思考習慣である制度が自然淘汰されていく過程を意味します。有閑階級というのは、さしせまった経済的必要性を感じているわけではないので、思考習慣の変化が鈍く、既存の体制を守ろうとする保守的な階級となります。したがって、革新的な社会進化の運動を阻止しようとする動きが出てきます。つまり、有閑階級の制度とは、下層階級からできるだけ多くの生活手段を奪い、新しい思考習慣を採用するのに必要な努力ができなくなるまで消費やエネルギーを減らし、下層階級を保守的にするように作用する制度です。

しかし、思考習慣である制度が変化することは事実であり、これを完全に阻止することはできません。慣習や思考習慣といったものは「累積的に成長」していくものだからです。ヴェブレンは経済構造である制度を２種類に分類しています。１つは「金銭的制度」で、もう１つは「産業的制度」です。「金銭的制度」は、略奪的気質をもつとともに、「競争心」に基づく経済的利益に貢献する制度を指し、ビジネスと関係します。他方の「産業的制度」は、「製作者本能」や生産と関係をもち、「競争心」に基づかない経済的利益に貢献する制度で、機械的な産業と関係します。したがって、現代の略奪的気質をもたない集団的産業は、初期の平和的な未開段階への「隔世復帰」（時代を隔てた復帰）となります。しかし、制度がどのように進化するかは、どんな種類の習癖や性向を発展、保存するかによって決まってきます。ヴェブレンの場合、進化は単一の目的をもったものではないというのが大きな特徴になります。

3　資本主義のゆくえ

ヴェブレンの理想社会　1904年に出版された『営利企業の理論』は、生産の拡大をめざす「産業」と金銭的利潤の拡大をめざす「営利企業」について論じています。ここでいう「営利企業」とは、物質的でない富を表わす「無形資産」を中心とした資本に基づく営利組織を指します。ヴェブレンは、たとえ株式所有の分散と専門的な経営者の登場によって資本所有者が直接経営をおこなわなくなる「所有と経営の分離」が生じても、「営利企業」が「産業」を支配している状況に変わりはないと主張します。それは「産業」の高い生産効率を、「営利企業」が浪費や無駄によって阻止していることを表わしています。

では、こうした問題点を含んだ資本主義はどのような方向へ向かうのでしょうか。そしてヴェブレンが考える理想社会とはどのようなものなのでしょうか。彼は『技術者と価格体制』（1921年）で、資本主義を「産業」を支える技術者集団（テクノクラート）と「営利企業」の経営者集団である「特権階級」との対立としてとらえます。これを言い換えると、「製作者本能」に基づいた技術者集団と、略奪的気質に基づいた営利企業との対立となります。これまでに

「福祉」という言葉が出てきましたが、ここでの「福祉」は物質的な充足を表わしています。そしてヴェブレンは、文明社会における国民の物質的福祉は、技術者集団が完全に機能することに依存していると指摘します。ここから「製作者本能」に基づく技術者集団が産業経営の決定権を握れば、非営利的に機械技術の能力を十分に活用でき、結果として物質的福祉が向上するという理想状態を思い描くことができます。

> 自然淘汰による制度進化

こうしてヴェブレンは、産業人、とりわけ技術者による社会革命が実現することを期待しますが、アメリカにおいてそれは「きわめて遠い将来の出来事」と考えていました。なぜなら、現実は絶え間ない産業技術の進歩によって過剰な生産能力が生み出されて慢性不況に陥る危険性があり、これを克服するために非生産的消費が拡大すると分析したからです。この非生産的消費の拡大に貢献するのが、個人による顕示的消費と政府による軍事支出です。このうち、政府の浪費である経済の軍事化が進展すれば、資本主義は軍国主義へ向かうことになります。

ヴェブレンがこうした傾向を批判したことは確かですが、だからといって資本主義は技術者の革命によって社会主義という目的をもって進化「すべき」だと主張したわけではありません。なぜなら、ヴェブレンの考える制度の進化は、制度の自然淘汰であり、目的をもたない進化であるからです。「製作者本能」に基づく「産業」の進展を期待しながらも、現実は「営利企業」によって「産業」の進展が抑制されています。これを解明したのがヴェブレン独自の経済理論なのです。

4　コモンズ──取引と集団行動

> 取引の分類と個人行動

ヴェブレンが制度を「思考習慣」ととらえたのに対し、コモンズは制度を「個人行動を抑制し、解放し、拡張する集団的行動」と定義しました。コモンズは労使調停などさまざまな紛争の場に足を運び、実地調査を通じて経済社会における集団について分析しています。その分析をおこなうための理論的道具となるのが「取引」です。

取引は、一般的な意味では市場での売買行為を指しますが、コモンズのいう取引にはより広い意味が含まれています。コモンズの理論的関心は、資本主義が独占化していくなかで、労働問題を中心にした集団行動一般に関する理論を構築することでした。それは当然、さまざまな利害に基づく人間の行動やその統治の方法を説明するものでなければなりません。したがって、商品や貨幣の物質的な管理の受け渡しを意味する「交換」では不十分で、学問的には法学や倫理学を含んだ理論的道具が必要とされます。コモンズはそれが「取引」だと考えたのです。彼は具体的に取引を３つの種類に分けています。市場での一般的な売買行為を意味する「売買交渉取引」と、富の生産を目的とした組織内の命令‐服従関係を意味する「管理取引」、そして課税に代表されるような、政策決定者による利益と負担を振り分ける「割当取引」です。

コモンズはこれらの取引をおこなう主体が、「自発的意志」に基づいて行動すると考えます。たんなる意思ではなく、過去の経験から学ぶとともに、将来の不安や期待から現在の行動をみずから選択するという意志です。このことは、単純に行為を実行するかしないかの受動的な二者択一的な行動とは異なります。なぜなら、個人がある行動をするさい、相手との力関係によっては行為を制限して実行することを自発的な意志に基づいて決定するからです。これが先の取引と関係してきます。「売買交渉取引」は法的に同等な者の間でおこなわれる取引ですが、「管理取引」と「割当取引」は、法的に優位な立場にある者とこれに従う立場にある者との取引です。後者２つに対して、もし単純に他人の要求をすべて受け入れるか、またはすべて拒絶するかの二者択一で行動するならば、集団内で円滑な人間関係を築くことは困難になるでしょう。「管理取引」と「割当取引」が現実に集団のなかで成立するのは、こうした自発的意志によって自分の行動をさしひかえ、他人の命令や指図に従うことをみずから決定していることによります。

コモンズの集団概念

集団という言葉がすでに何度か出てきましたが、集団とはそもそもどのようなものを指すのでしょうか。コモンズは人びとのたんなる集合体を「グループ」と呼んだのに対し、自発的意志をもった人びとから構成される集団や組織を「ゴーイング・コンサーン (going concern)」と呼びました[2]。直訳すると「継続的な活動体」などとなり

> **コラム⑩　制度経済学の展開**
>
> 　ヴェブレンに大きな影響を受けた若手経済学者たちは、1920年代から1930年代にかけて従来の経済理論に対する批判運動を展開しました。これが「制度経済学」です。コモンズ（1917年）、ミッチェル（1924年）、J. M. クラーク（1935年）らがアメリカ経済学会の会長職を務めるなど、制度経済学は当時のアメリカで大きな存在感をもっていました（ちなみに1925年にはヴェブレンを会長におす運動がありましたが、本人の希望もあって実現しませんでした）。
>
> 　ヴェブレンと異なる、後続世代の制度経済学者たちの特徴は、実証的データの重視と経済の「コントロール」への志向です。「ビジネスのコントロール」を提唱した J. M. クラークや、ルーズヴェルト政権に参加し各産業の計画化を提唱したタグウェルなど、彼らはみな経済活動を放任することなく適切にコントロールすべきだと主張しました。制度経済学とは〈制度の経済思想〉であるだけでなく、〈コントロールの経済思想〉でもあったのです。
>
> 　　　　　　　　　　　　　　　　　　　　　　　　　　　　　（佐藤）

ますが、これは自発的意志をもった人間の集合体であると同時に、取引の集合体でもあります。したがって、個人をたんなる構成要素と考える「機械論」や、個人を生きている細胞のように扱う「有機体」、さらに法を考慮してのみ存在する「法人」とも異なった概念です。ゴーイング・コンサーンの特徴は、かたちのない自発的意志や取引を含む活動体（コンサーン）が、将来へ向けて継続（ゴーイング）することにあります。したがって、これらの条件を満たすものはすべてゴーイング・コンサーンとなり、コモンズは家族や国家をも含めた概念として扱っていますが、代表例は企業です。ヴェブレンの場合の企業は「営利企業」でしたが、コモンズの場合の企業はこの「ゴーイング・コンサーン」となります。

　ゴーイング・コンサーンとしての企業には、生産組織と事業組織が含まれます。コモンズは生産組織を「ゴーイング・プラント」、事業組織を「ゴーイング・ビジネス」と呼んでいます。生産組織では、商品生産のための「管理取引」がおこなわれ、事業組織は商品売買のための「売買交渉取引」をおこなうことになります。この2つの組織はヴェブレンにおける「産業」と「営利企業」のはたらきに対応するものですが、問題はヴェブレンの場合はこれらを対

立的なものととらえたのに対し、コモンズの場合はこれらを統治する機構の存在を重視している点です。すなわち、一般的な株式会社であれば取締役会などに相当するものです。この統治機構においては利益と負担を割り振る「割当取引」がおこなわれ、これによってゴーイング・コンサーン全体を統治します。具体的にはゴーイング・コンサーン内部でのルールを決めて、それを実施することです。コモンズはこのルールを「ワーキング・ルール」と呼んでいますが、一般的な企業でいえば就業規則のようなものです。

こうしたルールはかならずしも個人の自由を奪うものではなく、ルールを制定することによって、新たに自由を得られる場合があります。なぜなら、全員があることをおこなう義務を負えば、同時に全員があることをおこなう権利を得るからです。これがコモンズのいう制度、すなわち「個人の行動を抑制し、解放し、拡張する集団的行動」の意味するところです。

5　適正な資本主義

アメリカ初の失業補償制度

アメリカ初の労働災害補償法は1911年に成立したウィスコンシン州の法律ですが、アメリカ初の失業補償法も1932年に同州で成立した法律です。これらは最終的にニューディール政策の一環として成立した連邦レベルの「社会保障法」の成立（1935年）に影響を与えました。そのウィスコンシン州の立法に大きな影響を与えたのが、コモンズとウィスコンシン大学の弟子たちです。

コモンズの労働者保護に関する基本的な考えは、労働者の生活全般に対するリスクの原因は企業にあるので、企業が労働者を保護する必要性があるというものです。この考えは、国家が労働者を保護すべきという考えとは異なり、民間企業がその従業員を守るべきという考え方になります。コモンズはなぜ、そのように考えたのでしょうか。

労働災害補償の場合、労働者が怪我などをした時の治療費ならびにその家族の扶養手当を確保することが目的となります。もし企業が負担する場合、企業にとっては補償分が余計な費用になるのに加え、怪我をした労働者が長期入院をした場合、代わりの労働者を雇って訓練をする必要があり、その訓練費用も

余計にかかることになります。しかし、企業はこのような費用を何としても抑えたいので、労働者が怪我をしないように「予防」するようになります。実際に労災補償法の制定後、アメリカで「安全第一」運動が起こりました。これは労使双方にとって理にかなった行動です。コモンズはこのように、企業が自主的に予防行動をとることが、企業に労働者を守らせるメリットだと考えたのです。
　この考えは失業補償にも反映されます。同州で成立した失業補償法は、各企業が自社の従業員の失業に対してのみ責任を負い、給与支払い総額の一定割合を州の基金へ拠出して企業別に計算します。従業員を解雇する場合は、週給の半分を積立金から給付するというものでした。そして、もし企業が従業員を雇い続けた場合、積立金は蓄積されていき、その積立金があるレベルに達したとき、毎月の保険料が割り引きされる制度となっていました。つまり、企業に失業者を出さない「予防」措置となるインセンティブが組み込まれた制度となっていました。このやり方は、十分な基金を蓄積できない中小企業にとっては不利なやり方だという批判もありましたが、アメリカの多くの州で採用されることになりました。
　ウィスコンシン州の方法は、うまくいけば労使間の良き関係である「グッドウィル」（goodwill）を生み出すことになります。それは、ゴーイング・コンサーンとしての企業内において、統治機構による「割当取引」、生産組織による「管理取引」、そして事業組織による「売買交渉取引」の３つが、労災補償制度や失業補償制度といったワーキング・ルールによって、互いに対立せずに調和している状態です。

人為的淘汰による制度進化　そしてコモンズは、この３つの取引とワーキング・ルールを含むゴーイング・コンサーン、すなわち「制度」は、ヴェブレンのいうような「自然淘汰」を受けて進化していくのではなく、「人為的淘汰」を受けて進化していくと考えました。それは、集団的ルールが適正（reasonable）かどうかは、最終的に「合衆国最高裁判所」による判決によって人為的に淘汰され、そこから「適正な価値」が生まれてくるという主張です。つまり、３つの取引のバランスをとり、市場の失敗や政府の失敗を防ぐための存在として、市場における神の「見えざる手」ではなく、慣習（判例）をふまえた裁判所の「見える手」の存在を重視し

183

たのです。そして、この人為的淘汰の過程をうまく機能させるためには、「法の適正な過程」（正当な法の手続き）を経ることが、判断を下す者の暴走を防ぐうえで重要だと説いたのです。したがって、「適正な資本主義」とは、市場での「売買交渉取引」において、当事者間に平等な選択機会や交渉力が与えられ、競争が不正なくおこなわれることを通して、適正な価値（適正な価格）が決定される経済です。そして法的権力をもった集団や組織が行使する「割当取引」が法の正当な手続きを経て、富の分配がおこなわれる経済です。

コモンズが長年の間取り組んだ労使調停も、最終的には平等な選択機会や交渉力を労使の双方に付与する取り組みであったといえます。遺著となった『集団行動の経済学』で、コモンズは次のように述べています。「政治学および経済学の問題は、想像上のユートピアをつくり出すことではなく、調査と実験によって、何人にも公正に、平等な機会を与えるような適正に繁栄した世界を、まず合衆国から再建することにある」。

6　おわりに

> 現代制度学派への影響

ヴェブレンとコモンズの共通点は、両者はともに人間を功利主義的（快楽主義的）にとらえることに対して根本的な批判をおこなった点です。ヴェブレンは、このような考え方は人間を「快楽と苦痛についての稲妻のような計算機」として扱い、外部からの刺激にのみ反応する受動的な人間としてとらえていると批判し、コモンズもヴェブレンのこの批判を受け継いでいます。そして、両者が社会進化について言及していることからわかるように、彼らはともに受動的な人間観から生まれる静態的分析ではなく、制度を中心にした経済の動態的分析を試みました。

ヴェブレンの思想（産業と企業の二元論や累積的発展論）は戦後、エアーズ、ガルブレイス、ミュルダール（☞第21章）といった「新制度経済学（neo-institutional economics）」の経済学者に、直接または間接的に影響を与えると同時に、近年は経済学の生物学的アプローチという点で、「現代制度派」や「進化経済学」からの再評価を受けています。一方、コモンズについては、彼の取引概念が1990年代以降のウィリアムソンらの「取引費用経済学」に影響を与えると

ともに、制度と個人の自発的意志を重視した考えが、コース、ノース、ウィリアムソンらの「新制度学派（new institutional economics）」の制度的個人主義と共通点をもつことなどから、注目されるようになりました。

注
1) その方法論的基礎は、「経済学はなぜ進化論的科学ではないのか」（Why is economics not an evolutionary science?）という論文（1898年）で示されています。
2) 「ゴーイング・コンサーン」という名称は実際の商慣行から生じたもので、ヴェブレンもその実態を把握していました。コモンズの場合はアメリカ最高裁判所の判例調査からその内容を理解し、この名称を使用しています。

■■■ レポート執筆のヒント ■■■
・「顕示的消費」について身近な例を取り上げ、経済全体での意義を考えてみよう。
・ヴェブレン『有閑階級の理論』を読んで、現代資本主義の問題点をまとめてみよう。
・日本とアメリカの失業補償制度について比較してみましょう。
・『アメリカの経済思想』を読み、大きな観点からヴェブレンとコモンズ2人の経済思想を特徴づけてみよう。

■■■ 文献 ■■■
（ヴェブレンとコモンズの本）
ヴェブレン『有閑階級の理論　増補新訂版』高哲男訳、講談社学術文庫、2015年。
ヴェブレン『企業の理論』小原敬士訳、勁草書房、2002年。
コモンズ『制度経済学』上中下巻、中原隆幸ほか訳、ナカニシヤ出版、2015・2019年。
コモンズ『集団行動の経済学』春日井薫・春日井敬訳、文雅堂書店、1958年。

（参考文献）
宇沢弘文『ヴェブレン』岩波書店、2000年。
佐々野謙治『ヴェブレンと制度派経済学』ナカニシヤ出版、2003年。
高哲男『ヴェブレン研究――進化論的経済学の世界』ミネルヴァ書房、1991年。
田中敏弘『アメリカの経済思想――建国期から現代まで』名古屋大学出版会、2002年。
柴田徳太郎『J. R. コモンズの制度的経済学』日本経済評論社、2021年。

（高橋真悟）

第 4 部

福祉国家の誕生

みゆき：戦間期（1919〜39年）と呼ばれる時代は、なぜ重要なのですか。
教　授：現代社会の骨格がつくられた時期だからです。欧米主要国が巻き込まれた第 1 次大戦（1914〜18年）はあらゆる物的・人的資源を動員した総力戦でした。国家は国民を動員するために見返りとしてさまざま社会保障政策を約束し、これが福祉国家の原型をつくることになりました。また莫大な戦費支出により、国家の経済活動が経済全体に無視できない影響を与えるようになりました。
龍　也：ロシア革命（1917年）後のソヴィエト連邦誕生や、ナチス政権誕生（1933年）も重要です。また、ニューヨークの株価大暴落（1929年）が世界恐慌につながりますね。2008年秋のリーマンショックと、それ以後の世界金融危機を思い出します。
教　授：そう、資本主義が大ピンチだったのです。それゆえ社会主義やナチス（全体主義）による計画化が、多くの人に非常に魅力的に映ったのです。福祉国家という体制も、実はこうした管理経済の一種に分類することができます。資本主義を基礎に国家が経済安定に一定の役割をはたすという現代の経済体制は、この時期から始まっているといってよいでしょう。
みゆき：たしか日本も第 1 次大戦で急速に工業化を遂げたのでしたね。
教　授：そうです。しかし同時に、鉱工業労働人口の増加や物価の上昇により、労働運動・社会運動が活発化します。こうした不安定な時代に、

　　　　　　福田徳三と河上肇（☞第16章）は独自の解決策を示しました。
龍　也：福祉国家に関して、ケインズの重要性は何でしょうか。
教　授：ベヴァリッジ（☞第17章）とともに、社会主義や全体主義ではなく、中道として、適切な経済政策と社会保障の体制で自由を守ろうとしたことでしょう。他方、ライバルのシュンペーター（☞第18章）は、資本主義の原動力を企業者によるイノベーション（革新）に求めました。彼は、資本主義はその成功ゆえに社会主義に移行するという独特の考えをもっていました。
みゆき：さまざまな体制論があったわけですね。
教　授：ポランニー（☞第19章）は、ロシア型社会主義、ファシズム的産業国家、アメリカのニューディール政策、イギリス型福祉国家はともに、市場の論理を推し進める資本主義から、社会を防衛するための装置であったと指摘しています。現在からみれば、個人の自由を抑圧し、経済的に非効率なファシズム国家と社会主義国家が長続きしなかったことは当然のように見えますが、当時、資本主義の修正が強く求められていた事情をよく理解しておく必要があります。
龍　也：この時代は経済学も急速に発展したそうですね。
教　授：ケインズの『一般理論』（1936年）、不完全競争論、ゲーム理論、一般均衡理論の精緻化、ポランニーも参加した「社会主義が実現可能か否か」という議論（社会主義経済計算論争）など、数々の理論的進歩がありました。芸術と同じく、不安な時代に学術も進歩するのです。
みゆき：経済学も現代化したのですね。
教　授：経済学を価値判断から切り離し、独立した科学として確立することによって、厚生（福祉の状態）を客観的に分析しようとする新厚生経済学（☞第20章）も大きく発展しました。数理化・科学化というスローガンからわかるように、現在わたしたちが学ぶミクロ経済学やマクロ経済学の骨格も、この時代につくられたといってよいでしょう。

16　福田徳三と河上肇

経世済民の思想

「国家は統治の主体なりと云ふは、唯其半面を言表はしたにすぎない。国家は他面に於いて統治の主体たるに相伴ふ義務を負はねばならぬ。其義務の第一は、国民の生存権を認承し、之を確保すること之である。」(福田徳三『社会政策と階級闘争』第1部第4章)

「英米独仏其他の諸邦、国は著しく富めるも、民は甚しく貧し。げに驚くべきは是等文明国に於ける多数人の貧乏である。」(河上肇『貧乏物語』1の1)

【キーワード】

生存権　社会政策　奢侈　生産性

　大正時代、大きく注目されるようになった社会問題に対し、独自の解決法を提示したのが、戦前の日本を代表する経済学者であった福田徳三(1874〜1930年)と河上肇(1879〜1946年)でした。福田は現在でいうところのミクロ経済学、河上はマルクス経済学を、それぞれ日本に普及させることに大きく貢献しました。本章では、福田はその社会政策論に、河上は主著『貧乏物語』に焦点を当てて、両者の社会問題についての考え方を紹介します。

1　略伝——社会問題に取り組んだ2人の日本人経済学者

福田徳三について　福田徳三は、東京の下町の神田で刀剣商の長男として生まれました。12歳でキリスト教の洗礼を受け、高等商業学校(のちの東京高等商業学校・東京商科大学、現在の一橋大学)を卒業した後で同校の講師となります。1898年にはドイツに留学し、ドイツ新歴史学派のブレンターノ(☞コラム⑪)の下で学びます。翌年にはブレンターノと共

第 4 部　福祉国家の誕生

福田徳三

著で『労働経済論』を出版し、高賃金と短い労働時間が高い労働効率を生み出すことを主張しました。さらに 1900 年にはブレンターノに博士論文「日本における社会と経済の発展」を提出しています。1901 年に帰国した福田は、東京高商教授として「キャプテン・オブ・インダストリー」（産業指導者）の育成の必要性を訴え、東京高商を商科大学へ昇格させる運動に尽力しました。しかし、福田の自由主義的な経済思想は当時の学校当局からは危険視され、一時期休職を命じられます。福田は休職期間に、慶應義塾でブレンターノとも親しかったマーシャル（☞第 11 章）の『経済学原理』をもとに講義をおこない、この講義をもとに『経済学講義』（1907～09 年）を出版しました。福田は社会政策論についてはマーシャルからあまり影響を受けていませんが、晩年、価格メカニズムのみを重視する価格経済学から、人間の福祉水準を問題とする厚生経済学（☞第 12 章）への移行を主張し、厚生経済学の提唱者としてマーシャルを高く評価するようになります。その後、東京高商に復帰した福田は、1914 年から工業政策を担当し、そのなかで社会政策を含めて講義します。

　1918 年、福田は吉野作造らとともに黎明会を創立します。黎明会は大正デモクラシーの風潮のなかで講演などの活動をおこない、デモクラシー思想と社会政策への関心を普及させるのに大きな役割をはたしました。福田はこの時期、資本主義が抱える諸問題を解決するための社会政策の必要性を強く訴え、『社会運動と労銀制度』（1922 年）や『社会政策と階級闘争』（1922 年）などの多くの著書を残しています。1923 年からは内務省社会局参与となり、失業問題の調査や職業紹介事業の改善に尽力しました。その後、福田はピグー（☞第 12 章）、キャナン、ベヴァリッジ（☞第 17 章）などのイギリスにおける厚生経済学や福祉思想に関心を移し、『厚生経済研究』（1930 年）を出版しますが、その直後に死去しました。

河上肇について

　河上肇は、山口県錦見村（現・岩国市）に旧下級武士の長男として生まれました。山口高等学校から東京帝国大学法科大学政治学科に入学して法学や経済学を学び、卒業後はいくつかの

学校で経済学や農政学の講師をしながら著作活動をしています。とくに『読売新聞』に千山万水楼主人の筆名で連載された「社会主義評論」は大きな反響を呼びますが、実名を明らかにして同連載を打ち切り、宗教団体の無我苑(むがえん)に入信したことは社会的に話題となりました。しかし河上は数ヶ月で無我苑を離れ、雑誌『日本経済新誌』を創刊して、既存の『東京経済雑誌』との間で自由貿易の是非をめぐり論争を繰り広げます。当時の河上は、日本経済を守るために農業保全や保護貿易を強く主張する国民経済学者の立場に立っていました。

河上肇

　河上は1908年には京都帝国大学法科大学の講師に招かれ、翌年には助教授となります。この時期の河上は経済史や経済理論の研究に集中し、『人類原始ノ生活』(1909年)、『時勢之変』(1911年)などの著作のほか、多くの論文を発表しています。1913年には留学に出発し、ベルギー、フランス、ドイツ、イギリスに滞在しました。この留学による西洋文明の批評や第1次大戦勃発時の体験などは、『祖国を顧(かえり)みて』(1915年)に収められています。教授となった河上は、1916年9月から12月にかけて『大阪朝日新聞』に「貧乏物語」を連載し、翌年3月には単行本として弘文堂から出版しました。『貧乏物語』は大正時代を代表するベストセラーとなりましたが、道徳に貧困解決の期待をかけるその結論には社会主義者から批判が寄せられました。河上は批判に応えるなかで、1919年に創刊した個人雑誌『社会問題研究』ではマルクス（☞第7章）を多く取り上げるようになり、やがてマルクスに基づく社会主義者となります。

　1928年には京都帝国大学を辞職して社会主義の実践活動に入り、1933年には治安維持法違反で検挙されました。1937年の出獄後は実践活動や研究からは引退して漢詩の評釈などに専念し、敗戦後の1946年に死去しました。死後に出版された『自叙伝』(1947〜48年)は、真理を求めて苦悩する河上の軌跡をいまに伝えています。

2 日本における社会問題への注目

明治時代の社会問題への対応

日本で最初の近代的な生活困窮者救済立法は1874年の恤救規則ですが、その内容は、まったく身寄りがなく労働能力のない人に限定して恩恵として公的救済をおこなうとするものであり、多くの貧民は親戚や近隣の人びとの援助に頼っていました。その後、1881年の松方デフレ政策[1]や、1889年から90年にかけての不景気などにより多くの貧民が生じ、都市に大規模な細民街（スラム街）が形成されるようになると、帝国議会に何度も救貧法案が提出されますが、立法には至っていません。当時の政府は、貧民に対する援助は国庫支出の増大を招くだけでなく、家族や近隣の人びとどうしで助けあう日本固有の道徳を弱めて貧民の独立精神を失わせ、さらなる貧民の増加を招くと考えていました。このため、政府は国民に対して扶助の義務を負うことを認めることには消極的でしたが、それに代わるものとして民間慈善組織に対して支援をおこなっています。1908年には内務省の強力な指導によって第1回感化救済事業講習会が開催され、これを契機にイギリスのCOS（慈善組織協会〔☞コラム⑦〕）をモデルとして中央慈善協会が組織されました。また、社会問題を予防することで社会不安を解消しようとする立場から、社会政策学会第1回大会が1907年に開かれ、多くの官僚や経済学者が参加しています。

一方、民間の思想家やジャーナリストは、早くから貧困などの社会問題に注目しています。松原岩五郎の『最暗黒之東京』（1893年）や横山源之助の『日本之下層社会』（1899年）は、貧民の職業や生活の実態を描いた記録として現在でも有名です。

労働運動・社会主義運動の活発化

日清・日露戦争による鉱工業労働人口の増加と貧富の格差の拡大は、労働運動・社会主義運動の高調を引き起こします。社会主義運動は大逆事件（1911年）でいったん後退しますが、政府としてもこうした動きへの対処を迫られ、1911年には最初の労働者保護立法である工場法（☞コラム③）が制定され、1916年から施行されました。さらに第1次大戦を契機として工業生産の伸びがいっそ

う鉱工業労働人口を増加させる一方、物価上昇により実質賃金は低下し、低所得層の生活はますます困難になりました。こうした社会の変化により、労働運動・社会主義運動はふたたび活性化していきます。大正時代は、このように社会問題が大きく注目されるようになった時代でした。

3　福田徳三の社会政策論──生存権と国家の役割

社会政策論の源流　福田徳三はドイツで新歴史学派のブレンターノに学んでいます。新歴史学派の経済学者は、資本家と労働者による階級闘争で国民経済が破壊されることを防ぐため、社会政策を通じて国家が労働者保護をおこなうことを主張していました。そのなかでもブレンターノは、イギリスの事例を参考として、労働運動などに支えられた、下からの社会政策を支持するリベラルな立場にいました。そしてブレンターノは、高賃金と短い労働時間が高い労働能率につながるという「高賃金の経済論」を展開し、労働者への保護が企業にとっても国家にとっても有益であるとしています。

福田の社会政策論に影響を与えた他の思想として、アントン・メンガーの社会法学があります。メンガーは人間に経済的基本権を認め、その具体化されたものとして生存権を挙げます。さらにメンガーは生存権の一種として労働権を挙げ、民衆が労働をおこなう権利を有すると主張します。民衆の生存権・労働権が保障されるようになった国家は「民衆的労働国家」と呼ばれ、最終的には社会主義へ発展します。福田は社会主義に対しては批判する一方[2]、メンガーによる生存権・労働権の考えは高く評価しています。

社会政策の方法　ブレンターノやメンガーの思想に通じ、またマーシャルやピグーの厚生経済学にも注目しつつあった福田にとって、日本における労働者保護はきわめて遅れた状態にあり、積極的な社会政策が必要でした。では、社会政策はどのようにおこなわれなければならないのでしょうか[3]。

福田はシュタインの「社会王制論」を参考として、人間共同体には社会と国家との2つの側面があるとしています。社会は諸個人が利益のために分業と協業をおこない、その結果、階級の分化と支配・服従の関係が生じます。一方で

第 4 部　福祉国家の誕生

> **コラム⑪　ビスマルク改革**
>
> 　普仏戦争（1870～71 年）の勝利によりドイツは政治的に統一され、またフランスからの賠償金の獲得もあって、ドイツ経済は急速に発展しました。しかしそれは、同時に中産階級（自営農民や手工業者）の没落や、新興労働者による労働運動の活発化などの社会問題を引き起こしました。社会問題の激化は国民経済を破壊すると考えたヴァグナー、シュモラー、ブレンターノら「講壇社会主義者」と呼ばれた社会政策論者は、社会政策の担い手を国家に求めるか労働運動に求めるかという違いはありましたが、労働者や中産階級を保護することによる国民経済の調和的発展を唱え、社会政策学会を結成しました。
> 　宰相ビスマルクは彼らの意見を取り入れ、社会政策として疾病保険や災害保険などの社会保険を導入する一方、社会主義者鎮圧法（1878 年）を制定して社会主義を弾圧し、「飴と鞭」によって社会問題を解決しようとしました。1890 年にビスマルクは失脚しますが、第 1 次大戦まで講壇社会主義者は力を保ち続けました。このようなドイツの講壇社会主義とビスマルク改革は、金井延、田島錦治、そして福田徳三らによって日本にも盛んに紹介され、日本の社会政策にも影響を与えました。
> 　　　　　　　　　　　　　　　　　　　　　　　　　　　　　　　　　（牧野）

　国家は、諸個人が統一されることで形成される 1 つの「人格」です。国家は「人格」であるという主張は、国家が「自主・自決的」な独立した存在であり、同時に他の「人格」の自主性、自立性を尊重しなければならないという意味です。つまり、国家は個人から構成されていますが、個人は国家に従属しているわけではなく、独立した「人格」としての側面をもっています。そこで「人格」としての国家は、自身が「人格」として発展していくためにも、構成員である個人の「人格」の自立性を尊重するとともに、その完成を促進する必要があります。

　しかし、現実の国家はそのようなものではありません。社会における階級分化と支配・服従の関係は国家にも影響しており、国家は財産の私的所有のみを正当化する「財産国家・所有国家」になっています。これを国民の生存権・労働権を保障する「労働国家」に変えていくためには、個人の「人格」を尊重するという本来の国家のあり方を取り戻し、そのような国家が法や政策によって社会を包摂していくことが必要であると福田は説きます。そのための具体的な

手段とされたのが、法による労働協約制度・労働争議の仲裁調停制度・最低賃金制度の確認と、健康保険・社会保険などの社会政策です。これらは社会の分業や協業の関係を変化させることなくその欠点を改め、国家が個人の生存権を認め、「人格」を尊重し育成していくために必要な手段であると福田は考えました。

福田の社会政策論の評価　こうした福田の考えは、資本主義を否定しない一方で社会政策を不可欠なものとし、また国民の生存権を保障していくことを国家の義務とした点において、戦後一般的になった福祉国家論の先駆けでした。また、国民個人の「人格」と国家の「人格」が並列的であり、生存権は国民が国家に要求できる権利であるとする福田の主張は、原理的に国民の自由と権利を確保しようとするものであり、大正デモクラシーを代表する思想といえるでしょう。

　しかし一方で、国民個人の「人格」の尊重は国家の「人格」の完成のために必要であるとするその論理は、国民は国家のために存在するという結論に容易につながります。そして福田の論理では、政策がどのように決定されていくのかは問題とされていないため、国家が国民に対して一方的に政策決定をおこなってもかまわないことになります（福田は労使協議制など「産業の民主的管理」を主張しましたが、当時さかんだった普通選挙権運動には明確な態度をとっていません）。国家が一方的に法や政策を決定していけば、社会政策は結局のところ「国を治め、民を救う」という、日本の伝統的な「経世済民(けいせいさいみん)」の思想と変わらないものとなります。福田の社会政策論は、福祉国家論の先駆けの面がある一方で、民主主義の論理を欠いていました。そのような理由もあり、福田は社会問題に積極的に発言しながらも、社会に対する影響は社会主義思想が流行するに従い、限られたものとなっていきました。

4　河上肇の貧乏論——道徳と産業政策による貧困解決

ナショナリズムと人道主義　河上肇は人道主義的マルクス主義者という評価が現在でも一般的ですが、もともとは日本経済を守るために保護政策を主張する国民経済学者でした。『貧乏物語』

連載前年に出版された『祖国を顧みて』で河上は、第1次大戦でヨーロッパ列強が互いに争っているなかで、「此千載一遇の大時節に際し吾々日本民族は大に其手を延ばさなければ為らぬ」「拱ける其手を延ばして、二千五百年来養ひ来れる吾等の血をして其全力を発揮する所あらしめよ」と主張しています。『貧乏物語』は、河上の国家を重視する立場と、社会問題の解決を重視する立場とが結びついている本です。

『貧乏物語』の内容　　河上の『貧乏物語』は、上篇「如何に多数の人が貧乏して居る乎」、中篇「何故に多数の人が貧乏して居る乎」、下篇「如何にして貧乏を退治し得べき乎」の3篇に分かれています。河上は、上篇でまず貧乏の定義から始めています。富者と比較したときの相対的貧乏（経済上の不平等）、他人の救助や慈善を受けて生活を維持しているという意味での貧乏（経済上の依頼）、肉体を最低限維持していく食事もとれない絶対的貧乏（経済上の不足）の3種類のうち、河上は最後の絶対的貧乏を問題とします。そして、同時期の欧米における貧困調査や富の分配の統計的研究の成果を用いて、経済の発展した欧米においていかに富が偏在しているかを、図やグラフ（ローレンツ曲線など）を用いて効果的に説明しています。たとえば、ドイツ、フランス、イギリス、アメリカでは、人口の65％を占める最貧困層は、それぞれの国で数％の富しか保有していないにもかかわらず、人口の2％しかいない最富裕層が一国の富の60〜70％を保有しているという極端な富の偏在が示されています。このような欧米諸国における極端な富の偏在・多くの貧困層の存在をわかりやすく指摘した『貧乏物語』は、欧米諸国を理想として工業化を進めてきた多くの日本人に大きな衝撃を与えました。

続いて中篇では、このような貧乏が存在する理由を考察しています。いろいろな具体例が挙げられているのでわかりにくくなっていますが、基本的には最貧困層が購入することのできる必需品の生産が少なく、価格も高いために、絶対的貧困が生じているというものでした。河上はここで「富者」「貧乏人」「生産者」の3者を暗に想定しています。富者は多くの資金を有しており、これを財の購入のほかに資本として投資します。貧乏人は富者よりはるかに少ない資金しか有していません。財を必需品と奢侈品（贅沢品）に分けると、貧乏人は資金の少なさのために必需品のみを購入します。富者は必需品ももちろん購入

しますが、必需品ばかり購入してもそこから得られる利益は少なくなっていく（限界効用逓減）ため、新たに奢侈品を購入するようになります。生産者は、富者と貧乏人によって需要される必需品と奢侈品を資本によって生産します。富者が資金のうち多くを奢侈品需要に回せば、一方で資本として投資される額は少なくなります。生産者は奢侈品需要の増加に対応するため、資本のうち奢侈品生産に向ける分を増やします。富者の投資する資本が少なくなったうえに、奢侈品生産のための資本が増加しているので、必需品生産のための資本はいっそう減少し、必需品生産量はますます減少します。

以上のような分析から、河上は下篇において、絶対的貧乏を解消するための方法として「富者の自発的な奢侈の廃止」を強調します。たしかに河上のモデルでは、富者が奢侈品需要を意識的に減少させると、奢侈品需要に回されていた資金は投資に向けられます。また、奢侈品需要の減少に対応して、その生産に利用されていた資本も不要になります。生産者は、豊富になった資本を使って生産を増加できるため、必需品の生産も増加し、貧乏人も安く必需品を購入でき、少なくとも絶対的貧乏は緩和されます。ただ、富者が自発的に奢侈を廃止すれば貧困は解消されるという主張はあまりにも楽観的であり、社会主義者や他の経済学者から批判がおこなわれたのも当然のことでした。河上は以前に同様の主張をした論文（「奢侈ト貧困」1916年）で、富者に自発的に奢侈の廃止を求めるのは「極めて困難」であり「奢侈品の消費に重税を課するの類」の国家の力も必要であるという冷静な認識を示していますが、『貧乏物語』だけを読めば、道徳で貧困を解決するべきであるという主張になります。

『貧乏物語』の意義　しかし、河上のこうした結論が無意味だったとはいえません。日本では明治以降、軍需品などの販売や株相場で巨富を得た多くの富豪が登場しましたが、その一部は豪邸を築き豪勢な宴会を毎日のように開くなど、たいへんな浪費をおこなっていました。とくに『貧乏物語』は、第1次大戦により日本が空前の好景気となり、多くの「成金」が生まれつつあった時期に書かれています。富者に対して奢侈の抑制を説いた『貧乏物語』の結論は、少なくとも当時の社会に向けた時論としては有意義だったともいえます。武士の家に生まれ儒教的道徳を身につけていた河上は、社会を動かす富者に対して、個人の利益ではなく貧乏人も含めた社会のために、

「経世済民」を意図して行動する「士」たることを説いたのでした。

さらに、『貧乏物語』の理論的側面に注目すると、同書を一種の産業政策論と読むことができます。河上は以前から日本経済の生産性が低いことを指摘し、欧米のように機械を社会の各分野に導入しなければ日本全体が貧乏のままであると主張していました。『貧乏物語』でも機械導入には資本が必要であり、富者が奢侈をやめることで、資本に乏しい日本でも機械導入に必要な資本を生み出せるとされています。同書の隠れた主張は、「資本を無駄づかいせず、生産性向上のために有効に使用するべきであり、それが貧困の解消や日本経済の発展につながる」というものでした。『貧乏物語』の最後で河上は、第1次大戦の原因は列強の資本輸出競争にあり、とくにイギリスは国内で必要な事業に資本が用いられず海外に投資されたために多くの貧困層が存在していると指摘しています。

河上のこうした認識は、実はケインズ（☞第17章）が『貨幣改革論』(1923年)で示した分析とよく似ています。河上とケインズはともに、資金をもっている階級（富者、投資者階級）が、その資金を有効でない使途（奢侈、海外投資）に用いるのではなく国内生産者に向けることで、生産性を向上させるとともに社会問題（貧乏人の存在、失業）を解決することをめざしていました。ただ、ケインズが自分の考えを『雇用・利子および貨幣の一般理論』(1936年)にまで発展させ、大不況からの脱出に理論的な解答を与えたのに対し、河上は社会主義者からの批判に応えるかたちで、それまでの研究を棄ててマルクス研究に全力を尽くしていき、最終的には社会主義革命なくして貧困の解消はありえないという立場から社会主義の実践活動に入っていきます[4]。

5　おわりに

経世済民を目指して　福田徳三と河上肇の社会問題に対する解決法は、前者が個人の生存権を認め保護をおこなうというミクロの経済主体に焦点を当てたものであり、後者が経済の枠組みの変化で貧乏人の生活水準を向上させるというマクロの経済構造に焦点を当てたものでした。ただ、両者の方法は異なるものの、ともに国民経済の立場から社会問題の解決をめざ

> ### コラム⑫　言葉を自由に
>
> 「君死にたもうことなかれ／旅順の城はほろぶとも／ほろびずとても何事ぞ」。浪漫派の詩人・与謝野晶子のうたです。1904年、日露戦争に赴いた弟を思っての素直な気持ちがあふれています。ここに厭戦気分を見いだすことは可能です。
>
> 『みだれ髪』（1901年）で見せたように、この時代、恋愛の激情をしかも女性の側からうたうことは、きわめて大きな冒険でした。伝統や大義による苦しい制約でなく、「まことの心」からほとばしる熱き血潮こそ、晶子の神髄だったのです。こうしたロマン主義（☞コラム④）はたしかに人の心を打つのですが、のちに晶子は戦争について好意的と解釈できるうたも発表し、それゆえ時局に翻弄されたという評価もあるのです。
>
> 維新以来30余年、みずからの思いを素直に、自由に、述べる機運が社会に育ってきました。与謝野晶子が黎明会に入ったのも偶然ではありません。しかし問題なのは、なぜこうした自由な雰囲気（大正デモクラシー）がやがて、言語弾圧の昭和初期へ転落していったか、です。
>
> （小峯）

す「経世済民」をめざすものであったといえるでしょう。

　しかし、福田と河上のこうした提案は、実際の社会問題の解決にはほとんど反映されませんでした。福田が吉野作造らと結成した黎明会は、大正デモクラシーにおいて一定の役割をはたしますが、早くも1920年には解散します。1922年に健康保険法、1923年には就業時間の短縮を定めた改正工場法が制定されましたが、政府は福田の重視した立法による労働保護よりも、むしろ従来の救貧政策をより細かく徹底させる方向に政策の力点をおいていきます。米騒動を契機に全国に広まった方面委員制度は、関係市町村の職員や警官が貧困者の実態を調査し、救貧行政の能率化や治安維持に役立てようとするものであり、国家が国民に対して、上から権威主義的に介入し保護していく色彩の強いものでした。これ以降の社会政策は、日本が戦争へと向かうなかで、健康な国民と兵士をつくり出す必要性から、国家が強制的に国民を取り込むかたちでおこなわれていきます。

　一方、河上は『貧乏物語』の結論の非現実性を社会主義者に批判され、マルクス主義の研究を進めていきます。そしてマルクス主義者となった河上は、さ

かんにマルクスやレーニンの考えを紹介して資本主義の改造を主張し、福田に代わって論壇で中心的な役割をはたすようになります。しかしそのような活動も、当時非合法だった日本共産党への入党と、それにともなう検挙によって終わりを告げました。

それは挫折に終わったのか

こうしてみると、福田や河上の思想は挫折で終わったように見えます。しかし、福田は東京高商や慶応義塾で多くの優れた弟子を育て、日本の経済学の発展に大きく貢献しました。福田に学んだ中山伊知郎は戦後、中央労働委員会会長として多くの労働争議の調停に取り組み、また日本生産性本部副会長として日本の労使関係の安定に大きな役割をはたしました。こうした活動は、福田の思想を受け継ぎ実行しようとするものでした。さらに、福田が社会政策の根拠とした生存権的な基本権の保障は、戦後の日本国憲法や労働基準法[5]で認められ、現在ではこれらに基づき社会保障政策がおこなわれています。福田は関東大震災後に生存権擁護の立場から復興事業に精力的に取り組み、その主張と活動は東日本大震災後に再び注目されるようになりました。

また、河上の『貧乏物語』や『社会問題研究』を読んで社会問題の解決や経済学研究を志した人は数多くいます。さらにいえば、戦後日本の高度成長では、高い貯蓄率に支えられた個人の貯蓄が銀行や政府系金融機関を介して企業の設備投資に向けられ、それにより生産性の上昇、品質向上、製品価格の低下、さらにそれによる投資需要拡大という好循環が実現しました。『貧乏物語』を産業政策論としてみた場合、戦後の日本はまさに『貧乏物語』で河上が主張した政策をとることで経済発展をなし遂げ、貧乏を解消することができたともいえます。このように、福田と河上の思想は、現在でもなお生命力を保ち続けています。

注
1) 西南戦争時の紙幣乱発で生じたインフレを抑えるため、大蔵卿松方正義が紙幣回収や財政支出削減で物価を安定させた政策。繭や米の価格低下で農村が窮乏化する反面、物価安定により経済活動が活発化し日本の産業革命に貢献しました。
2) 福田は労働問題への関心により、早い時期からマルクス研究をおこなっており、高畠素之による日本最初の『資本論』全訳にも当初かかわっていましたが、社会政策を重視する立場からマルクスの社会主義論は否定しました。福田はマルクスを批判的に研究することで自身

の経済学を構築しようとしていました。
3） 福田の社会政策論に関して、宮島英昭「1920年代の'社会政策的自由主義'——福田徳三の『労働国家論』を中心にして」『社会経済史学』第50巻第1号、1986年が参考になります。
4） 『貧乏物語』の背景・内容とその意義についての詳細は、牧野邦昭「『貧乏物語』再考——ナショナリスト・河上肇からの解釈」『思想』第1013号、2008年を参照してください。
5） 日本国憲法第25条「すべて国民は、健康で文化的な最低限度の生活を営む権利を有する」、同第27条「すべて国民は、勤労の権利を有し、義務を負ふ」、労働基準法第1条「労働条件は、労働者が人たるに値する生活を営むための必要を充たすべきものでなければならない」。

■■■ レポート執筆のヒント ■■■
・福田や河上が問題にした当時の日本の貧困問題と、現在の日本の貧困問題の共通点と相違点を考えてみよう。
・河上の『貧乏物語』を読み、それがなぜ当時のベストセラーとなったのか考えてみよう。
・福田または河上に学んだ人を調べ、福田と河上の問題意識が、のちの世代にどのように受け継がれたか考えてみよう。
・福田や河上には「国を強化する」ための手段として福祉をおこなうという発想がみられる。こうした発想の是非を論じてみよう。

■■■ 文献 ■■■
（福田徳三と河上肇の本）
福田徳三、山中茂樹・井上琢智編『復刻版　復興経済の原理及若干問題』関西学院大学出版会、2012年。
福田徳三研究会編『福田徳三著作集』信山社、2015年～。
河上肇『西欧紀行　祖国を顧みて』岩波文庫、2002年。
河上肇『貧乏物語』岩波文庫、1947年／改版1965年。
河上肇『自叙伝』（全5巻）岩波文庫、1996～1997年。

（参考文献）
大森郁夫責任編集『経済思想9　日本の経済思想Ⅰ』日本経済評論社、2006年。
菊池正治ほか編『日本社会福祉の歴史　付・史料』ミネルヴァ書房、2003年。
西沢保『福田徳三とその時代』信山社、2024年。
八木紀一郎『近代日本の社会経済学』筑摩書房、1999年。

（牧野邦昭）

第4部 福祉国家の誕生

17 ケインズとベヴァリッジ

福祉国家の合意

「彼が経済思想でどれほど大きな変革をなし遂げたか、ここで批判的に評価しようとは思わない。それは後世になされるだろう。いまは次のようにいいたい。自分の、いや他のどの世代をとっても、独自で創造的で想像力あふれる精神をもつ者として、メイナード・ケインズは歴史のなかで揺るぎない位置にある、と。」(ベヴァリッジ「メイナード・ケインズの思い出」)

【キーワード】

福祉国家の合意　中道　市場の欠陥　適切な政策

　この章ではケインズとベヴァリッジを取り上げ、両者による「福祉国家の合意」がなぜ可能になったかを考えます。お互いの世界観に共鳴しあう部分があり、その理論も補完的であるから、と論じます。

1　略伝——ヴィクトリア時代の知的伝統

ケインズと反抗精神　ジョン・メイナード・ケインズ (John Maynard Keynes, 1883〜1946年) は父がケンブリッジ大学の教員、母がケンブリッジの市長でした。それぞれから行政的手腕と政治的手腕を受け継いだようです。ケインズが生まれた時代はヴィクトリア女王が統治 (1837〜1901年) し、自立型・節約型人生が好まれる時代でした。しかし青年期に社会改革 (価値観の転換) の時代であるエドワード期 (1901〜10年) と、冷笑・軽薄 (価値観の崩壊) の蔓延したジョージ期 (1910〜36年) を過ごしたので、彼は時に反ヴィクトリア的な反逆児の側面を見せました。学生時代に偉大な師マーシャル (☞第11章) の教えを受け、短い公務員生活 (インド省) ののち、ケンブリッジ大学に戻ってきました。2つの世界大戦時には大蔵省に協力しましたが、

それ以外は終生、ケンブリッジ（学問）とブルームズベリー（芸術、ロンドンの中心街）という二重生活を営みました。

ケインズ

　ケインズの人生には権威に対する反抗精神が見えます。それは同性愛や徴兵忌避、あるいは大政治家をこき下ろしたベストセラー本の出版、ロシアバレリーナとの結婚などに表われています。そして『雇用・利子および貨幣の一般理論』（1936年）の出版です。これは師マーシャルや兄弟子ピグー（☞第12章）に向けた絶縁宣言であり、ベンサム（☞第4章）とリカード（☞第5章）に代表される正統な経済的思考への反逆です。ケインズはマクロ経済学というまったく新しい分野を創設し、同時に失業がいつも存在する世界を描き、インフレやデフレを抑えるための政策を提唱しました。これを「ケインズ革命」といいます。ケインズはたんに大学のなかに籠もるのではなく、政治家や官僚やジャーナリストとも積極的に交流し、またBBCラジオや大衆紙においても次々と時論を発表しました。現実とのかかわりでは、国際通貨基金（IMF）など戦後の国際金融秩序の原案を、アメリカ側とともに作成したのが最大の功績でした。

ベヴァリッジと官僚精神

　ウィリアム・ヘンリー・ベヴァリッジ（William Henry Beveridge, 1879〜1963年）は、父がインドの地方判事、母が社会事業家でした（独身時代）。それぞれから官僚の気質と社会改革の気質を受け継いだようです。ベヴァリッジはケインズの4歳年上で、同じようにイギリスの知的な中流階級を代表していました。投機の天才だったケインズに対して、ベヴァリッジはその才能がなく、ビジネス社会にもやや疎かったため、出世欲と金銭欲は転職によって満たされることになりました。大学セツルメント（知識人と貧困者が同宿し、お互いに影響しあう施設）の管理者、ジャーナリスト、商務省の局長、学長、学寮長、政治家などと、彼は次々と転職したのです。生活の拠点はロンドン（LSE）とオックスフォードでした。

　ベヴァリッジの人生には生真面目な官僚精神が見えます。彼は情報ネットワークとしての公的な職業紹介所を1900年代に唱えただけでなく、実際にこの

第 4 部 福祉国家の誕生

ベヴァリッジ

新しい制度を監督する局長になりました。そして1920年代からは失業保険に関してしばしば勧告し、最後には「社会保険および関連サーヴィス」を考える委員会の議長になりました。ここから『ベヴァリッジ報告』(1942年)、すなわち戦後の福祉国家の姿を描いた青写真が生まれました。そして1950年ごろまでに、イギリスでも社会保険法など次々に新しい法律が誕生し、「ゆりかごから墓場まで」という福祉国家体制が実現しました。晩年のベヴァリッジはこの体制の展開を見守りつつ、住宅問題や世界平和運動に没頭しました。

2 福祉国家の合意

戦後のコンセンサス　この2人がつくり上げた体制を、「福祉国家の合意」「ケインズ－ベヴァリッジ体制[1]」と呼ぶことがあります。それは、ケインズの経済学とベヴァリッジの社会保障論との合体です。1945年から約30年間、多くの人が当然視し、擁護してきた体制でした。

この体制の出現は、ある意味で必然的でした。ここでは産業構造の変化、医学・技術の革新、市民権の発展という3つの要因を挙げておきましょう。第1に、農業よりも工業、小規模生産よりも大規模生産、手工業よりも機械工業という産業構造の大変化の結果、大規模な景気変動や大量の失業が発生し、労使紛争が激化しました。資本主義の成熟化による矛盾の発生です。こうした事態に対応するため、(市場や労使ではなく) 国家の力によって経済社会を制御する必要が出てきたのです。第2に、都市生活がふつうになり、医学の発展から平均寿命も長くなり、さまざまな技術革新に適応するため、教育期間も延長されるようになりました。その結果、労働力に入らない人びと (失業者、学生、疾病者、老齢者) も激増し、彼らの生活を支える必要も出てきました。家族やムラ社会では、個人の不運・不幸を支えきれなくなったのです。第3に、20世紀までに民主主義が成熟し、大衆の声が政治に反映されやすくなりました。束縛からの自由 (たとえば拷問禁止)、参政権、積極的な自由 (たとえば教育を受

ける権利）という具合に市民権が拡充し、人びとの全体的な福祉を実現する政治的な状況が整ったのでした。

こうした前提条件に基づき、ケインズとベヴァリッジという傑出した思想家が福祉国家のグランドデザインを仕上げました。

有効需要論と失業　ケインズは有効需要論を確立し、具体的な経済政策を提唱しました。スミス（☞第3章）以来の経済学は、（全体として、長期には）自由な市場が自立してうまくいくことを証明してきました。ケインズはその伝統に反旗を翻したのです。ケインズの世界観では、短期には当然として、調整が進んだ長期さえも、とくに労働に関する需給が一致するという状況にありません。そのため、適切な財政政策・金融政策によって、有効需要の過大・過小を解消することが求められました。失業が存在するのは賃金が高すぎるとか下がりにくいという理由ではなく、有効需要（消費＋民間投資＋政府支出＋輸出）が不足するため、低い所得（そして過少な雇用）が労働市場の外側から決まってしまうためです。これではいかに賃金が動こうとも、確定した低い求人数（労働需要）がつねに求職数（労働供給）を下回ってしまう可能性がおおいにあります。これが失業の発生メカニズムです。それまでの経済学が説明していたのとは異なり、不均衡を解消するはずの市場どうしの連関が（労働や貨幣の特殊性により）欠如しているのです。そこで民間投資が不足する場合は、政府支出が「呼び水」として拡大する必要があるのでした。政府支出の増加が数倍の国民所得の増加をもたらせば（乗数効果）、次いで民間投資や消費が活発になっていくと期待されたのです。

社会保障論と失業　他方、ベヴァリッジは市場をとりまく社会環境にむしろ興味があり、とくに貧困問題に注目しました。労働者や非労働者を極貧からどのように救うか。ベヴァリッジの回答は、社会保障のネットワークを国民全員に張る、という工夫でした。社会保障とは、収入が一時的・永続的に失われた場合や出産・死亡などの特別支出がある場合に、最低限度の所得が保障される制度のことです。具体的には社会保険と公的扶助で構成されます。全員が加入する社会保険は（失業保険や健康保険のように）、普段から保険料を払って、まさかのときにもっぱらその基金から返してもらうことです。保険のためだけに収入・支出があるので、国民全体ではほぼ収支が

合うことに注意しましょう。公的扶助とは、保険料という資格とは関係なく、緊急の場合、保険料を払えない人の場合などに、国庫（税金）負担として現金を給付することです。ベヴァリッジは社会保険を福祉の根幹に据え、それを補助するかたちで公的扶助を位置づけました。財政の放漫を許さず、個人の自律性を守ることも重要だからです[2]。

　２人の体系は別々に存在するのではなく、お互いに補完し、相乗的に良い効果を生み出します。ベヴァリッジはみずからの社会保障論には、家族手当、包括的な医療サーヴィス、完全雇用という３つの前提があり、この前提と本体が完全に組みあわさって、より良い福祉体制が実現すると確信していました。ケインズ理論によって完全雇用に近づければ、失業給付を激減させることができ、なお残る失業者に同じ財源で手厚い扶助が可能になります。逆に社会保障によって国民最低限保障（ナショナル・ミニマム〔☞第14章〕）が全国民に確保されれば、いままで手が届かなかった消費や投資も可能になり、つまり有効需要の下支えも可能になります。有効需要が増えれば国民所得も改善し、さらに失業が減ることも期待されます。こうした相乗効果があるため、ケインズはベヴァリッジ案に「大賛成」と判断し、ベヴァリッジはみずからの完全雇用論にケインズ経済学を採用したのでした。

　それではこのような「福祉国家の合意」を導いた両者の社会観は、どのようなものだったのでしょうか。

3　ケインズの福祉論

ケインズの良き社会論　ケインズには福祉そのものに関する議論はありません。福祉（厚生）の専門家である兄弟子ピグーの議論を熟知していたはずなのに、奇妙ではあります。そこで、ここでは伝記や時論で語られた言葉に注目し、間接的にケインズの「良き社会」を再構成してみることにします。

　ケインズの出発点は、ヨーロッパ文明が崩壊しつつあるという危機感・不安感です。これは第１次世界大戦（1914〜18年）で明確になり、世界大恐慌の発生（1929年）で決定的になりました。不確実性や無知が覆う暗黒の世界です。

不確実とは、次にどのような出来事が起こるかさえわからないという状態です（確率分布が判明している「リスク」とは異なります）。こうした世界では、いままでおこなわれていた正常な経済行為も、とたんに撹乱されてしまいます。たとえばインフレ・デフレによって、お金を借りている人や貸している人が大損・大儲けするなど、さまざまな影響を与えます。予想もしなかった増税・減税もあるでしょう。ケインズは経済学者として、とくに物価の変動によって「金利生活者」「企業家」「労働者」などの階級間で、所得が予想外に移転されてしまう現象を問題視しました。そして経済学の分析も、調整がすべて終わった長期の均衡状態を基準とするのではなく、ごく日常の短期にしぼるべきだと考えたのです。「長期においてわれわれはみな死んでしまう」とともに、「短期にはわれわれはまだ生きている。生活と歴史は短期の積み重ねである」という言葉は、ケインズの立場をよく表わしています。

資本主義の欠陥　ケインズによれば、資本主義にはさらに致命的な欠陥があります。1つは道徳面です。これは貪欲や高利という品性に欠ける動機を原動力としなければならない点。芸術や哲学の生活からはほど遠いものです。資本主義は「内的な団結もなければ強い公共心もなく、しばしば富をもてる者と富を追い求める者とのたんなる集合でしかない」のです。もう1つは資本主義の機能的な欠陥。これは完全雇用を提供できないこと、所得の不公正な分配をもたらしてしまうこと。ロシア革命（1917年）によって出現した社会主義国家は、この2つを克服するための壮大な実験であると、ケインズは見抜きました。社会主義は貨幣に対する執着から人びとを脱却させることはできるだろうか。ケインズはある程度、好意的な目でこの実験を観察しました。しかし最終的には「赤色ロシアは嫌悪すべき点が多すぎる」と判断しました。自由と安全が圧殺されていること、知識人が粗野に扱われていること、これが問題でした。

資本主義にも社会主義にも期待をもてないとすれば、どうすればよいのでしょうか。ケインズは上記の不安感を払拭する役目として、専門家の叡智が結集された「思想」、そしてそれに基づいた新しい経済学に期待をかけます。もちろんケインズにとって経済問題は、より良い文明を実現するための手段にすぎません。ケインズ自身、愛した芸術に惜しみなく寄付を注ぎ込む人でした。経

済学者は歯医者——虫歯を治すかぎりで有能な人——にすぎません。これはある面で、ケインズの楽観的な自信です。不確実な世界に一筋の光を差し込もうという気位です。それゆえ、ケインズは次のようにいいます。「人類の政治問題は、次の3要素を統合することである。経済的効率性、社会的公正、個人的自由である」。第1の要素は資本主義です。第2の要素は隣人を愛すという利他心です。第3の要素はイギリスの長い伝統であり、多様性と独立性という美徳を尊重することです。ケインズはやや楽観的に、こうした要素の共存を心に描いていました。ただしもちろん、富を得た後の「神経衰弱」を予想するなど、かならずしもバラ色の未来を盲目的に信じていたわけではありません。

> **中道精神**

文明の崩壊を知識の力で食い止める闘い。ケインズが最後に到達したのは、穏健な中道精神でした。過度の楽観でも過度の悲観でもなく、未来の目的のために、過去に照らして、現在を丹念に研究するという態度です。ケインズは伝統に支えられてきた文明の崩壊、富に支えられてきた資本主義の崩壊を目の当たりにして、個人の自由と社会の多様性を守るために、手段として政府機能の拡大に賛同しました。ただしその政府は、ケインズ自身のように、卓越した能力によって運営されなければなりません（彼の伝記を書いた弟子ハロッドは、この信念を「ハーヴェイロードの前提」と呼んでいます）。経済学者はその時々で、最適な助言・理性に基づいて、政府にも大衆にも説得しなくてはいけません。知的な力をケインズは非常に信じていたのでした。

4　ベヴァリッジの福祉論

> **市民の安全**

ベヴァリッジは「市民の安全」をもっとも重視します。そのため人類の五大悪（欠乏、病気、無知、不潔、怠惰）を追放することが目標になります。その効果的な手段がまず社会保障なのです。これによって最大の敵、欠乏（最低限に必要な物質が欠けていること）を最初に撲滅することができます。ただし闘いはここで終わりではありません。さまざまな社会政策・経済政策の組みあわせによって、残りの悪徳に立ち向かわないといけません。病気には包括的医療サーヴィス、無知には教育制度、不

> **コラム⑬　国連憲章と ILO**
>
> 　1920 年に発足した国際連盟は、史上初の国際平和維持機構でしたが、第 2 次世界大戦の勃発を阻止できませんでした。しかし大戦中の 1941 年、米英の首脳は大西洋憲章を発表します。内容は安全保障だけでなく、労働問題や社会保障に関する国際協力も含んでいました。そして 1945 年に国際連合（国連）の設立に関する国際連合憲章が採択されました。そこには国際平和の維持と同時に、「差別なく、すべての者のために人権および基本的自由を尊重すること」が示されています。
> 　一方、労働問題を扱う機関については ILO（国際労働機関）が専門機関として設けられました。ILO（International Labour Organization）は国際連盟の姉妹機関としてすでに設立されていたので、組織を引き継いだことになります。1944 年のフィラデルフィア宣言は「すべての人間は……物質的福祉および精神的発展を追求する権利をもつ」「労働は商品ではない」などと高らかにうたっています。ILO 憲章（1946 年）では労働時間の規制など、労働条件の具体的な改善策が示されました。ILO は国連の一部とも見なされますが、政府代表だけでなく労使代表もいて、生活全般の向上を考慮するユニークな国際機関となっています。
> 　　　　　　　　　　　　　　　　　　　　　　　　　　　　　（高橋真）

潔には都市（衛生）政策、怠惰（失業状態）には経済政策が必要です。つまり彼の目標は『ベヴァリッジ報告』で完結したわけではないのです。さらに、一国の安全のみでも不十分です。彼は世界平和・完全雇用・社会保障が、この順で大事だといいます。そしてこの順で達成が困難なので、まず逆の順で彼は解決案の報告書を書いたのでした。ベヴァリッジは晩年、世界平和を真剣に伝道し、連邦主義を唱えました。すべての国を構成員とする連邦政府[3]と、現在の一国政府とが共存するなかで、国際紛争の主因である一国の軍隊を解体し、防衛と外交問題を連邦政府に任せよという主張でした。この部分はあたかも哲学者カントの『恒久平和のために』（1795 年）の理想論を思い出させてくれます[4]。このようにベヴァリッジの主張は、次々とスケールが大きくなっていくのが特徴です。

　なぜ彼は市民の安全を重視したのでしょうか。ある種の自由主義を守りたかったからです。ただし、政府の干渉をおおいに嫌う伝統的な自由主義や、慣習・ルールを重視するハイエクの自由主義とは明らかに違います。ベヴァリッ

ジは守るべき自由をコアと周縁に二分します。コアとは基本的自由権で、信仰・言論・研究・教育の自由です。これらはどんな場合でも不可侵で、守り通さなくてはいけません。他方、周縁とは団結の自由、職業選択の自由、個人所得の処分の自由などです。これらは通常は守るべき自由権ですが、濫用されれば公共の福祉に反する可能性があるのです（ストライキなど団結権によるインフレ、頻繁な離職、過少消費など）。つまり、社会正義・社会発展と矛盾しないかぎりで守るべき権利です。ベヴァリッジは自由社会が崩壊しつつある現実を見つめていました。その象徴が1940年5月のダンケルクの戦いです。ドイツ軍が英仏軍を追いつめ、退却させた戦いでした。全体主義と社会主義に挟み撃ちされて、イギリスの良き伝統が崩壊しつつあるというのがベヴァリッジの判断でした。これを止めるのは、国家の適切な介入しかありませんでした。

市場への信頼と不信

ベヴァリッジの資本主義（市場社会）に対する思いは複雑で、一言ではなかなかいえません。1910年代までは、市場そのものを人工的に新設すれば、後はその市場がうまく機能してくれるだろうという考えでした。労働市場における職業紹介所がその例です。ここは非常に巧妙な場所で、同時に導入された失業保険に関するお金を授受する装置でもあるのです。失業した人のなかできちんと求職活動している人、就業している人のなかできちんと保険料を払っている人、このような意欲と能力のある勤勉な労働者が得をする体制をつくったのでした。1930年前後までに、このように設計された失業保険制度が逆にうまくいかないことが判明してきました。ベヴァリッジの強い非難にもかかわらず、保険料とは無関係に失業給付をおこなう事態になったのです。このような保険数理的な原則を貫くことをはじめ、当時のベヴァリッジは伝統的な経済学（自由貿易や価格の伸縮性）を過度に信頼しました。ただしその時期は長くは続かず、また振り子が振れたように、今度は計画経済をおおいに評価するようになりました。自由社会を守るためには、経済的な統制が必要だという考えです[5]。また彼は「ビジネスの動機は召使いにすれば良いが、主人にしてしまうと悪い。……ビジネス動機に支配された社会は悪い」と考えました。営利動機（金もうけ）だけに支配された世界は、「良き社会」とはいえないのです。

> 中道主義

ベヴァリッジの考えは、最後には穏便な中道主義になりました。1940年代中葉のことです。望ましい社会とは国家の義務（社会保障と完全雇用）と市民の義務（仲間への援助と納税）がバランスしている社会です。その社会には多様な人間が存在します。大部分の人は勤勉で自立しているべきだと考えられます。個人は保険料を払って労働に勤しみ、国家はデコボコの所得を平坦にする体制を整えます。そして労働できる者に職場がある仕組み（完全雇用）も試みます。ただし、このような独立できる市民だけではありません。社会的弱者も存在します。その人たちを公的扶助で支え、さらに足りなければ市民のヴォランティア活動で支えます。この意味で市民の側にも若干の徳・教養・義務が求められます。ベヴァリッジの描いた良き社会は、国家・個人・共同体がバランスよくそれぞれの義務をはたし[6]、そのうえで権利も十分に保障されている社会といえるでしょう。

5 おわりに

> 2人の協働

このように2人を並べてみると、自由主義を守る中道精神、政府の役割に積極的だが制限を付ける限定介入主義、知的な力や経済的助言への信念など、数多くの共通点があります。実際、1939年ごろから1944年ごろまで、2人は「古強者」というグループを結成し、社会保障や完全雇用の政策、戦争目的の策定、戦争準備のための疎開案・大陸封鎖案など、多くの議論を重ねたのです。そのなかでしばしば両者は「完全に同意する」という表現で、合意に達しました。そして最初に述べたように、ケインズの経済学とベヴァリッジの社会保障論はお互いを前提にしたり、強化しあったりします。つまり両者は、心情面でも理論面でも、緊密な関係を築きあげたのです。これが長らく続いた「福祉国家の合意」の土台です。

伝統的な福祉国家にはさまざまな批判があります。一方的に福祉サーヴィスを与えるだけの「給付型」国家、地方や末端の意向がまったく無視される「中央集権型」国家、財政赤字ばかりもたらす「大きな政府」などです。しかしこうした福祉国家に向けられるよくある批判を超えて、ケインズやベヴァリッジという異能の知識人は、もっと包括的な「福祉社会」「良き社会」を唱えてい

ました。わたしたちは彼ら自身の言葉に触れることで、より現代的な福祉への意義を汲み取ることができると思います。

注
1) イギリスでは「バッケリズム」という言葉が流行しました。保守党と労働党がともに同じ政策を支持することです。
2) ただし、現実の福祉国家は当初から、保険料とは無関係に国庫負担に重きをおく体制になっていました。ベヴァリッジの意図とずれていたのです。
3) 提唱した当初は、ヨーロッパのみの連邦でした。
4) カントは自立した個人の自由と平等を国内体制として前提し、国家の持続的な連合体こそ平和が続く条件と見なしました。
5) この文脈で彼は「経済参謀」という概念を提唱しています。これは経済統制を企画・立案する者で、経済学の訓練を受けた公務員のことです。
6) ベヴァリッジがもっとも嫌ったのは「サンタクロース社会」、つまりいくらでも贈り物が降ってくる体制でした。

■■■ レポート執筆のヒント ■■■
・日本（や他国）の生活保護（や基礎控除）の実態と歴史を調べてみよう。
・ケインズに関する新書や、「自由主義と労働党」「わが孫たちの経済的可能性」（全集第9巻）を読んで、彼の理想とする社会を推測してみよう。
・『ベヴァリッジ報告』の原則を指摘し、それが実現したかを調べよう。
・ケインズとベヴァリッジがなぜ「協働」したのか、その理由を考察しよう。

■■■ 文献 ■■■
（ケインズとベヴァリッジの本）
ケインズ『説得論集』宮崎義一訳（『ケインズ全集　第9巻』）東洋経済新報社、1981年。
ベヴァリッジ『ベヴァリッジ報告　社会保険および関連サービス』一圓光彌監訳、法律文化社、2014年。

（参考文献）
社会保障研究所編『社会保障の新潮流』有斐閣、1995年。
G. ドスタレール『ケインズの闘い』鍋島直樹・小峯敦監訳、藤原書店、2008年。
西沢保・服部正治・栗田啓子編『経済政策思想史』有斐閣、1999年。
早坂忠『ケインズ』中公新書、1969年。
吉川洋『いまこそ、ケインズとシュンペーターに学べ』ダイヤモンド社、2009年。

（小峯　敦）

18 シュンペーター

不況と企業家精神

「(公共当局にとって) 必要なことは、ただヴァン・ゴッホが他のすべての人と同様に彼の所得を得ること、および彼を過度に働かしめないことのみである。すなわちふつうの場合には、これでもって十分に人が創造的な才能を発揮するに必要な機会が与えられるのみである。」(『資本主義・社会主義・民主主義』第3部第17章)

【キーワード】

イノベーション　景気循環論　社会主義　オーストリア学派

　シュンペーターは『経済発展論』(1912年)のなかで、イノベーション理論を中心として、社会主義論や景気循環論を組み立てました。その理論を一見すれば、失業は一時的な現象なので何の対策も必要ないと主張されているように思われます。しかしそれは彼の不況や失業の捉え方に原因があります。またそれは、彼が何をもって「善き社会」と考えていたのかという洞察力(ヴィジョン)につながってきます。本章では、資本主義の本質という点を中心に、彼の理想郷を示唆したいと思います。

1　略伝——戦争の混乱のなかで

その生涯　ヨーゼフ・アロイス・シュンペーター (Joseph Alois Schumpeter, 1883〜1950年) は、1883年に現在のチェコにあるトリーシュで生まれました。幼いころに実父を亡くし、母の再婚によってウィーンへと移ります。そこで貴族の子弟が通うテレジアヌムに通学し、その後1901年にウィーン大学法学部に入学します。大学では統計学のゼミナールや、ベーム=バヴェルクの理論経済学のゼミナールにも参加していました。

第 4 部　福祉国家の誕生

シュンペーター

後者のゼミナールにはバウアー（社会主義者）、ヒルファーディング（『金融資本論』の著者）、ミーゼス（自由主義の大物）ら多くの知性が集い、活況を呈していました。

卒業後、シュンペーターは1907〜08年にカイロの国際混合裁判所に勤務しました。このときに彼は、イギリス国教会の聖職者の娘、グレイディス・シーヴァーと1度目の結婚をしています（1920年に離婚）。その後、1909〜11年にはチェルノヴィッチ大学（現在ウクライナに属する）の教授、1911〜18年にはグラーツ大学（グラーツはオーストリアの第2の都市）の教授となります。この間、異例の若さで『理論経済学の本質と主要内容』（1908年）を完成し、『経済発展の理論』とともに学界での名声を獲得しました。

第1次世界大戦後、敗戦国オーストリアは混乱のなかで共和制に移行し、カール・レンナー内閣が成立します。大学時代の友人オットー・バウアーが外務大臣に抜擢され、その推薦でシュンペーターは大蔵大臣として入閣しました。しかし頑迷な性格が災いしたのか、彼の政治生活はわずか7ヶ月で終わってしまいました。その後、彼はビーダーマン銀行の頭取になりますが、この銀行も1924年に破産してしまいます。祖国だけでなく、個人的財産も破綻したのでした。

1925年、シュンペーターは2度目の結婚をします。相手は20歳年下のアニー・ライジンガーで、シュンペーターの母が住んでいたアパートの管理人の娘でした。また、この年にシュンペーターはボン大学の教授となり、アカデミックな世界へ復帰します。しかし幸せな生活は長くは続きませんでした。1926年、出産のさいに子供とともにアニーは他界します。そして1932年にヨーロッパからアメリカへと移り、ハーヴァード大学の教授に就任します。1937年にはエリザベス・ブーディ・フィルスキイと3度目の結婚をします。1939年には『景気循環論』、1942年には『資本主義・社会主義・民主主義』を出版したのち、1950年に亡くなりました。

シュンペーターは日本ともかかわりの深い人物です。彼は東京大学経済学部

から外人講師の地位を提供されていました（招聘の仲介は社会思想で著名な河合栄治郎でした）。彼は喜んで受諾しましたが、ボン大学への就任が決定したため、実現しませんでした。東畑精一、中山伊知郎、都留重人など、多くの邦人とも交流を重ね、それゆえ彼の死後、蔵書の一部が一橋大学などに寄贈されたのです。またシュンペーターが1931年に東京・神戸で講演をおこなったとき、「経済学の学習はワルラスから始めなさい」との助言は、安井琢磨など若い数理経済学者に大きな影響を与えました。

2　シュンペーターの経済観

シュンペーターとケインズ

シュンペーターが生まれた1883年はケインズ（☞第17章）の生年でもあります。しかし両者の不況に対する考え方は正反対でした。ケインズが政府主導の総需要拡大政策を提案したのに対して、シュンペーターは不況を「一時のお湿り」、必要悪と考えていたからです。なぜこのような違いがあるのでしょうか。

シュンペーターはケインズの『雇用・利子および貨幣の一般理論』が出版された1936年、東京大学の安井琢磨と木村健康に手紙を送っています。手紙の主旨は彼らが『理論経済学と主要内容』を翻訳したことに対するお礼でした。そのなかに、ケインズや追随する者への批判と思われる文章があります。経済理論に人気がないのはわかるが、若い学生たちのほとんどは政治的な意見や理想に支配されている、でも大事なのは理論的な装置を発展させることでしょう、と。この手紙にはケインズ革命が遠いアメリカでも瞬く間に席巻していることへの危機感が表われています。

経済の動態的把握——創造的破壊

シュンペーターは歴史的な必然でもある経済発展の過程は、2つの側面からとらえなければいけない（二元論）と主張します。『経済発展の理論』によれば、出発点は静態経済です。静態経済とは生産されたものがすべて消費されるような循環的な世界です。ワルラス（☞第10章）の一般均衡状態です。この均衡では利子も利潤も存在しません。この状態で資本主義のすべてを説明できるのでしょうか。ノーです。シュンペーターはここでマルクス（☞第7章）の動態とい

うアイデアを借ります。企業家の登場です。企業家は男でも女でも、どんな職業に就いていてもかまいません。彼は銀行の資金提供を受けて、イノベーション[1]をおこないます。こうした企業家の営みは「創造的破壊」と呼ばれるほど、非連続的で急激な変化です。ワルラスの静態性だけでなく、経済発展を連続的・漸次的ととらえたマーシャル（☞第11章）の考えに、シュンペーターは反対なのです。

景気循環論

景気循環とイノベーションは切り離せません。彼は後年、景気循環を、①第1次接近、②第2次接近、③第3次接近の3段階に分けます。①は繁栄と後退の2局面からの説明です。企業家が独創的な革新を起こすと、しばらくしてから他の企業家たちが模倣し追随します。彼らは最初の企業家よりも楽にイノベーションを起こすことができます。なぜならば、既存の企業家が経験を蓄積し、障害を乗り越えているからです。完全雇用の状態からイノベーションを起こすには、既存の生産要素（労働や資本）を引き抜く必要があります。そのために生産要素価格（賃金や資本レンタル料）は上昇するでしょう。すると企業の利潤率は下落していきます。さらに、革新によって多数の企業が群生して市場に参入してきます。そうなると生産量は急速に増加し、商品の価格下落に歯止めがかからなくなり、利潤はゼロになってしまいます。そして景気は繁栄の局面から後退の局面へと移ります。そこでは債務の整理などがおこなわれ、新たな均衡へと向かいます。

②は不況と回復の説明です。新たな均衡で経済がいったん停止するわけではなく、それより低い段階に景気が突入してしまいます。また、不況が行き着くところまで行けば、景気はまた新しい均衡へと戻り始めます（回復局面）。これは不況の必然的な結果からもたらされるといってもよいでしょう。このようにシュンペーターの第2次接近とは、繁栄・後退・不況・回復の4局面から構成されています。投機筋など心理的要素を加えた結果、複雑な景気の波が出現するのです。③は景気循環の種類に関してのアプローチです。シュンペーターは3種類の景気循環の波について触れています。それはキチン波（平均周期40ヶ月）とジュグラー波（平均周期約10年）とコンドラチェフ波（平均周期約50年）の3種類です。

第 18 章　シュンペーター

> 資本主義から
> 社会主義へ

シュンペーターにとって「資本主義は、……けっして静態的たりえないものである。……この『創造的破壊』の過程こそ資本主義についての本質的事実である」。つまり、資本主義とは経済発展の連続的な積み重ねなのです。

しかし、この資本主義は未来永劫、永久に続くものではありません。シュンペーターは創造的破壊の行き着く先は社会主義だと考えました。資本主義はその成功ゆえに崩壊するのです。この部分だけ聞くとおかしいと思うかもしれません。しかし、シュンペーターはその崩壊過程を、①企業家職能の無能化、②擁護階層の壊滅、③資本主義社会の制度的骨組みの破壊、④増大する敵対勢力、という順番で丁寧に説明しています。

まず、イノベーションによる発展が連続して生じると、それじたいが日常業務化、自動化、陳腐化します。そしていままでの企業家の機能が、一部の専門家集団の仕事になってしまいます。もともと企業家とは、困難を乗り越えて革新を遂行する英雄的な側面をもっているはずです。それが失われ、さらに制度まで変化を及ぼしてしまうのです。

シュンペーターはそれを「共棲（きょうせい）」という言葉で説明しています。かつて資本主義の発展は封建主義を崩壊させました。封建時代に指導的立場にあった貴族や僧侶の政治的特権を消滅させたのです。一見これは、資本主義を代表する階級、ブルジョアジーにとっては良かったかもしれません。しかし、実は封建時代の指導者階級はブルジョアジーの擁護者だったのです。彼らは姿を代えて資本主義時代に生き残りました。貴族が官僚や政治家になるといった具合です。

そして次に、資本主義の発展はその制度的骨組み（私有財産制と契約の自由）を破壊させます。経済発展が進行するにつれて、企業は巨大となり独占的になります。私有財産制の崩壊に関しては、シュンペーターは企業の上層部や株主を例に挙げて「所有者的な姿」が消滅すると説明しています。会社の利益と自分自身の利益が一致しなくなるというのです。企業が巨大化すると上層部は被雇用者的な態度をとりがちだし、株主はそもそも企業じたいに興味をもたないからです。契約の自由に関しては、契約が個々人の選択ではなくて、非個人的・官僚的なものになると述べています。

以上のように、資本主義の発展は逆に資本主義に批判的な雰囲気をつくり出

します。そこに高等教育の進展と結びついて、知識人による資本主義批判が加わります。高等教育を受けた人びとが多くなること、偽装失業の可能性が出ると説かれるのです。教育を受けたものは肉体労働に就きたいとは考えはしない、しかし専門的な知識を生かせる仕事には限りがあるのだから、そこにはいままでに考えられなかった失業が生まれるだろう、ということです。それは知識人の不満を増大させ、社会に対して批判的な雰囲気をつくり上げるのです。

　そしてシュンペーターの予言では、最終的に資本主義は崩壊に至ります。ただし、それが歓迎されるわけではありません。社会主義の到来はあくまで歴史的必然であり、個人的な考えとは別でした。「……この結論を受け入れるためには、何も社会主義者たるを要しない。ある予見をなすことは、けっして予言した出来事の進行を願っていることを意味するものではない」。社会主義の到来とは、たんに技術革新が枯渇するという次元ではなく、資本主義を担ってきた情熱的な企業家の精神そのものが消え去ることなのです。

3　シュンペーターと失業

摩擦の調停　また、シュンペーターは『資本主義・社会主義・民主主義』(1942年)のなかで、資本主義に対する社会主義の優越について考えています。彼はそこで社会主義に軍配をあげているのですが、その理由を「私的領域と公的領域の摩擦」が解消されるからだ、と説明しています。まず、公的領域の私的領域への介入（経済に対する政府干渉）は両者の争いを生み出します。しかし社会主義社会においてはこのような争いごとはありません。これはそれに付随する費用や損失を回避させ、何かしらの事業の推進力を増大させます。またそれは、争いごとを調整する人物（弁護人）を解放することになります。シュンペーターは能力のある人物がこのような争いに巻き込まれることを「不生産的」だと考えていました。社会主義は有能な人物を他の生産的な仕事に転用できるのです。

裁量主義への批判　このようなシュンペーターが、ケインズの裁量的経済政策に対して批判的であったことは当然でしょう。さらに失業も必然的に回避されると考えられました。資本主義が成熟して社会主

> ### コラム⑭　ワイマール憲法と生存権
>
> 　ひなげしの赤い造花があふれる Poppy Day（11月11日、休戦記念日）が悲しく語るように、第1次世界大戦は破壊と虚無をもたらしました。しかし、前向きな理想主義も残ったのです。世界的な原則としてウィルソン大統領の14ヶ条があります（自由貿易、軍縮、民族自決、国際連盟など）。国民向けにはワイマール憲法（1919年）があります。「すべての者に人間たるに値する生存を保障する」（151条）という生存権が明言され、連帯・平等を志向する「社会国家」が成立しました。また、財産権も公共の福祉に反しないように制限されました。しかし、過酷な賠償金、失業、大インフレに苦しんだドイツは、やがてこの民主的な共和国体制の内側からファシズム体制を生んでしまうのです。
> 　第2次大戦の敗戦国の日本でも「すべての国民は、健康で文化的な最低限度の生活を営む権利を有する」（25条）という憲法が制定されました。世界人権宣言（1948年）の「健康および福祉に充分な生活水準を保持する権利」（25条）も同じ潮流です。20世紀中葉には、束縛からの自由や政治参加だけでなく、「人間に値する生存」という社会的な権利（☞第25章）が成文化したのです。
> 　　　　　　　　　　　　　　　　　　　　　　　　　　　　　　（小峯）

義が到来すると、失業は排除されます。なぜならば生産を中央官庁が管理しているからです。もし技術改良によって失業が生じたとしても、中央官庁が失業者に他の仕事を与えるのです。

　また彼は次のようにも述べています。「わたしは失業が貧困のごとく資本主義の発展につれて排除されうる悪の1つであるとは考えていないし、およそ失業率が長期において増大する傾向をもっているとも思っていない」。失業は景気変動の繁栄期に続く適応過程にしかすぎませんでした。つまり一時的な現象にすぎないのです。また、失業の要因も資本主義に内在していないのです。戦争や外国貿易の混乱といった外的な要因によるものだ、とシュンペーターは考えました。

福祉との関係　さらに本当の問題は失業そのものではなく、「それ以上の経済発展の諸条件を傷つけることなしに失業者を十分に世話しえない」ことです。資本主義が十分に成熟すれば必然的に失業は消滅するのだから、資本主義そのもののメカニズムを停止させるような補助・

補償はやめたほうがいいというのです。それは「老人や病人の保護、教育、衛生」といった福祉の側面についても同様です。資本主義が十分に成熟していない段階で、福祉的な政策という補塡をすることは、「生産資源の浪費」なのでした。

また、シュンペーターは『景気循環論』で、不況について次のように指摘しています。「好況や後退に対して、……世論が想定するような福祉の意味あいをここでは与えない。通常、好況は社会的な福祉の増大と、後退は生活水準の低下に結びつけられている。われわれの見解ではそうではない。その逆とすらいえる。……不況期は、好況期における革新の成果だけでなく、間接的な効果を含めての収穫期なのである」。つまりケインズなど多くの経済学者が想定しているのとは違って、好況と福祉増進は同じ意味ではないのです。むしろ不況こそ、輝かしい革新を萌芽した重要な時期なのです。

4　イノベーションの結果としての不況──景気循環論・再論

景気循環の一部である不況や、その結果として生じる失業を、シュンペーターは「悪」とはとらえていません[2]。それはあくまでイノベーションの必然的な結果です。不況期、物価の下落を通じてイノベーションの成果が一般大衆に及ぶ効果があるのです。シュンペーターは物価の下落について、次のように述べています。「景気循環に関して、健全な精神状態を身につけるためには、循環メカニズムの正常なはたらきによって発生する物価の一般的下落は、……かならず破局を生むという偏見……を取り去ることが必要である」。

また、失業についても同様の主張をしています。「彼ら〔ごく少数の経済学者〕は循環的失業と技術的失業とを区別し、かつ対照するのを習慣としている。しかしわれわれのモデルからは、基本的には、循環的失業は技術的失業であるという結論が出てくる」。

新しい技術が産業内に導入されると、古い体制で生産をおこなってきた企業は市場からの退出を余儀なくされます。それまでその企業に雇われていた労働者は失業することになります。これが技術的失業です。つまり、これはイノベーションによって生じる「体系内の攪乱」から生じるものなのです。それは言

い換えると、景気循環から必然的に生じるということになります。また、シュンペーターはこれを利潤と同様に一時的なものだと述べています。

5 おわりに

　シュンペーターがケインズ的裁量政策を疑問視していたことは冒頭で述べましたが、だからといってシュンペーターが政府干渉を嫌悪しているようには思えません[3]。そもそもシュンペーターの考える社会主義は、わたしたちのイメージとはかなり違っています。社会主義というと旧ソ連型のような、革命によって成立した絶対的な政治権力をもつ中央集権型を思い浮かべがちです。しかし、シュンペーターの想定していた社会主義は、もっと緩やかな「大きな政府」であったように思います。ただ、それは従来の、一般的な意味での「大きな政府」、つまり従来型の積極的な政府介入を意味するものではありません。そして、その政府の役割の拡大は歴史的な、時間的流れに沿った変化によって自然に、つまり必然的にもたらされるものです。

　また彼は、不況や失業についても歴史の必然ととらえます。彼にとって、不況は次の段階へ移行するための懐妊期間です。シュンペーターにとってこのイノベーションの機会を確保することこそが「善き社会」であったように思われます。彼は『租税国家の危機』(1919年)で、イノベーションの誘因を損なってしまうから、企業家利潤への直接課税に反対しています（代わりに財産税を推します）。税収は課税対象の大きさから決定されるものではありません。「自由経済の起動力の性格」によって規定されるのです。

　とくに不況・失業の診断や対策について、シュンペーターの洞察力はケインズと対照的に見えます。一方が総需要の側からみるのに対して、他方はイノベーションという供給側から世界をみます。しかしいずれも「投資」を非常に重視していたという事実は見逃すべきではありません。ケインズは「血気」（アニマル・スピリット）で投資行為を表わし、シュンペーターは「革新」と看破しました。いずれもみずからの直観・情熱・想像力・創造力によって、不確実な未来を切り開く「能動的な生き方、ロマン」を感じさせないでしょうか。シュンペーターの場合、その源や理想郷は世紀末ウィーンの豊穣な文明社会であ

ったに違いありません。

注
1) ①財貨の生産、②生産方法、③販売ルート、④原料供給源、⑤組織、に関して、それぞれ新しさを実現することです。「新結合」とも呼ばれます。
2) このあたりの議論は吉川洋『いまこそ、ケインズとシュンペーターに学べ』185 頁を参照してください。
3) 吉川洋はシュンペーターがケインズ的な財政支出に前向きな評価をしていると指摘しています。同上書、第 13 章を参照してください。

▆▆▆▆ レポート執筆のヒント ▆▆▆▆
- 「日経テレコム 21」などの新聞記事検索で、「イノベーション」という用語がどの程度ヒットするか、期間を変えて調べてみよう。
- シュンペーターと縁の深い日本人の名を挙げて、CiNii などの論文検索でその人の論文を探してみよう。
- シュンペーターとケインズの洞察力・世界観を比較してみよう。その端緒として、失業や不況に対する彼らの見解を整理してみよう。
- 「小さな政府」と「大きな政府」の短所と長所について考えてみよう。

▆▆▆▆ 文献 ▆▆▆▆

（シュンペーターの本）
『経済発展の理論』（上下巻）塩野谷祐一・中山伊知郎・東畑精一訳、岩波文庫、1977 年。
『資本主義・社会主義・民主主義』（上中下巻）中山伊知郎・東畑精一訳、東洋経済新報社、1962 年。
『租税国家の危機』木村元一・小谷義次訳、岩波文庫、1983 年。
『景気循環論』（全 5 巻）吉田昇三監修・金融経済研究所訳、有斐閣、1958～64 年。

（参考文献）
伊東光晴・根井雅弘『シュンペーター』岩波新書、1993 年。
塩野谷祐一『シュンペーター的思考』東洋経済新報社、1995 年。
根井雅弘『シュンペーター』講談社学術文庫、2006 年。
E. メルツ『シュムペーターのウィーン』杉山忠平監訳・中山智香子訳、日本経済評論社、1998 年。
吉川洋『いまこそ、ケインズとシュンペーターに学べ』ダイヤモンド社、2009 年。

（本吉祥子）

19 ポランニー

社会の自己防衛から福祉国家の哲学へ

>「人間は経済的存在ではなく社会的存在である、といったアリストテレスは正しかった。……人間の経済は、原則として社会関係のなかに埋め込まれているのである。」(『経済の文明史』第 2 章)

【キーワード】

貧民救済　飢餓の恐怖　文化破壊　二重運動

　福祉国家の存在理由は何でしょうか。物質的に豊かな社会においても貧困問題がなくならないことが、その理由の 1 つです。本章では、経済的貧困は文化破壊の結果として生じる、というポランニーの考え方を紹介します。

1　略伝――カール・ポランニーの思想と人生

世紀末の混乱　カール・ポランニー (Karl Polanyi, 1886～1964 年) は、経済人類学の開拓者として、稀少性の概念を批判した制度の経済学者として、また経済的自由主義を痛烈に批判した『大転換』(1944 年) の著者として知られています。ポランニーは、ハンガリー、ウィーン、イギリス、アメリカで活躍しました。しかし彼は、人生の大半を大学勤めの学者として過ごしたわけではありません。ハンガリーでは弁護士に、ウィーンでは『オーストリア・エコノミスト』のジャーナリストに、イギリスでは労働者教育をおこなう夜間学校の教師に従事しました。『大転換』を読んでそれを高く評価したモーリス・クラークが、ポランニーをニューヨークのコロンビア大学に客員教授として招聘したとき、彼はすでに 60 歳を超えていました。

　ポランニーは、オーストリア＝ハンガリー二重帝国下のウィーンで、ユダヤ系両親の第 3 子として生まれ、ブダペストで育ちました。ポランニーの父は鉄

第 4 部　福祉国家の誕生

ポランニー[1)]

道技師としてイギリスで研修を積んだ経験から、子供たちには英語教育を重視して受けさせました。ポランニーの母は生命力のあふれた知的な女性で、文化サロンを主催し、ルカーチやオスカール・ヤーシなど、社会主義の知識人や民主化運動の活動家を招きました。このような家庭環境を通じて、ロシア革命の精神がポランニー家の子供たちに影響を与えます。子供たちは優秀に育ち、とりわけ「暗黙知」の概念で高名な科学哲学者として知られている弟のマイケル・ポランニー (Michael Polanyi, 1891〜1976 年) は、兄カールの思想形成を支え、『大転換』の執筆時に立ち会っています。1904 年に名門ブダペスト大学の法学部に入学したカール・ポランニーは、父の死や、ユダヤ系指導教官の言論弾圧事件への抗議をきっかけに受けた退学処分、困窮といった相次ぐ苦境に見舞われ、人生で最初の挫折を経験します。彼は父に代わって家計を支えるために弁護士の資格を取得し弁護士事務所で働きましたが、徐々に精神のバランスを崩して鬱病に苦しむこともありました。

第一次世界大戦とウィーン時代

オスカール・ヤーシの秘書となり、学生による民主化運動を組織する中心的メンバーとして活躍したポランニーは、第 1 次世界大戦が勃発すると自ら志願し、騎兵隊の将校として従軍します。第 1 次世界大戦はポランニーの人生に衝撃を与えました。この大戦によって二重帝国体制は崩壊し、ハンガリーでは非常に不安定な政治情勢が続きました。ポランニーは、激動のヨーロッパの嵐——第 1 次世界大戦、ロシア革命、世界恐慌、ファシズムの台頭、第 2 次世界大戦、冷戦——のなかに巻き込まれることになります。

　第 1 次世界大戦で負傷したポランニーは、弾圧下のブダペストを後にして、1919 年 6 月、ウィーンに亡命しました。ウィーン郊外の療養所で長患いの病気と負傷に苦しむポランニーを介護したのは、ブダペストの動乱から逃れて療養所で勤めていた美しい女性活動家イロナ・ドゥチンスカでした。消耗しきった孤独なポランニーを支えた彼女は、彼の生涯の伴侶となりました。

　民主的な社会主義政権下のウィーンにおいて、ポランニーは、マルクス（☞

第7章)『資本論』やオーストリアの経済学者たち——メンガー、シュモラー、ヴィーザー、ベーム゠バヴェルク、ミーゼス、ウェーバー、ノイラート、シュンペーター（☞第18章）——の著作を熱心に読むことから研究を始めます。両極端な資本主義と社会主義の構想に対して嫌悪感を深めた彼は、市場以外の経済制度を排除する考え方も、社会から市場を根絶することを要請する考え方も、ともに間違っているとして拒絶しました。ポランニーは1922年に「社会主義計算」を執筆し、ウィーン大学で経済学の私的ゼミナールを開講していたミーゼスに、社会主義経済の可能性について論争を挑みました。ロシア革命は当時の大事件であり、内乱がロシアの経済を破壊していましたが、そのことが自由市場経済と価格形成メカニズムを唯一正当で実現可能な経済システムと見なす理由にはならない、とポランニーは考えていました。

ファシズムの台頭とイギリス時代

まもなくウィーンでは、自由主義的資本主義の経済学者の影響力が拡大する一方で、民主的な社会主義政権が政治の舞台から退き、保守主義的な反動政権が台頭します。「経済的自由主義の世論における影響力が増大した後に、民主主義諸力が弱まり、ファシズムの台頭を許した」というポランニーの考え方は、「経済と民主主義」や「ファシズムのウィルス」、そして『大転換』の主題を構成しています。ナチスがドイツで政権を掌握した1933年、言論弾圧を受けてジャーナリストの職を失ったポランニーは、キリスト教社会主義のネットワークを頼りにウィーンを脱出してイギリスに移住し、労働者教育協会の講師をして生計を立てることになります。

イギリスの労働者は、ヨーロッパ大陸の労働者と違って、投票したり公共の職務に参加したりすることとは無縁な生活を送っていました。ポランニーは公共心も自尊心ももたないイギリスの労働者のなかに、「産業革命の文化破壊の産物」=「堕落した貧民の亡霊」を見いだして衝撃を受けます。労働者が市場社会の倫理を内面化していることが、政治的な運命主義（選挙権の行使などを通じて社会を変革する可能性を諦めること）をもたらしていると認識し、さらに、「飢餓の脅威」によって人間を市場に隷属させるシステムが労働者の生活向上の意欲を後退させる原因であることを突きとめたポランニーは、市場万能主義や経済的自由主義の主張を反駁するための社会科学の方法を構築していきます。

こうしてポランニーは、「ファシズムの起源はリカード〔☞第5章〕時代のイギリスにある」という命題から始まる『大転換』を執筆したのでした。

冷戦とアメリカ時代　第2次世界大戦後のポランニーは祖国ハンガリーに戻ることを希望しましたが、東西陣営に引き裂かれた冷戦の勃発によって入国を許されませんでした。ニューヨークのコロンビア大学に客員教授としてアメリカに渡った1947年以降、ポランニーは、ウェーバーやアリストテレス（☞第1章）の文献を読み返しながら一般経済史の研究に懸命に取り組みますが、1957年に癌が見つかります。最晩年のポランニーは、冷戦という名の新たな戦争下における経済ナショナリズムと民主主義の問題、アジアやアフリカの産業化と多文化の共存の問題に関心を向けました。ここでポランニーの定義する文化とは、「民衆」の文化のことであって、民主主義の活力と一体の概念です。文化は、自己保存の欲求を超える自尊心や公共的な規範を民衆に届ける社会的活力であり、民主主義は文化的諸力の結果なのです。文化の皮膜に埋め込まれた人間の経済は、飢餓の脅威のような露骨な自己保存の恐怖に基づかない、財の生産や分配の制度を豊かにもっている、とポランニーは述べています。

産業文明に生きる人間が、自由と平和を制度化することが困難な状況にあるのは、核武装や戦争の潜在的脅威やエネルギー資源の争奪戦を緩和する機能をはたすべき文化の皮膜を壊滅的なまでに破壊してきた歴史のためだ、と最晩年のポランニーは考えました。もちろん、人間の物的な欲望や自己保存の恐怖を社会から根絶してしまうような方法は、可能ではないし望ましくもありません。ポランニーは、中央集権的な国家権力でも自由放任の市場経済の力でもなく、公共性や文化的諸力を活性化させる試みによって人間の自由と平和を制度化することを主張したのです。

2　福祉国家はなぜ批判されるのか——ポランニーの予言

新自由主義と福祉国家　福祉とは何でしょうか。どのような手段を用いて福祉を達成することが望ましいのでしょうか。現代の新自由主義（ネオ・リベラリズム）は、福祉とは富の増大であり、消費者としての

選択の自由の拡大である、と考えます。そして、市場秩序が長期的な真の福祉を達成する正当な手段であると考えることから、福祉国家の存在は基本的に望ましくない、と結論します。現代の新自由主義の経済思想をもっとも体系的に表現したハイエク（☞第22章）は、ポランニーのかつての論敵ミーゼスの弟子に当たります。ハイエクは、市場によって生み出される独特の「カタラクシー」という自然発生的秩序を唯一正当な秩序であると考えますが、福祉国家が「さまざまな理由で、市場の内部で生計を立てることのできない人びと、たとえば、病人、老人、身体的・精神的障害者、寡婦、孤児に対する最低限の保証を給付すること」を認めました。しかし、ハイエクら新自由主義者にとっては、小さな政府と個人の自助努力が「正常」であり「正しい」のであって、国家の任務はあくまでも「必要悪」として存在するものでしかありません。

福祉国家の危機とポランニーの予言　福祉国家論の論客の１人であり、ポランニーの『大転換』から「脱商品化」という福祉概念を引き出したエスピン゠アンデルセン（☞第25章）は、①市場に依拠して生計を立てることが正当と見なされる市場社会においては、他人や国家から生計の援助を受けることが不当であると見なされること、したがって、②給付対象となる人の自尊心が傷つけられてしまいかねない「恥辱（スティグマ）」の問題が発生すること、を明らかにしました。たとえば、スティグマをともなう生活保護制度は市場への依存度を弱めているとはいえません。エスピン゠アンデルセンは、従来の福祉国家の「市場中心的」な社会的前提を批判し、いわば「市場からの自由」を提唱しているのです。

　ポランニー研究者でもあり福祉国家論の論客の１人でもあるスタンフィールドは、「福祉国家の危機――カール・ポランニーの教訓」（1991年）という論文のなかで、ポランニーの経済思想から「福祉国家の危機」を読み解き、それを「積極的な文化の危機」として把握しています。スタンフィールドの問題提起を引用しておきましょう。「福祉国家とは何か、と問うたときに、積極的な定義はない。福祉国家は、市場至上主義ではないもの、社会主義ではないもの、というように、消極的にしか定義されていない。……実際に福祉国家は存続してきたにもかかわらず……貧弱な理論的展開に悩んでいる」。スタンフィールドは、福祉国家が積極的な定義をもちえない点にこそ福祉国家の危機の原因が

求められるのであり、そのことをポランニーの『大転換』が予言していた、というのです。

3 『大転換』の主題——市場ユートピアと社会の自己防衛の限界

19世紀市場社会と二重運動

『大転換』の主題は次の文章に凝縮されています。少し長いですが、重要なので引用します。「自己調整的市場というのはまったくのユートピアであった、というのがわれわれの命題である。そのような制度は、社会の人間的・自然的な実体を無にしてしまうことなしには、一時たりとも存在しえないだろう。それは人間の肉体を破滅せしめたであろうし、人間の環境を荒漠たるものに変えてしまったことであろう。社会は否応なく、自分自身を防衛する措置をとったのであるが、しかしそのような措置がどのようなものであろうとも、それは市場の自己調整作用を損ない、経済生活を混乱させ、社会をさらにもう1つの危険に陥れたのである」。

自己調整的市場とは何か。それは文字どおり、外部からの干渉が不在ならば市場は自動的に調整と回復をやってのける、という考え方です。自己調整的市場とは、産業革命が進行していたマルサス（☞第5章）やリカード時代のイギリスにおいて形成された、きわめて特異で革新的な市場のイメージでした。『大転換』は、そのような自己調整的市場というものが現実の社会には一度も実現しなかった（自己調整的市場はユートピアである）ことを論証しています。経済的自由主義が謳歌した19世紀市場社会の歴史を、ポランニーは「二重運動」という概念で説明します。二重運動とは、「自己調整的市場」の拡大とその反作用である「社会の自己防衛」から構成されます。19世紀市場社会において、「一方では、市場は地球上の全地域に広がり、そこに巻き込まれる財の量は信じられないほど増大したのに対し、他方では、もろもろの措置と政策の網の目が、労働、土地、貨幣に関する市場の動きの規制を意図して強力な諸制度へとまとめあげられた」のです。一見不可解に思われますが、市場は社会保護の要請をともなって拡大を続けてきたことになります。

第 19 章　ポランニー

> 二重運動の緊張と市場による調整の行き詰まり

ポランニーは、いかなる社会も経済生活をもたないことがありえないのと同様に、いかなる経済生活も社会から離れては存立しえない事実をふまえて議論します。どのような経済生活も、人間の労働・生産組織・自然（土地と資源）を必要とします。労働は人間の別名であり、土地や資源は自然の別名であり、生産組織は生活様式の別名であって、それらは一体となって社会生活の全体を構成しています。市場社会は、人間の労働・生産組織・自然（土地と資源）という社会の構成要素を売買対象として取り扱うトリック——「擬制商品」——を使って、社会を巧妙に取り込んでいます。しかし、擬制商品の仕掛けは、社会を利用することに長けてはいても、社会を保護する機能がないという市場の論理の限界をつねに抱えています。

ポランニーは、労働市場、土地の市場、貨幣市場、企業組織に関する取引には必ずさまざまな規制がともなう、という事実を発見しました。社会を利用する市場のひき臼によって社会がバラバラに解体される危険に対して、防衛措置が講じられるからです。それは、「資本主義的生産組織」である営利企業についても当てはまります。市場の論理には、倒産や失業の危険から企業組織や労働者を保護する論理がないので、市場の自己調整作用に干渉するかたちで措置がとられることになります。市場の影響力が大きくなるほど、国民の生活を保護する必要が生じます。その結果、市場の自己調整作用が混乱をともなったり弱められたりすることになります。また、そのしわ寄せが不況・失業・企業の倒産として現われ、社会の側にも返ってきます。すると、社会の側はより強力な保護を求めて防衛運動を発動させます。このような二重運動のプロセスのなかで、産業に対する諸規制を整えたり、長期的な不況や大量失業の脅威から労働者や企業を保護したりするための国家の役割が整備されます。すると、市場の自己調整機能はますます弱められることになります。

『大転換』によれば、ファシズム的産業国家、ロシア型社会主義、アメリカのニューディール政策、イギリスの福祉国家は、大恐慌の時代に、行き詰まった市場社会の解決策として登場しました。ファシズムは、弱まった市場の調整機能を回復する取り組みのなかで、市場に介入する民主主義的な機会を取り除いた結果、生じたものなのです。ポランニーは、自由な市場社会が経済危機を

第4部　福祉国家の誕生

きっかけに不自由な社会に変質する危険が十分にありうることを指摘しました。

> 社会の自己防衛と
> 時代遅れの福祉国家

ポランニーの二重運動について説明してきましたが、ここであらためて、「第2次世界大戦後の福祉国家の危機をポランニーが予言していた」とはどういうことなのか、ポランニーの二重運動を現代福祉国家分析に応用するスタンフィールドが提起した問題に沿って考えてみたいと思います。ポランニーの二重運動は、社会の保護を求める運動が、市場の作用に対してつねに「後手に回っていた」ことを指摘しています。戦略を練り、計画的に相互連関的に社会を保護するのではなく、市場の作用が危険になってからはじめて社会の自己防衛が発動するからです。その意味では、社会の自己防衛は消極的であって、積極的な定義をもちえたとはいえないのです。スタンフィールドは、第2次世界大戦後の福祉国家もまた、市場の成功と失敗に振り回されるかたちでその役割を与えられてきた、と分析しています。「福祉国家は積極的な調整機能を担わず、市場拡張の破壊的な影響が起こった後に、事後的に対処してきた」結果、市場社会が「必要悪」として生み出した「時代遅れの福祉国家」に現在もとどまってしまっているのです。次節では、「文化の復位をともなわない福祉政策は、民衆をいっそうの貧困に陥れ、その結果、新自由主義的な思想潮流に勢いを与える」というポランニーの予言を『大転換』から紹介します。

4　スピーナムランドはなぜ失敗したのか──福祉国家批判の起源

> スピーナムランド
> 法から新救貧法へ

ポランニーは『大転換』において、産業革命の渦中に貧民救済を目的として制定された法律、「スピーナムランド法」(1795〜1834年〔☞コラム①〕)を取り上げています。最低賃金と家族手当の保証を提供したスピーナムランド法は、イギリスの貧しい人びとを救済することができなかったばかりか、救済に群がる人びとを増加させ貧困をいっそう悪化させたとして、多くの非難を浴びせられて撤回されました。スピーナムランド法に代わって1834年に登場した法律は、「飢餓の恐怖が人びとを勤労に導く」という考え方を基盤にした新しい救貧法でした。ポランニーは、スピーナムランド法から新救貧法への転換のプロセス

において経済自由主義的な福祉思想が現われた、と見なしています。

　しかし、なぜスピーナムランド法は貧困の緩和に失敗したのでしょうか。ポランニーは、定住法[2]の緩和や団結禁止法[3]と同時期にスピーナムランド法が制定されたという、特殊な時代背景に注意を促しています。労働移動の柔軟化を可能にした定住法の撤廃が産業化と市場化への対応を求めた中産階級主導の動きであったのに対して、スピーナムランド法は、産業化と市場化に対する地主による最後の抵抗の所産でした。産業革命の激震によって旧来の生活を根こそぎにされた民衆が、生活とコミュニティの再建を求めてみずから立ち上がり、産業社会の担い手として自分たちを組織化する可能性は、団結禁止法の影響の下で閉ざされました。

文化破壊と貧民

　ポランニーによれば、民衆が働く意欲をなくし、道徳的にも堕落し、公的な給付金に依存せざるをえない貧民と化したのは、彼らに能動的に生きる力を与えていた旧来の文化やコミュニティが破壊されたからなのです。文化破壊によって自尊心や生きる目的を見失った民衆に対して、旧来の伝統的なコミュニティや文化の存在を前提にしたスピーナムランド法の再分配システムは、彼らを堕落した貧民に貶める結果をもたらしたのでした。このようにポランニーは、スピーナムランド法の教訓として、①産業化であれ市場化であれ、時代の変化に対する後ろ向きの抵抗では新しい積極的な価値を創造できないこと、②物質的な救済には限界があり、道徳的・文化的な救済をともなわなければ人びとの社会生活を保護することができないこと、を引き出しています。ポランニーは、スピーナムランド法の失敗の分析を通して、経済的な貧困問題の背後にある文化的破壊や道徳的退廃の問題——文化的真空——を見逃すべきではない、と警告しているのです。

市場志向と文化的真空

　ポランニーの考え方によれば、福祉とは善い生き方（well-being）を意味し、物質的のみならず、文化的・道徳的にも豊かな生活を享受している状態を意味します。福祉を達成するためには、民主主義的な手段を通じて、みずからの善い生き方を社会のなかで追求する自由が、保障されなければなりません。自己保存に関する恐怖を与えることで市場への依存度を強めた社会では、消費者としての選択の幅が広がったとしても、実際に福祉が向上したとはいえないのです。物質的な欲望充足によっ

て文化的真空が埋めあわされるわけではありません。ポランニーは、市場がすべての問題を解決すると考える市場志向には文化や道徳をいっそう荒廃させる作用がある、と考えました。市場の活力は、それをたくみに制御する文化的能力をともなわなければ、福祉の達成や向上に自動的に結びつかないのです。ポランニーは『大転換』において、文化や道徳的活力を失った国家には市場を制御し福祉を向上させる能力が欠落している、と主張しています。産業革命ののち、スピーナムランド法に代わって登場した新救貧法は、市場の要請を受けた国家が、労働の動機づけとして「飢餓の恐怖」を制度化したものでした。国家によって制定された新救貧法の下で勤労の規律が内面化される一方で、飢餓の恐怖や利潤の追求を制御する文化的・道徳的諸力の荒廃は進みました。荒廃が進んだ社会は、経済危機のときに「ファシズムのウィルス」に感染しやすいのです。

5 おわりに

社会の自己防衛から福祉国家の哲学へ

市場の提供するさまざまな価値を超えた「積極的な諸価値」を獲得しないかぎり、福祉国家はさまざまな批判や危機を乗り越えることが難しいだろう、とスタンフィールドは述べています。ポランニーの予言をふまえるならば、福祉国家が危機を乗り越えられるかどうかは、将来世代に向けて、自由と民主主義の政治原理を放棄することなく、「市場からの自由」を福祉国家の哲学として積極的に示すことができるかどうかにかかっているのです。それは、市場の活力を福祉に結びつける条件でもあるのです。社会の自己防衛の結果として生じた福祉国家には、そのような福祉国家の哲学が欠落していたのです。

晩年のポランニーは、ルソーの社会契約論を何度も読み直しました。ポランニーがルソーから引き出した結論によると、公共性と人間の自由は、民主主義が具現したところ――民衆の文化の「貯蔵庫」――では、相互に強化しあうものなのです。

注
1) Knneth McRobbie and Kari Polanyi Levitt (eds.), *Karl Polanyi in Vienna: The Contemporary Significance of the Great Transformation*, Black Rose Books, 2000 より。
2) 農業労働者を教区に定住させ移動を禁止した定住法（1662年）は、全国的な競争的労働市場の形成を妨害するものだとして、1795年に緩和されました。
3) 団結禁止法（1799／1800年）は、フランス革命の影響によってイギリスの政体が揺らがないように、一般民衆の集会や結社を禁止する条項を定めたもので、18世紀末から19世紀前半に効力をもちました。

レポート執筆のヒント

- 産業革命と救貧法の歴史を調べてみよう。
- 大恐慌とファシズムの歴史を調べてみよう。
- 福祉政策が労働意欲にどのような影響を与えるだろうか。不況で仕事を失った人にはどのようなセイフティー・ネットが必要だろうか。調べてみよう。
- 公共性と人間の安全保障という用語について、調べてみよう。

文献

（ポランニーの本）
『[新訳] 大転換』野口建彦・栖原学訳、東洋経済新報社、2009年。
『経済の文明史』玉野井芳郎ほか編訳、ちくま学芸文庫、2003年。
『人間の経済　Ⅰ／Ⅱ』玉野井芳郎ほか訳、岩波書店、1980年。
『経済と文明』栗本慎一郎・端信行訳、ちくま学芸文庫、2004年。
『市場社会と人間の自由——社会哲学論選』若森みどり・植村邦彦・若森章孝編訳、大月書店、2012年。
『経済と自由』福田邦夫・池田昭光・東風谷太一・佐久間寛訳、ちくま学芸文庫、2015年。

（参考文献）
カンジャーニ／トマスベルガー「カール・ポランニー 1920-1947——社会哲学的考察」中山智香子訳『現代思想』第37巻第10号、2009年。
佐藤光『カール・ポランニーの社会哲学』ミネルヴァ書房、2006年。
野口建彦『カール・ポランニー——市場自由主義の根源的批判者』文眞堂、2011年。
若森みどり『カール・ポランニー——市場社会・民主主義・人間の自由』NTT出版、2011年。
若森みどり『カール・ポランニーの経済学入門——ポスト新自由主義時代の思想』平凡社新書、2015年。

（若森みどり）

第 4 部　福祉国家の誕生

20　新厚生経済学

「科学」としての経済学

> 「1000 ポンドの所得からAが得る満足とその 2 倍の大きさの所得からBが得る満足とについて意見が違ったとせよ。……Aの満足をBの満足と比較してその大きさを検査する手段はまったくない。……内省によって、AはBの心のなかに起こっていることを測定することはできないし、またBはAの心のなかに起こっていることを測定することはできない。異なった人びとの満足を比較する方法は全然ないのである。」（ロビンズ『経済学の本質と意義』第 6 章）

【キーワード】

効用の個人間比較　パレート基準　補償原理　社会的厚生関数

　本章では、「新厚生経済学」が、現代の福祉問題を考えるうえで、どのような役割をはたしたのかを紹介します。

　1930 年代後半は、ロビンズのピグー批判をきっかけとして、「新厚生経済学」――カルドア、ヒックスによる「補償原理」とバーグソン、サミュエルソンによる「社会的厚生関数」――が誕生しました。「新厚生経済学」はシトフスキーやアローの批判によってその限界をあらわにしますが、センなどのその後の福祉経済学に大きな影響を与えました。

1　ロビンズのピグー批判――効用の個人間比較

新厚生経済学の誕生　「新厚生経済学」とは、ピグー（☞第 12 章）の「厚生経済学」に代わる「新しい」厚生経済学のことです。「新厚生経済学」は、ロビンズがピグーの『厚生経済学』を批判したことを契機として、誕生します。

　ライオネル・ロビンズ（Lionel Robbins, 1898〜1984 年）は、弱冠 30 歳で LSE の

教授になりました。当時のイギリスでは、マーシャル（☞第11章）を創始者とするケンブリッジ学派が学界に強い影響力を与えていました。しかしロビンズがLSEに着任して以来、ハイエク（☞第22章）、カルドア、ヒックス、ラーナー、コース、シトフスキーなど、錚々たる若手経済学者たちが集いました。ロビンズはメンガーを創始者とする「オーストリア学派」や、ワルラス（☞第10章）やパレートを創始者とする「ローザンヌ学派」といった大陸経済学を導入し、イギリスの学界に新風を入れたのです。

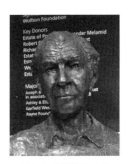

LSEの図書館にあるロビンズの像

　ロビンズは主著『経済学の本質と意義』（1932年）の第1章で、「経済学は諸目的と代替的用途をもつ希少な諸手段との間の関係としての人間行動を研究する科学である」という「経済学の定義」を提唱しました。この定義は、希少な資源の効率的な配分を描く定義として、戦後のアメリカの新古典派経済学に強く支持されました。しかしそれだけでなく、次の2つの主張が大事です。1つは、「効用の個人間比較」はある種の価値判断であって科学的根拠をもたないこと、もう1つは、「である」を含む「存在命題」と、「べき」を含む「当為命題」はまったく異なった平面にあること、です。

効用の個人間比較　ロビンズ以前のイギリスの代表的な経済学者たち、たとえばエッジワース（☞第8章）、マーシャル、ピグーは、「効用の個人間比較」を認めたうえで、「所得の再分配」（不平等を是正するために、政府が累進税などの財政手段を用いて、低所得者に所得移転をおこなう政策）を正当化する議論をしました。「効用」は「個人の満足度」のことです。それゆえ、「効用の個人間比較」とは、「効用」を個人どうしで比較することです。たとえば、AさんとBさんが同じ食事をするとき、その食事に対する両者の満足度を数値で比較することです。「効用」を表わす数値の絶対水準・差・和が意味をもつことを「基数的効用」と呼びます。

　「所得の再分配」を正当化する議論の前提には、「限界効用逓減の法則」があります。「限界効用逓減の法則」は、人が何かをより多くもてばもつほど、その追加単位をますます小さく評価する法則のことです。

たとえば、Ａさんがビールを１杯、２杯、３杯と飲んでいけばいくほど、ビール１杯分に対する評価が少しずつ小さくなることを意味します。この法則に従えば、人はより多くの実質所得をもてばもつほど、所得の追加単位をますます小さく評価します。つまり、豊かな人の所得の限界効用は貧しい人の所得の限界効用よりも小さく評価される、ということになります。したがって、豊かな人から貧しい人へ所得の移転がなされ、さらにこれらの移転が生産に不利な影響を与えるものでなければ、社会的な効用は増大するはずです。それゆえ、そのような所得移転は「経済学的に正当化」される、と考えられたわけです。

効用の個人間比較の科学的不可能性 しかし、こうした「限界効用逓減の法則」に依拠した所得分配は科学的根拠に欠けている、とロビンズは批判します。というのは、人びとの幸福感や満足の享受能力は境遇や階層によって多種多様であるにもかかわらず、異なった個々人の経験を科学的に比較するという形而上学的問題を、証明なしに仮定して論じているからです。そもそも、富者の満足と貧者の満足に関して、その大きさを検査する手段をもっていないのです。

経済学の中立性 さらにロビンズは、効用の個人間比較の科学的不可能性に関連して、「経済学の中立性」を主張しました。「経済学は、究極的な価値判断の妥当性について意見を述べることはできない」。この主張に多くの経済学者が反論しました。なぜなら、「経済学の中立性」を認めてしまえば、政策の実践としての経済学の役割を否定してしまうからです。たとえば、ケインズの高弟のハロッドは、「モラル・サイエンス」としての経済学の立場から「経済学は成熟した精密科学ではない」と反論しました。しかしロビンズは、倫理学や政治学に関する「政治経済学」の存在を否定していたわけではありません。実際ロビンズは、経済諮問会議の委員として公共投資や関税政策に反対する経済政策の立案にたずさわっていました。ロビンズは、たんに「存在命題」と「当為命題」を峻別することで、価値判断を含まない抽象的な「経済学」の独立性を、すなわち「科学」としての経済学を主張しただけです。

ロビンズのピグー批判 こうしてロビンズは、「効用の個人間比較」は科学的に不可能であると断じました。「効用の個人間比較」

が不可能であることは、画一化されない多様な人間性や個性を認めることと同義です。ロビンズは、それをやや形式的な「経済学の定義」として表現することで、効用を表わす順序のみを示す「序数的効用」を主張しました。ピグーの厚生経済学は「基数的効用」をベースに「効用の個人間比較」を前提に所得の再分配をおこなう理論でしたから、ここに著しい対照があります。

2　カルドアとヒックスの「補償原理」

福祉の基準としての「パレート基準」

それでは「効用の個人間比較」を回避したうえで、具体的にはどのような福祉の基準がありえるでしょうか。その答えは「パレート基準」(「パレート最適」とも呼ばれます) です (後述)。このような問題意識で臨んだのが、ニコラス・カルドア (Nichalas Kaldor, 1908〜86年) とジョン・ヒックス (John Hicks, 1904〜89年) です。彼らは「補償原理」と呼ばれる一連の基準を考案しました。

カルドアは、発展途上国のアドヴァイザーやイギリス労働党のブレインとして有名なポスト・ケインジアンの1人ですが、1927年から1945年までLSEで過ごしました。LSE時代のカルドアは、「くもの巣の定理[1]」や「過剰能力[2]」理論など新古典派経済学の発展に寄与しました。一方、ヒックスは、1926年から1935年まで、LSEに在職しました。ヒックスの『価値と資本』(1939年) は、マーシャルの経済学に「ローザンヌ学派」の選択理論を統合して一般均衡理論の動学化を試みた著作で、LSE時代に従事してきた研究の体系化です。ヒックスは1972年に「一般均衡と厚生経済学」に関する仕事で、ノーベル経済学賞を受賞しています。

パレート基準とパレート改善

「パレート基準」を考えましょう。「パレート基準」とは、ある人の効用を増やすには、かならず誰かの効用を減らさなければいけない状態のことです。たとえば、6個のケーキをAさん、Bさん、Cさんにそれぞれ2個ずつ均等に分けるとします。この分け方に全員が満足しているとしましょう。しかしもしBさんにケーキを3個分けるとすれば、Bさんの満足度は上昇しますが、ケーキ1個分減らされるAさんかCさんの効用は減少するでしょう。

他方、ある資源配分を再調整して、社会の誰の効用も低下させることなく、少なくとも一部の人の効用が高められることを「パレート改善」と呼びます。先ほどの例で、仮にBさんやCさんはケーキが大好物である一方、Aさんはケーキを2個食べても1個食べても同じ満足度しか得られないとしましょう。この場合、ケーキの最適な分け方としては、Aさんのケーキ1個をBさんやCさんに分けたほうがよいわけです。

このように「パレート基準」は、資源配分の最適性を判定する基準として、重要な指標の1つです[3]。

カルドアとヒックスの「補償原理」　カルドアは「補償原理」の名で知られる基準を打ち立てました。それによれば、ある政策がとられるとき、ある人が損害を受けても、もし社会全体の物質的所得が増加するとしたら、かりに増加する利得の一部を、損害を受けた人に補償する場合、その人が以前よりも効用が増えるならばそれでよいというものです。もう少し専門的にいえば、経済政策の効果を「分配効果」（たとえば、豊かな人と貧しい人の間で所得の再分配をおこなうことによって、社会全体の効用が増大する効果のこと）と「生産効果」（たとえば、政府が生産者に補償することで生産量が増大する効果のこと）の2つに分けるのです。そして「分配効果」の方を所与（一定としていじらない）として考慮外におき、「生産効果」だけを考えることによって、その経済政策の可否を「客観」的に決定する道を開くという発想です。この場合、その政策を勧告する経済学者の主張は、効用の個人間比較の可能性によって影響を受けることはまったくありませんし、税金などによる保障をおこなうことについても政治的な問題にすぎません。ヒックスは、カルドアの「補償原理」を体系的に図示しました。

こうしてカルドアやヒックスは、「パレート最適」を満たすように、生産量の再編成をおこなうことだけで、経済政策の可否を決定するツールを示したのです。「補償原理」は、ロビンズの提示した「効用の個人間比較」の問題をみごとに回避しつつ、社会的厚生を上昇させる「新しい」厚生経済学なので、「新厚生経済学」と呼ばれます。

3 シトフスキー・パラドックス

シトフスキー・パラドックス

しかし、こうしたカルドアとヒックスによる「新厚生経済学」は、すぐさま論理上の欠陥を露見しました。というのは、ラーナーの弟子であるティーボール・シトフスキー (Tibor Scitovsky, 1910～2002 年) が、「経済学における厚生命題の試論」(1941 年) において、カルドアとヒックスの「補償原理」は、経済政策の可否が判定できないケースがあることを指摘したからです。

上でみたように、カルドアとヒックスの「補償原理」は、政府が「補償」を生産者に与えたり、「パレート最適」を満たすように生産量の再編成をおこなったりすることで、社会全体の改善を可能にするものでした。しかし、「補償原理」に基づいて経済政策をおこなったとしても、経済政策をおこなった「以後」の経済状況が、経済政策をおこなう「以前」の状況と比べて、まったく改善されないケースがあることがわかったのです。この矛盾を、「シトフスキー・パラドックス」と呼びます。

シトフスキーは、この問題を回避するために、カルドアとヒックスの「補償原理」を組みあわせた「二重基準」を提示します。しかし、その基準さえも論理的に不備があることが、その後に判明しました。こうして「新厚生経済学」は、論理が厳密になる一方で、福祉の基準が判定不能な領域を広めていき、袋小路に入るのです。

4 バーグソンとサミュエルソンの「社会的厚生関数」

「ハーヴァード派」厚生経済学の登場

そこでアメリカを中心に、別系譜の「新厚生経済学」が発展してきたことを指摘しましょう。まず、エイブラム・バーグソン (Abram Bergson, 1914～2003 年) とポール・サミュエルソン (Paul Samuelson, 1915～2009 年) の「社会的厚生関数」です。厚生関数は、バーグソンが「厚生経済学のいくつかの側面に関する再定式化」(1938 年) と題する論文において、ある1つの社会の厚生（福祉の状態）と、

第4部 福祉国家の誕生

サミュエルソン

それに影響を与える諸要因との関係を表示するもの(経済的厚生関数)として考案されました。その後サミュエルソンが、『経済分析の基礎』(1947年)でそれを精緻化して、「社会的厚生関数」の名称を与えました。両者ともハーヴァード大学院の出身なので、「ハーヴァード派」厚生経済学とも呼ばれます。

社会的厚生関数

「社会的厚生関数」は、経済社会を構成する諸個人の判断および選好を考慮に入れて、さまざまな社会状態を倫理的に順序づけるプロセスないしルールのことです。「選好」とは、ある個人が消費財を選択するときの「好み」のことです。以下で説明してみましょう。

まず社会を構成する n 人の個人が、社会状態に対してもつ選好判断(どちらの状態が望ましいか)を $Ri(i=1, 2, \cdots n)$ としましょう。たとえば、R_1 と書けば、個人 1 の選好関係を示しています。ここで、$xRiy$ と書けば、経済主体 i が社会状態 y よりも x を選好している(好んでいる)ことを意味します。たとえば、xR_1y と書けば、個人 1 が社会状態 y よりも x を選好しています。ここで、個人の選好判断は「完備性」と「推移性」をもつことを条件とします。「完備性」とは、社会状態 x と y が与えられたときに、各個人は x を y より選好するか、y を x より選好するかのどちらかをかならず決めることができるという性質のことです。選好関係の「推移性」とは、社会状態 x, y, z が与えられたとき、もし各個人が x を y より選好し、さらに y を z より選好するならば、x を z より選好しなければならないという性質のことです。そして、各個人の選好順序を考慮に入れて、社会状態を順序づけるような「社会的選好順序」を R としましょう。このとき、各個人の選好順序から社会状態を順序づける関数関係は、$R=F(R_1, R_2, \cdots\cdots R_3)$ と示せます。

この関数は、すべての個人が一致してもつ選好判断は社会的判断に移されるということを意味しています。たとえば、諸個人が全員一致して、ある社会状態 S が別の社会状態 T よりも望ましいと判断ないし選好しているならば、「社会的厚生関数」は、倫理的に S が T より望ましいことを意味します。このことを数式で書けば、$xRiy$(個人の選好判断)$\Rightarrow xRy$(倫理的な強い社会判断)と

なります。

　さてこのとき、各個人の社会状態に対する効用関数を U_i として、この U_i から社会状態を順序づける「社会的効用関数」を U とすれば、$U(x) \geqq U(y)$ であるような効用関数 $U = (U_1, U_2, U_3, \cdots\cdots U_n)$ を示すことができます。この各個人の選好順序から社会状態を順序づける「社会的厚生関数」$U = (U_1, U_2, U_3, \cdots\cdots U_n)$ のことを、バーグソン‐サミュエルソンの「社会的厚生関数」と呼びます。

　「社会的厚生関数」は、諸個人の選好判断を集計して社会的選好判断を形成するプロセスを意味するので、最適な社会状態を決定するためには、たんにそれを最大化すればよいことは明らかです。さらにそれは、ピグー流の厚生経済学の欠点と新厚生経済学の利点を総合して、新旧厚生経済学を理論的に精緻化しています。その意味で、「社会的厚生関数」は、その論理性において完全無欠を誇っています。

社会的厚生関数と倫理的価値判断

　しかし、「社会的厚生関数」は大きな問題を有しています。それは、諸個人の選好がまったく一致しない状態が想定される場合は、「社会的厚生関数」はどのようにして社会状態を順序づけるのか、という問題です。すべての個人が社会状態 x を y より選好している場合は、上記の定理から、「社会的厚生関数」は x を y より上に順序づけることができます。しかし、ある個人が x を y より選好して、別の個人が y を x より選好している場合は、社会状態の順序づけは困難になります。「社会的厚生関数」による社会状態の順序づけが困難であれば、社会状態を決定するある種の倫理的価値判断が必要となります。

　この点について、サミュエルソンは次のように述べています。「ある倫理信念——慈悲深い専制君主、あるいは完全に自分本位な人間、あるいは『善意に満ちた人』、厭世家、国家、民族、あるいは群集心理、神など——の特徴を表わすと考えられる組織に属するすべての経済的量の関数を、その源泉をただすことなしに、われわれの議論の出発点ととろう。いかなる可能な倫理的信念も、わたし自身のものも含めて、容認される」と。要するに、「社会的厚生関数」は、「慈悲深い専制君主」でも「自分本位な人間」でも「善意に満ちた人」でも「神」でも、どのような倫理的判断を採用してもよいと述べているのです。

すなわち、「社会的厚生関数」が具体的にどのような倫理的判断を採用するかは経済学の外部の問題である、と考えるのです。

5　アローの「社会的選択理論」

社会的選択理論と不可能性定理　さらにケネス・アロー（Kenneth Arrow, 1921年～）は、「社会的選択理論」を打ち立てて、バーグソンとサミュエルソンの「社会的厚生関数」に対してきわめて衝撃的な疑問を提示しました。これをアローの「不可能性定理」と呼びます。アローの代表作は1951年に出版された『社会的選択と個人的評価』であり、1972年ヒックスとともにノーベル経済学賞を受賞しています。

アローは、各経済主体の選好順序によって社会状態を順序づける手続きを「社会的選択ルール」と呼びます。独裁者の存在を許してはならないなど条件[4]に従ったルールにおいて、各経済主体の選好から社会全体の選好を構成することは不可能であること、各経済主体の選好を社会全体の選好に統合することは不可能であること、「社会的厚生関数」は存在しないこと、が示されます。これが、アローの「社会的選択理論」による「不可能性定理」です。

投票のパラドックス　「社会的選択理論」による「不可能性定理」は非常に難解な数学的証明を必要とするため、ここでは200年以上前にフランス人マルキ・ド・コンドルセが指摘した「投票のパラドックス」を用いてアローの主張を理解しましょう。

いまAさん、Bさん、Cさんからなる社会があって、3つの選択肢 X、Y、Z のあいだに社会的選好順位を決定しなければならないとしましょう。図表7のように、Aさんは X を Y よりも好み、Y を Z よりも好むので、選好順位は $X>Z$ です。Bさんは Y を Z よりも好み、Z を X よりも好むので、選好順位は $Y>Z$ です。Cさんは Z を X よりも好み、X を Y よりも好むので、選好順位は $Z>Y$ となります。

この状況で、多数決によって3つの状態 X、Y、Z に順位をつけてみます。X と Y については、AさんとCさんは X を Y より好み、Bさんは Y を X より好んでいます。したがって、投票によれば2対1で、社会的選好順位として

順位 個人	1	2	3
A	X	Y	Z
B	Y	Z	X
C	Z	X	Y

図表7　投票のパラドックス

はXがYより望ましいということになります。次に、YとZについて投票をおこなえば、同様にして、社会的選好順位としてYがZより望ましくなります。したがって、社会的選好順位としては、XがYより、そしてYがZより望ましいのだから、「推移性」により、XがZより望ましくなるはずです。しかしながら、XとZについて投票すれば、社会的順序ではZがXより望ましくなります。したがって、社会的な選好順位について一貫して明確な結論が得られません。

民主主義と独裁性　こうしてアローは、投票のような民主的な手続きを考えれば、サミュエルソンやバーグソンが論じた各個人の選好順序から社会状態を矛盾なく順序づける「社会的厚生関数」は存在しないことを示し、「社会的厚生関数」の失敗を宣言するのです。

アローは、あらゆる投票制度について検討したところ、こうした不整合性はどのような民主的政府の意思決定過程でも回避できないものであることを提示しました。つまり、投票において整合的な選択をおこなう唯一の方法は独裁性にほかならない、ということです。

サミュエルソンは、社会的選択のルールがどのようなものでもかまわないという立場でしたが、アローはある種の民主主義を最低条件として仮定していることがわかります。多数決原理や投票手続きは政治学の領域で省察する必要があるとしても、アローが「社会的厚生関数」のメカニカルな決定に含まれる困難を十分に一般化されたかたちで示したことによって、厚生経済学はふたたび暗闇の世界に入ったのです。

6　おわりに

厚生経済学の新地平　こうして、2種の「新厚生経済学」は限界をあらわにして、それ以降、厚生経済学は新たな理論的基礎を求めます[5]。現代の厚生経済学では、セン（☞第24章）による福祉経済学の新たな展開によって、経済学を倫理学と結合させる新たな試みが始まり、ピグーの再評価もおこなわれています。ロールズ（☞第24章）は旧来の厚生経済学がもっていた狭い功利主義（効用という結果のみに注目すること）を批判し、「正義」の原理を確立しようと格闘しました。センは、アローから社会的選択理論、ロールズから社会正義論を摂取して、「パレート基準」が最低限の個人の自由を侵害する「リベラル・パラドックス」を発表しました。また経済理論においても、ゲーム理論や不確実性・保険の理論から明らかなように、「効用の個人間比較」がやや便宜的に可能であることを前提として議論が展開されています。「基数的効用」の復活といってもよいでしょう。

「新厚生経済学」は厳密な論理性を武器に、経済学者が福祉の状態について何をいえるかを論じてきました。1950年代までは、「序数的効用」と「パレート基準」を軸に、精緻化と挫折を繰り返してきました。その結果、唯一の絶対的基準が生み出されて認知されるという事態にはならなかったと判断できるでしょう。

しかし「新厚生経済学」は、福祉経済学の規範的な分析の排除を意味したわけでなく、「科学」としての経済学のなしうる領域を厳しく見直すことを提示したのでした。センは、ロビンズの「効用の個人間比較」の科学的不可能性の議論のうちに、人間の多様性や個性を重視する見方が内在していることを見直し、それが実質的にセンの「潜在能力」と補完的な位置にある、ということを指摘しています。

現在、社会科学の研究領域の垣根が取り払われる試みがおこなわれています。「新厚生経済学」の「科学性」を再考して、経済学と倫理学や政治学などを総合する新たな福祉経済学が誕生している現在において、これまで試行錯誤した「新厚生経済学」の意義は、いまだに輝きを失っていないといえるでしょう。

注
1)　今期の財の生産量に応じて需要曲線が価格を定め、その価格に応じて供給曲線が次期の産出量を決めるという調整過程のこと。
2)　独占的競争にともなう資源の浪費を考量する理論のこと。
3)　「パレート基準」を図示したのは、ラーナーです。
4)　他の条件として「広範性」「パレート原理」「情報的効率性」があります。
5)　「新厚生経済学」の専門的な議論を学びたい人は、たとえば、奥野正寛・鈴村興太郎『ミクロ経済学II』岩波書店、1988年、熊谷尚夫『厚生経済学』創文社、1978年、武隈慎一『ミクロ経済学増補版』新世社、1999年、西村和雄『ミクロ経済学入門［第二版］』岩波書店、1995年などを手にとってみることをお勧めします。

■ レポート執筆のヒント ■

・「投票のパラドックス」「囚人のジレンマ」など、有名な逆理を調べてみよう。
・福祉社会を実現するために、「パレート基準」「効用の個人間比較」はどのような役割をはたすか、あなたの意見を述べてみよう。
・「経済学の中立性」について、「政治学」や「倫理学」の隣接領域との関連性も考慮に入れて、あなたの意見を述べてみよう。
・新厚生経済学の存在意義について、あなたの意見を述べてみよう。

■ 文献 ■

（新厚生経済学の本）

ロビンズ『経済学の本質と意義』辻六兵衛訳、東洋経済新報社、1957年。
アロー『社会的選択と個人的評価』長名寛明訳、日本経済新聞社、1977年。
サミュエルソン『経済分析の基礎』佐藤隆三監訳、勁草書房、1967年。

（参考文献）

荒川章義「サミュエルソン」大田一廣・鈴木信雄・高哲男・八木紀一郎編『新版　経済思想史――社会認識の諸類型』名古屋大学出版会、2006年。
木村雄一『LSE物語――現代イギリス経済学者たちの熱き戦い』NTT出版、2009年。
木村雄一「ロビンズ・サークル――自由主義陣営からの反撃」平井俊顕編『市場社会論のケンブリッジ的展開――共有性と多様性』日本経済評論社、2009年。
熊谷尚夫『厚生経済学』創文社、1978年。
鈴村興太郎・後藤玲子『アマルティア・セン――経済学と倫理学』実務出版、2001年。
A. セン／後藤玲子『福祉と正義』東京大学出版会、2008年。
根井雅弘『現代イギリス経済学の群像――正統から異端へ』岩波書店、1989年。

（木村雄一）

第5部

「福祉国家」批判を超えて

教　授：ケインズの完全雇用論とベヴァリッジの社会保障論の組みあわせにより確立された「福祉国家」の理念は、第2次世界大戦後に先進資本主義諸国で「福祉国家の合意」の下に実現されていきました。ここでは、福祉国家が成立し、批判され、再編成されていく展開をみていきます。

龍　也：先進資本主義諸国で、福祉国家の理念が合意されたのはなぜですか。

教　授：世界恐慌が克服され、高度経済成長が現実になる過程で、ケインズの思想がマクロ経済学として経済学の主流を占めました。経済成長は社会保障のための財源を生み出し、逆に最低限の所得保障は経済的基盤を確かなものにしました。こうして、政府の経済介入（「大きな政府」）が各層に支持されたのです。この時期を代表する福祉国家の擁護者ミュルダールは、発展途上国や民主主義というより広い観点から、同時に福祉国家の限界も鋭く指摘しています（☞第21章）。

みゆき：その合意が崩れ、1980年代に一気に福祉国家が否定されるのですね。

教　授：いや、そう単純でもありませんね。ハイエク（☞第22章）やフリードマン（☞第23章）などはきわめて早くから福祉国家を否定しています。彼らの発言は当初は異端として斥けられていましたが、1970年代以降、徐々に大きな力を得てきます。

みゆき：きっかけは冷戦構造の崩壊（1989年）ですね。
教　授：いいえ、その前に、ニクソンショック（1971年）、石油危機（1973年、1979年）などを契機とする低成長時代への突入がありました。インフレと高失業が同時に存在するスタグフレーションという新しい現象が起こり、福祉国家は赤字財政主義と揶揄され、単純化されたケインズ経済学ではこの問題に対処できなくなったのです。こうした経済的な要因と、社会主義国家の崩壊という政治的な要因が複雑に結びついて、人びとの社会福祉についての平均的な考えが大きく変化したといえるでしょう。
龍　也：その結果、いま、市場原理主義とかネオリベとかが流行っているわけですか。
教　授：そうした流行語は、内容を慎重に吟味しなくてはいけません。ハイエクやフリードマンをその潮流の源と見なす見解も多いのですが、ここでは彼ら自身の言葉に基づいて、冷静に判断していきましょう。
龍　也：なるほど。ところで、「福祉国家の合意」が崩れたら、その後はもう福祉国家論は流行らないわけですか。
教　授：そうでもないですね。哲学や政治学の分野で大きな発展がありました。まずリベラリズムの立場のロールズは、正義の原理から平等主義的な福祉国家政策を支持しました。センは、実際に人が何を達成できるかという潜在能力までも含めた正義論の観点から、よりきめ細かな福祉国家政策を主張しました。一方、リバタリアニズムの立場のノージックは最小国家論を主張し、自己所有権論から福祉国家の所得再分配政策を批判しています（☞第24章）。政治学の分野においては、エスピン＝アンデルセンが1980年代以降の福祉国家の多様化をふまえて、福祉国家を3つの体制に分類しています（☞第25章）。
みゆき：こうした歴史をふまえたうえで、現在の福祉国家論がまた発展しつつあるのですね。
教　授：第5部で扱う人物による問題提起は、従来型の「福祉国家論」の枠組みを超えて、一国の福祉と世界全体の関係、社会福祉と自由の関係、福祉の多様な担い手の重要性などを再考させてくれます。このような福祉国家論の批判的検討を通じて、より良い福祉社会を構想するためのヒントが得られるでしょう。

21 ミュルダール

北欧福祉国家と福祉世界

「しかし、遠い将来の展望としては、先進諸国においてわれわれを福祉国家への道に導いた人間的価値評価は、国家の枠内にとどめることができないものである。福祉世界もわれわれ先進諸国の民主的社会政策の基礎となっている価値評価にまったく同様に対応するものである。わたしはこの点について敗北主義者になることはできない。」(『反主流の経済学』第3章)

【キーワード】
予防的社会政策　普遍主義　平等　福祉世界

この章では、スウェーデンの経済学者ミュルダールを取り上げます。ミュルダールは、自国の福祉国家形成過程に深くかかわったのち、やがて世界を視野におき、各国福祉国家の経済的成功を讃えつつも、福祉世界という独自の理想社会を描くようになります。

1　略伝──制度派経済学者へ

スウェーデンとアメリカ

グンナー・ミュルダール (Gunnar Myrdal, 1898～1987年) は、スウェーデンの中西部、伝統文化の残る地として名高いダーラナ地方に、建築業者の長男として生まれました。ストックホルム大学法学部を卒業し、法律事務の仕事に就いたのち、同大学経済学部に再入学し、G. カッセルの下で貨幣理論を学ぶことから経済学の研究を始めました。1927年には同大学講師になり、1933～50年と1960年以降は教授を務めました。とはいえ、彼の学問人生はけっして単調であったわけではありません。

1929～30年、アルヴァ夫人とともにアメリカで研究生活を送り、貧富の差

ミュルダール

と大恐慌を目の当たりにしたことで、政治活動に目覚めます。帰国後まもなく、スウェーデン社会民主労働党に入党し、1936〜38年と1944〜45年には国会議員、45〜47年には商務相を務めました。

1930年代には、ストックホルム学派[1]の1人として政策論議にかかわりました。1933年の予算案付録において「ケインズ〔☞第17章〕以前のケインズ的政策」とも呼ばれる不況時の財政政策を示したこと、「事前」「事後」の区分、予想や不確実性の重視、投資と貯蓄の連動といった特徴をもつ貨幣理論を展開したことが有名です。『貨幣的均衡』(英語版1939年、原著1931年)はその理論的頂点です。また、当時の主要な社会問題であった出生率の低下について、夫人との共著『人口問題の危機』(1934年)を出版しました。これは2年連続ベストセラーとなり、スウェーデンをはじめとする北欧諸国に大きな思想的影響を与えました。

1938年からふたたびアメリカに渡り、黒人差別問題の調査に取り組みました。その成果が『アメリカのジレンマ』(1944年)です。この著作を契機に、ミュルダールは「制度派経済学者」を自称するようになります。「価値前提の明示」の方法論と「累積的因果関係論」という独自の分析手法を確立し、非経済的要因も積極的に分析に取り入れた研究を進めていきました。

国際問題への関心 第2次世界大戦後の1947〜57年に国連欧州経済委員会の事務局長を務めたことで、国際問題に関心を移し、とりわけ先進諸国と低開発諸国の格差拡大問題について論じるようになりました。この問題については、『国際経済』(1956年)、『経済理論と低開発地域』(1957年)、『福祉国家を越えて』(1960年)など多くの著作が残されています。また、駐インド大使となった夫人に随行してなされた南アジアの貧困問題調査は、大著『アジアのドラマ』(1968年)として発表されました。これは開発経済学の古典の1つとなっています。

ベトナム戦争に対する反戦運動に参加するなど、アメリカ社会の行く末を案じていたミュルダールが最後に取り組んだ研究は『アメリカのジレンマ再訪』でしたが、これは残念ながら未完に終わりました。唯一の回顧録に代わる著作

とされる『反主流の経済学』(1972年) は、それまでの多様な研究内容がもっともよく整理されています。

1974年にはF. ハイエク (☞第22章) とともに「ノーベル経済学賞[2]」を受賞しました。夫人のアルヴァ・ミュルダールも1982年にノーベル平和賞を受賞しました。

2　1930年代スウェーデンの人口問題

出生率の低下　ミュルダールの福祉国家論というと、1930年代のスウェーデンでの人口政策論が比較的よく知られています。当時のスウェーデンでは、ちょうど現代の日本のように、出生率低下・少子化が大きな社会問題となっていました。そうした趨勢（すうせい）はヨーロッパ全土に共通していましたが、とくにスウェーデンでの下落が顕著だったのです。ミュルダールは、アルヴァ夫人と共著『人口問題の危機』を出版し、人口政策論を展開しました。

スウェーデンでは従来、マルサス (☞第5章) 主義の思想が優勢でした。マルサスは1798年の『人口論』において、人口の増加はかけ算（幾何級数的：2, 4, 8, 16……）であるのに対し、食料の増加はたし算（算術級数的：2, 4, 6, 8……）であると説いたことで有名です。その中心的な教義は、人口の道徳的抑制であり、家族計画（避妊による産児制限）が必要とされていました。

しかし他方で、19世紀半ばから、貧国であったスウェーデンは多くの人口を移民として送り出しました。その結果、20世紀に入るころには、出生率の持続的低下に危機感がもたれるようになりました。「スウェーデン人がいなくなる」という可能性が真実味を帯びて語られるようになり、人口減少を歓迎する教義はしだいに空虚なものとなっていきました。そしてついに1910年には、避妊具の販売・広告、および人工中絶を禁止する法律が制定されるまでになりました。しかし、その効果はかんばしくありませんでした。

新しい出産奨励主義　ミュルダール夫妻が論壇に登場したのは、大戦間期で大恐慌も生じた危機の状況においてです。彼らの立場は、新しい「プロナタリズム（出産奨励主義）」でした。夫妻は、避妊や人工

中絶を禁止するという法的手段には強く反対しました。望まれない子を増やしても意味がない。重要なのは、経済的・社会的困難に直面することなく、望む数だけ子どもをもてるように社会を変革するということである、と主張するところに彼らの新しさがあったのです。

　具体的な政策案はかなり革新的でした。たとえば、貧困層の母親への手当、子どもがいる家庭への減税や住宅補助、無償の学校給食、保育所の拡充が提案されました。子どもにきちんと保障が行き届くように、そして大規模な公的供給のほうが効率的であるとの理由から、現金支給よりも現物支給が好ましい方策であるとも主張されました。こうした彼らの提案は、特定の困難が明らかになる前に、全体的な目配りをするという内容をもつものであったため、「予防的」社会政策と呼ばれました。

　ミュルダール夫妻は出生率を上昇させる目的として、社会的な意義だけでなく経済的な意義をも重視していました。高齢者への再分配よりも若年者向け教育の重要性が主張されているところに、彼らの議論の1つの特徴があります。つまり、子どもは国の主要な資産としての人的資本であり、だからこそ社会が重点的に投資すべき対象であるとされているのです。

　彼らの政策案は、人口の量的増大だけではなく、その質的な向上をもねらいとしていたということができます。実際、そうした考えが行きすぎて、夫妻は身体障害者や知的障害者に不妊手術を強制するという法律の制定にまで関与しました。この点について、彼らは批判を受けることがあるのも事実です。

　『人口問題の危機』に対する大きな反響がもたらされた結果、議会の要請によって人口委員会が設立され、ミュルダールは強い発言力をもつメンバーとなりました。結局、夫妻の政策案はあまりに革新的であったため、一部が実現したにすぎませんでした。しかし、彼らの人口政策論は、その後のスウェーデン普遍主義的福祉政策の形成過程に、たしかな思想的基盤を与えたといえるでしょう[3]。

3　福祉国家と低開発経済

世界の平等問題　第2次世界大戦後、ミュルダールはふたたび福祉国家を論じました。しかし、その福祉国家論は、1930年代のスウェーデン人口問題にかかわる議論とは、少なくとも2つの側面において異なっています。第1は、スウェーデンという一国内の問題としてではなく、世界経済との関連において論じられていることです。第2は、「価値前提の明示」や「累積的因果関係論」という彼独自の分析概念によって論じられていることです。

『アメリカのジレンマ』は、ミュルダールにとって大きな転機をもたらす著作でした。なぜなら、そこで「価値前提の明示」や「累積的因果関係論」という方法論的・理論的枠組みが確立されたからです。価値判断（「すべき」）と事実認識（「である」）の関係については、M. ウェーバーをはじめとして、昔から多くの議論がなされてきたところです。ミュルダールは、どんな努力をもってしても、その両者は分離することができないという立場に至りました（ロビンズ〔☞第20章〕と対照的です）。「価値前提の明示」の方法論は、論理の前提として価値判断を公開して扱うことを求めます。価値判断を避けようとするのではなく、公開して明示的に扱うことによってこそ、経済学は客観性と実践性を確保できると彼は考えました。

ミュルダールは、さまざまな価値判断があるなかでも、そのヒエラルキーの最上位に位置する価値判断とは「平等」であると主張しました。「平等」の考えが歴史的にどんな場所でももっとも重視されてきたと考えたからです。彼の明示した価値前提は、いずれも「平等」を志向するものでした。そして、「平等」問題を分析する理論的枠組みとして確立されたのが「累積的因果関係論」です。累積的因果関係論とは、さしあたり「好循環」や「悪循環」の論理と理解しておけばよいでしょう。

福祉国家が低開発経済に与える影響　累積的因果関係論に基づくミュルダールの福祉国家論は、2つの独自な論点を含んでいます。第1に、福祉国家と低開発経済とが対照的な構図としてとらえられ

ていることです。ミュルダールは、福祉国家では平等と成長が好循環をなしているのに対し、低開発経済では不平等と貧困が悪循環をなしていると考えました。第2に、福祉国家と低開発経済とが総体としてとらえられていることです。これは「逆流効果」や「波及効果」という概念によって語られています。

簡単にいうと、「逆流効果」とは先進諸国（＝福祉国家）が低開発諸国に与える負の経済効果であり、「波及効果」とは正の経済効果です。ミュルダールによれば、「逆流効果」は貿易・移民・資本移動といった市場諸力によってもたらされます。たとえば、発展地域における産業は、よりいっそう規模の経済——生産規模の拡大にともない、収益性が向上すること——を発揮できるとか、能力ある若者ほど発展地域に集まるという現象が考えられるでしょう。それらは低開発諸国の利益を奪うものと考えられます。

反対に「波及効果」は、技術の伝播、あるいは先進諸国の低開発諸国生産品に対する需要上昇などによってもたらされます。ミュルダールは、「逆流効果」が「波及効果」よりも大きいために、先進諸国と低開発諸国との間に格差拡大が生じていると論じました。

福祉国家の経済的繁栄は、低開発経済にかならずしもプラスの影響を与えていない、さらにいえば、その犠牲の上に成り立っているというのがミュルダールの新たな認識でした。彼の見方によれば、福祉国家の問題は各国国内の問題としてのみ存在するのではありませんでした。

4　資本主義先進諸国における福祉国家の形成

3つの圏・3つの計画　第2次世界大戦後のミュルダール福祉国家論に関する限り、『福祉国家を越えて』（1960年）が理論的な到達点です。この著作は2部構成になっていて、第1部では、資本主義先進諸国における福祉国家の進展について、第2部では、そうした各国福祉国家の進展が国際経済に及ぼす影響と福祉世界のヴィジョンについて、それぞれ論じられています。

ミュルダールは、戦後の世界を3つの圏に分けてとらえました。まず、資本主義諸国と社会主義諸国を区分します。そして、資本主義諸国のなかに、先進

諸国（＝福祉国家）と低開発諸国があるとみました。ただし、彼は資本主義と社会主義の区分について、「自由」経済対「計画」経済という対抗的図式には批判的でした。なぜなら、国家の主目標として経済発展がめざされ、そのために「計画」が必要とされていることは、両体制の相違を超えた共通性であると考えたからです。両者の相違はむしろ「計画」の相違でした。

　ミュルダールは次のように説明しています。社会主義諸国では、単一国家権力による「上から」の指令とともに、包括的な「事前的」計画がなされてきた。低開発諸国の場合は、民主主義が求められており、そうした「上から」の社会的統制は支持されない。しかし、急速な経済発展を目的とした「事前的」計画がめざされている。それらに対して、資本主義先進諸国では、国家の発展目標やそれに対する政策手段の選択が民主的な政治過程によって決められるという意味において、「下から」の、しかも「事後的」に計画が進行してきた、と。

福祉国家の形成要因　ミュルダールは、福祉国家形成の過程を「無計画な展開の計画化」と表現します。それは「下から」の「事後的」な計画ということですが、より正確にいえば、一時的ないし部分的な国家干渉が累積し増大したことで、後から必要に迫られて、つじつま合わせ的に遂行されてきた計画ということができます。

　それでは、各国に福祉国家の形成を促した要因とは何だったのでしょうか。彼の見方によれば、3つの主要因があります。第1に、国際的危機の継起です。2度の世界大戦があり、大恐慌がありました。それらは各国に保護主義的政策という国家干渉をとらせました。第2に、「市場の組織化」です。技術的・組織的発展によって、経済単位の規模が拡大し、市場は完全競争理論の前提から遠ざかってきました。市場はその参加者によって意識的に規制されるようになりました。商品価格や賃金、労働時間などについて、市場機能の公平性を保つための国家干渉がなされました。第3に、民主化の進展です。相対的な貧者は政治的団結という手段を通じて、再分配政策などの国家干渉を取り付けることに成功しました。

不可逆的な福祉国家の形成過程　ミュルダールは、上記の3つの要因は、人びとの価値判断（考え方や態度）を変化させることで、福祉国家形成という後戻りできない趨勢をつくり出したと主張

します。国際的危機に対して、国家が保護主義的政策をとると、人びとはどう考えるようになるでしょうか。「今度また何か危機的状況に陥ったら、国家に保護してもらおう」と思うようになるでしょう。市場の組織化についても同様です。ミュルダールは、いまや市場における人びとは、市場構造に適応しようとする受動的な存在ではなく、市場構造じたいを自己の利害に合うようにするために協働する存在になったのであり、そうした趨勢は不可逆的であるといいます。民主化の進展についても、労働者たちの思考の合理化、あるいは、富裕層における寛容の精神の発達が不可逆的であることが指摘されています。

したがって、ミュルダールにおいて福祉国家の形成過程とは、たんに経済的・政治的事象の変化を意味しているのではありません。その背後にある人びとの考え方や態度の変化が根本的に重要であるとみるのです。それらは累積的に変化し、後戻りできない不可逆的な性質をもちます。そのために、福祉国家の形成過程も不可逆的な性質をもつというのが彼の見方でした。

スウェーデン礼賛　さて、ミュルダールは彼の時代における資本主義先進諸国はすべて「福祉国家」であると考えていたわけですが、その先進国として自国スウェーデンなどの北欧諸国を高く評価していたことは間違いありません。彼が評価したのは、「集団的組織の支柱構造（インフラストラクチャー）」の発達という側面でした。

「集団的組織の支柱構造」とは何を意味するのでしょうか。ミュルダールは福祉国家の形成要因の1つに「市場の組織化」を挙げましたが、それについて、国家はその趨勢そのものを抑制して自由競争を回復しようとしたことは少なく、ただ統制したにすぎないとみます。その結果として、労働組合、使用者団体、消費者団体などの集団的組織が発達してきました。公共政策に相当することがそうした組織間の交渉で決められるようになり、国家は調停者としての役割を担うようになってきました。これは実質的に、公共政策の立案と実施の分権化です。こうした状況を指して、彼は集団的組織の支柱構造が発達してきたというのです。

福祉国家として、スウェーデンは後発国でした。しかし、後発ながらも急速に福祉国家の発展を実現したスウェーデンは、20世紀半ばには福祉国家の先進国として広く知られるようになります。ミュルダールの時代において、スウ

ェーデンは経済大国になっていました。政・労・使の代表による中央集権的賃金交渉、あるいは労働者に「同一労働・同一賃金」を約束する連帯賃金政策や再教育・再訓練を促す積極的労働市場政策が実現しつつありました。

　福祉国家の形成過程についてのミュルダールの見方では、人びとの価値判断が決定的に重要でした。それらが不可逆的に変化するからこそ、福祉国家形成過程も不可逆的になる、という具合にです。ミュルダールは、経済的成功を背景として、北欧諸国では福祉国家に広い賛同が得られ、人びとの価値判断に「創造された調和」が観察されるようになってきたといい、その趨勢を歓迎しました。

「次の段階」　しかし、ミュルダールは北欧福祉国家の現状が福祉国家の完成形であるとは考えませんでした。進むべき「次の段階」があるというのです。ミュルダールは福祉国家の望ましい将来像を次のように語っています。「国民社会全体に対して定められている、よりいっそう効果的な総体的政策の限度内において、市民たち自身が、必要最小限の直接的国家干渉だけがある状況で、地域的・部門的協力と交渉という手段を通じて、みずからの労働や生活を組織化する責任をますます多く負う」というような体制です。

　要するに、この段階においては、個人あるいは諸個人によって良好に統制されている各種組織体の役割が重視されているのです。近年、「福祉国家」に代えて「福祉社会」がしばしば重視されますが、ミュルダールの主張もそれに通じるものがあるといえるでしょう。ただし、ミュルダールは国家の役割を軽視したわけではありません。あくまで分権と集権のバランスを問題としているのです。

　ミュルダールは、労働組合組織率の高さ、投票率の高さ、国民の積極な政治参加という面において、北欧諸国を福祉国家の先進国として高く評価しました。逆にいえば、国民の政治不参加とそれにともなう過度の中央集権・官僚化に批判的でした。そしてこの点において、ミュルダールは福祉国家の将来を憂慮してもいました。福祉国家の成功がまさにそうした問題を引き起こしかねない、というのが彼の考えであったからです。

5　福祉世界のヴィジョン

福祉国家の国民主義的限界

　ミュルダールは福祉国家を擁護し、推進しました。北欧諸国を念頭に、福祉国家の平等主義的政策は、政治・社会的のみならず、経済的にも好ましい結果をもたらすと考えていました。しかし、ミュルダールは同時に、福祉国家の国際的意味をも考えていました。ここに彼独自のヴィジョンが生まれます。

　ミュルダールは福祉国家の対外的弊害を2点において考えていました。既述のとおり、彼は福祉国家と低開発経済を対照的かつ総体としてとらえました。累積的因果関係論において、福祉国家の経済的繁栄は低開発経済に「逆流効果」をもたらしているという側面を指摘しました。これが第1点目です。それに対して、第2点目は、福祉国家間の利害対立という側面です。その原因は、福祉国家は本質的に国民主義的な性質をもつことにあります。ミュルダールは、各国福祉国家は国内における経済的・政治的成功を確保するために対外関係を軽視する傾向があり、福祉国家に暮らす人びとは国内の問題のみに関心を抱き、他国を敵視しがちであると指摘しました。

　第2点目は「福祉国家の国民主義的限界」と呼ばれ、それは多分に人びとの心理的葛藤の問題である、とミュルダールは考えました。つまり、国内的統合と国際的統合をめぐる心理的葛藤です。国際的統合が好ましいと思っている人であっても、各国レベルの福祉国家が成功を収めているために、国民主義を捨て去ることができないということです。こうしたジレンマを乗り越えるためにミュルダールが提唱したのが、福祉世界の構築でした。

福祉世界の実現に向けて

　ミュルダールは、福祉世界が実現すれば、世界全体で平等と高成長の好循環を導けると考えました。福祉世界とは、「富国と貧国の双方の側で国際的結束が増大すること、および、それを基礎にして、世界的規模で機会を均等化させようとする国際協力へ向かう趨勢が上昇すること」と定義されます。

　彼は、低開発諸国に自助努力を、先進諸国に責任を求めました。低開発諸国の自助努力とは、各国に国内制度の根本的改革をおこなう努力を求めるという

> ## コラム⑮　女性参政権運動・フェミニズム
>
> 　福祉の思想史を語るうえで、女性という視点は外せません。この本に登場している思想家たちは男性が中心ですが、その傍らには彼らに深い影響を与えた女性やみずから行動を起こした女性が少なからずいました。イギリスでは、J. S. ミル（☞第6章）が女性の政治参加に賛同していましたし、そのミルの影響を受けた経済学者を夫にもつフォーセット夫人（1847〜1929年）は女性参政権運動の開拓者となりました。19世紀には女性運動の組織化が起こり、20世紀初頭には女性参政権が各国で次々に認められることになりました。
>
> 　さらに1960年代後半にはアメリカでウーマン・リブ運動が起こります。これを契機に、雇用機会均等などへと新たな女性の権利拡充が求められるようになりました。フェミニズムとは、女性解放・男女同権を求める一連の思想や運動の総称です。日本では、第2次世界大戦後の占領統治下において女性参政権が認められました。しかし、それ以前にも女性による活発な福祉論議が見られます。母親はいかに働くべきか。社会はどう保障すべきか。平塚らいてうや与謝野晶子らによる母性保護論争（1918〜1919年）などは、出産・育児をめぐる現代的論点にも結びつくでしょう。
>
> 　　　　　　　　　　　　　　　　　　　　　　　　　　　　　（藤田）

ことです。農地改革、人口政策、教育制度改革、行政制度改革などについて、平等主義的改革を提言しました。他方、先進諸国の責任とは、貿易政策や援助のあり方の変革を求めるものです。幼稚産業保護を承認すること、あるいは、関税については先進国に対しては高く、低開発国に対しては低くというような二重の道義的水準を設定することなどが提言されました。援助については、国際的機関を通じ、明確な優先順位に沿っておこなわれる必要があるとしました。

　ここで、福祉世界構築の可能性は、最終的に低開発諸国よりもむしろ先進諸国の行動いかんにかかっている、というのがミュルダールの基本的主張であったことに注意する必要があります。つまり、福祉国家にすむわたしたち1人ひとりが「福祉国家の国民主義的限界」に気づき、福祉世界構築の目標をもってそれを乗り越え、「責任」をはたすことが福祉世界を実現に近づけるという立場です。ミュルダールは次のようにいいました。「……ただ人びとを教育して、彼らの真の利害だけではなく、すべての西側諸国に共通の、また世界全体にとって共通な一般的利害をさえ、これを観察して明快に理解することに至らせる

6　おわりに

> 歴史は人間が
> つくるもの

しばしば誤解されますが、ミュルダールの福祉世界のヴィジョンは、国民的統合を解体して国際的統合をはたせという意味をもつものではありません。福祉国家のさらなる進展の先に福祉世界は存在しうる。彼はそう考えていました。

EU（欧州連合）の前身であるEEC（欧州経済共同体）の発足時において、ミュルダールは地域経済統合が福祉世界へと向かう本当の一歩かどうかはわからないとしました。現代のグローバル化やポスト・グローバル化について、彼なら何というでしょう。

経済面だけのグローバル化は、彼の福祉世界のヴィジョンとは大きく異なっており、批判的な態度をとったと推察されます。しかし、冒頭の文句のように、彼は敗北主義的態度をとることも、国際主義を捨て去ることもけっしてなかったでしょう。なぜなら、ミュルダールは宿命論的見方を極端に嫌い、「歴史は人間がつくるもの」という強い信念をもち続けていたからです。

注
1) より広くスウェーデン学派や北欧学派とも呼ばれます。K. ヴィクセルやG. カッセルが先代世代におり、ミュルダールと同年代としては、E. リンダールやB. オリーンがいました。
2) 正確には「アルフレッド・ノーベル記念スウェーデン銀行経済学賞」といいます。スウェーデン銀行の設立300周年を記念して創設された賞であり、ノーベルの遺志によるものではありません。ミュルダールは受賞後、経済学は科学ではないとして、もらったことを後悔しました。これについては、丸尾直美「K. G. ミュルダール」、根井雅弘「ノーベル経済学賞の憂鬱」を参照してください。
3) ハンソン首相による「国民の家」というスローガンも大きな影響を及ぼしました。ただし、こちらは男女の社会的役割分担などの諸点についてやや保守的であり、ミュルダール夫妻の議論ほど革新的思想をもつものではありませんでした。これについては、宮本太郎『福祉国家という戦略』を参照してください。

■■■ レポート執筆のヒント ■■■
・少子化の原因と結果について、各国比較の観点から、自分の意見をまとめてみよう。

- 北欧諸国と日本の社会保障制度の違いを調べてみよう。
- 「ノーベル経済学賞」の歴史を調べ、ミュルダールの受賞についてコメントしてみよう。
- 『福祉国家を越えて』を読んで、福祉世界論の現代的意義について考えてみよう。

文献

(ミュルダールの本)

『経済理論と低開発地域』小原敬士訳、東洋経済新報社、1959年。
『福祉国家を越えて』北川一雄監訳、ダイヤモンド社、1970年。
『反主流の経済学』加藤寛・丸尾直美訳、ダイヤモンド社、1975年。
『ミュルダール——福祉・発展・制度』藤田菜々子訳、ミネルヴァ書房、2015年。

(参考文献)

京極高宣「北欧福祉国家の理論家——ミュルダール」『福祉の経済思想』ミネルヴァ書房、1995年。
根井雅弘「ノーベル経済学賞の憂鬱」『物語 現代経済学』中公新書、2006年。
W. J. バーバー『グンナー・ミュルダール——ある知識人の生涯』(経済学の偉大な思想家たち1) 田中秀臣・若田部昌澄監修、藤田菜々子訳、勁草書房、2011年。
藤田菜々子『ミュルダールの経済学——福祉国家から福祉世界へ』NTT出版、2010年。
―――『社会をつくった経済学者たち——スウェーデン・モデルの構想から展開へ』名古屋大学出版会、2022年。
丸尾直美「K. G. ミュルダール——平等を求めて」日本経済新聞社編『現代経済学の巨人たち』日本経済新聞社、1994年。
宮本太郎『福祉国家という戦略』法律文化社、1999年。
山田雄三「グンナー・ミュルダール——福祉国家の価値前提と支柱構造」社会保障研究所編『社会保障論の新潮流』有斐閣、1995年。

(藤田菜々子)

第5部 「福祉国家」批判を超えて

22 ハイエク

福祉国家と自由社会

「福祉国家の名称に含まれるものはきわめて多様かつ矛盾をも含む要素の集まりであるために、その一部は自由社会をより魅力あるものにするかもしれないが、そのほかは自由な社会と両立しないし、少なくとも潜在的脅威となるかもしれない。」(『自由の条件Ⅲ　福祉国家における自由』第17章)

【キーワード】

福祉国家　自由主義　社会主義　社会正義　法の支配

　この章では、自由主義経済学者のハイエクを取り上げます。ハイエクは「福祉国家」の概念を、彼の自由主義思想の立場から批判しています。その代わりに、彼の自由主義思想における「一般福祉」は何を意味しているのかを考察しましょう。

1　略伝——自由主義思想家の闘い

社会主義から自由主義へ

　フリードリヒ・フォン・ハイエク（Friedrich August von Hayek, 1899〜1992年）は、旧オーストリア＝ハンガリー二重帝国の首都ウィーンに生まれました。1919年にウィーン大学へ進学し、法律学、政治経済学、心理学、哲学などを学びました。1890年代から1930年代の初めごろまでのウィーン大学は最高の知的レベルにあり、物理学者エルンスト・マッハの実証主義、ウィーン学団の哲学、マルクス主義、心理学のフロイト主義、そしてオーストリア学派経済学など、多数の学者を輩出していました。ハイエクの指導教授はオーストリア学派経済学のフリードリヒ・フォン・ヴィーザーで、また、ルートヴィヒ・フォン・ミーゼスの私的ゼミナールにも出席しました。

第 22 章　ハイエク

　学生時代のハイエクはフェビアン社会主義に傾倒していて、当時の保守的なカトリックの立場と、社会主義・共産主義的立場との中間グループとして、ドイツ民主党という組織を友人たちと結成したほどでした。しかし、1922年にミーゼスの著書『共同経済』を読んでから自由主義に転向します。ウィーン大学で1921年に法学、1923年に国家学（＝政治学）の博士号を取得し、オーストリアの官吏となった後、1927年にミーゼスが設立したオーストリア景気循環研究所

ハイエク

の初代所長に就任しました。そこで、オーストリア学派の景気循環論を発展させた『貨幣理論と景気循環』（1929年）を刊行し、世界的な経済学者として知られるようになり、ウィーン大学の政治経済学の私講師も務めました。

ケインズとの論争　1931年にロビンズ（☞第20章）の招きによりウィーンを離れLSEに移り、経済科学と統計学の「トゥーク記念講座」の教授となりました。『価格と生産』（1931年）を刊行したハイエクは、『貨幣論』を刊行したケンブリッジ大学のケインズ（☞第17章）との間で当時の経済学界を二分する勢いとなり、両者は『エコノミカ』誌上で論争しました。しかし、ケインズが見解を変えて、1936年に刊行した『雇用・利子および貨幣の一般理論』（以下、『一般理論』と表記します）が大恐慌の処方箋として人びとの圧倒的な支持を得るようになり、ハイエクは経済理論の表舞台からしだいに姿を消していきました。

　ハイエクはのちに、自分がケインズの『一般理論』に対して当時効果的な反論を展開しなかったことを、たいへん後悔しています。ハイエクが『一般理論』への反論を展開しなかったのは、彼がケインズの『貨幣論』を批判する書評を公表した直後に、ケインズから突然考えを変えたことを告げられたから、また、彼がケインズとの間にもっと根本的な見解の違い、つまり、オーストリア学派的なミクロ経済学とケインズ的なマクロ経済学の違いを認識し始めたからであると回想しています。ハイエクは、1930年代の不況時においてはケインズ的な総需要管理政策が有効であったことを認めています。しかし、1946年にケインズはハイエクに対して、『一般理論』の着想がインフレの影響が出

263

始めた 1930 年代以降は時代遅れとなっていることを認め、「わたしはまた〔新たな理論を構築して〕世論を操作してやるよ」といったといいます。しかし、その 6 週間後にケインズは亡くなりました。そのことを大変残念に思うとハイエクは語っています。またこの時期に、ハイエクは社会主義経済の可能性をめぐる社会主義経済計算論争にも加わり、そのなかで新古典派経済学の問題を認識するようになりました。

『隷従への道』からアメリカへ

ハイエクがまた人びとの注目を集めるようになったのは、自由主義哲学者として第 2 次世界大戦中に『隷従への道』(1944 年) を刊行したときです。これは社会主義だけでなく、資本主義における経済の部分的な計画化も全体主義に至ると主張した一般向けの著書で、世界的なベストセラーとなりました。さらにハイエクは、世界中の自由主義者たちを集めた「モンペルラン協会」を 1947 年に創設し、1960 年まで会長を務めました。新古典派経済学や社会主義を批判した『個人主義と経済秩序』(1949 年) は、彼の自由主義社会哲学確立の端緒となりました。ハイエクの研究領域は、1940 年代を境にして、オーストリア学派に基礎をおく理論経済学から自由主義の社会哲学一般へと移りました。

1950 年にはアメリカのシカゴ大学に移り、社会・道徳科学教授となりました。そして、1952 年には彼がウィーン大学の学生だったときにすでに草稿を書いていた理論心理学研究である『感覚秩序』と、自由主義哲学に基づく社会科学方法論研究である『科学による反革命』を刊行しました。そして、社会主義国家やケインズ主義的福祉国家が全盛だった時代に『自由の条件』(1960 年) を刊行しました。1962 年に旧西ドイツのフライブルク大学に移り、経済政策学の教授となり、1967 年には祖国オーストリアのザルツブルク大学の経済学名誉教授となりました。

新自由主義の権威として

世界の政治経済的状況は 1970 年代に入って大きく変化します。アメリカの財政悪化からドルが防衛され、主要先進国は固定相場制から変動相場制へと移行しました。また、不況による高失業率とインフレが共存する「スタグフレーション」の進行によって、主要先進国は完全雇用と社会福祉を実現しようとしたケインズ主義的福祉国家政策からの転換を迫られました。1974 年にハイエクは

> **コラム⑯　規制緩和と福祉改革——サッチャーからブレアへ**
>
> 　1980年代、福祉に関する考え方は大きな転換点を迎えました。本章「ハイエク」の「略伝」のところでも触れられているように、イギリスではサッチャー政権（1979～90年）の下で、国有企業の民営化やさまざまな規制緩和が進められました。第2次大戦後の「福祉国家」「大きな政府」路線が反省され、社会保障・福祉予算も削減されたのです。アメリカのレーガン政権（1981～89年）、日本の中曽根政権（1982～87年）でも同様の方針がとられました。NTT（元日本電信電話公社）やJR（元日本国有鉄道）が誕生したのもこの時期です。
>
> 　しかし1990年代に入ると、サッチャー路線への批判が高まります。そして労働党のブレア政権になると、ふたたび完全雇用が政府の責任とされました。しかし、それは単純に「大きな政府」路線に戻るというものではありません。「福祉から就労へ」という方針の下、働ける人には可能なかぎり就労を通じた自立と社会参加を求めたうえで（「社会的包摂」）、働けない人には保障を与えようとするものです。こうした公正さとともに効率性をも重視する政策指針は、旧来の社会民主主義と新自由主義の両方を超克する道ということで、「第三の道」と呼ばれました。
>
> 　　　　　　　　　　　　　　　　　　　　　　　　　　　　　（佐藤）

ミュルダール（☞第21章）とともにノーベル経済学賞を受賞し、ふたたび脚光を浴びることとなりました。受賞理由は、初期の景気循環論に関する業績と、社会経済制度の比較研究の先駆的な業績によるものです。彼は70歳を過ぎて大著『法と立法と自由』（1973～79年）を公刊し、彼の自由論が完成しました。

　1980年代に入り、ハイエクの自由主義思想はアメリカのレーガン政権、イギリスのサッチャー政権、日本の中曽根政権の経済政策に取り入れられ、福祉国家や社会主義に対抗する新自由主義（ネオ・リベラリズム）の時代が到来しました。しかしハイエクは、サッチャーが厳密に彼の思想や理論のレベルまで採用しているわけではないことを認識していました。このころから、ケインズ主義政策の失敗とその代替としてのハイエクやフリードマン（☞第23章）らの新自由主義が、人びとの間で認識されるようになりました。ハイエクは89歳となった1988年に最後の著書『致命的な思い上がり』で社会主義を批判しました。1980年代後半には東西冷戦構造が終焉を迎え、東欧社会主義諸国が民主化過程により崩壊しました。そして1991年12月にソヴィエト連邦[1]の崩壊

を見届けた3ヶ月後、ハイエクは92歳でこの世を去りました。社会主義諸国の専制化・崩壊は、彼が社会主義、また資本主義における政府の介入主義政策が一般に支持されていた50年前に、『隷従への道』においてすでに予言していたことでした。

2 「福祉国家」批判

ヨーロッパ社会主義の世紀

ハイエクは『自由の条件Ⅲ　福祉国家における自由』(1960年)のなかで、「福祉国家」をどのような点で批判しているのでしょうか。ハイエクは1848年の革命[2]から1948年ごろまでの100年間を、「ヨーロッパ社会主義の世紀」と呼んでいます。この期間のすべての社会主義運動の共通の目的は、生産・分配および交換手段の国有化であり、すべての経済活動は、ある「社会正義」の理想に向かう包括的な計画に従って指導されると考えられていました。さまざまな社会主義学派の相違点は、革命主義か漸進主義かという政治的手段の相違でしかありませんでした。

しかし、労働者の生活水準の一般的上昇によって、労働者の階級意識がしだいに消失していき、また、社会主義の基本方針に対して次のような幻滅感が一般に広がったことにより、社会主義をめざすという目的が共有されていた時代は終わりました。

①社会主義的生産組織の生産性が、私企業よりもはるかに劣った。
②社会主義的組織が、より大きな「社会正義」ではなく、新たな専制といっそう深刻な階層秩序をもたらした。
③社会主義的組織では個人的自由が保障されない。

とくに、③の社会主義が個人的自由の消滅を意味するということは、社会主義者の知識人に幻滅感をもたらすことでした。しかし、社会主義者たちは、社会主義の究極の目的はまだ魅力を失っていないと考え、一般の支持を失いつつある社会主義国家建設から「福祉国家」建設へと戦略を転換しました。つまり、

「社会正義」についてのみずからの概念と一致する再分配国家をめざすほうが、はるかに容易であることに気づいたのです。資本主義経済において部分的な計画化を進めていくうちに、意図的ではなくても社会主義を樹立することになるのです。これは『隷従への道』において追求されたテーマでもありました。

「福祉国家」の意味

ハイエクは、社会主義とは異なって、「福祉国家」の概念は何ら明確な意味をもっていないと述べています。その言葉は、法と秩序の維持以外の問題に、何らかのかたちで関心をもっている国家を表わすのに用いられているのです。

また彼は、『自由の条件Ⅲ』で「福祉国家（welfare state）」という言葉が使われるようになった経緯を述べています。「『福祉国家』という用語が英語として使われるようになったのは比較的新しく、おそらく25年前にはまだ知られていなかったであろう。ドイツでは福祉国家（Wohlfahrtsstaat）という言葉が長い間使われ、それが描く諸制度が最初に発達したので、英語の福祉国家という用語はたぶんドイツ語からきたものであろう。次のことは注目に値する。すなわち、ドイツ語の福祉国家という用語は、はじめから治政国家（Polizeistaat）[3]の概念の一変種を記述するために用いられていた――19世紀の歴史家たちによってはじめて、18世紀の政府のより好都合な側面を記述するために――ということである。福祉国家の現代的概念をはじめて完全に展開したのは、ドイツの大学の社会政策家、あるいは『講壇社会主義者たち[4]』で、それは1870年以降であり、最初に実践したのがビスマルク〔☞コラム⑪〕であった」。このように、「福祉国家」という言葉はイギリスで展開する前に、19世紀ドイツの社会主義者たちが用いていました。

しかし、誤解されがちなことですが、ハイエクがすべての福祉政策を否定しているわけではありません。彼は、貧困者、不運な者、身体障害者など、自分で自分の面倒をみることができない人びとに、最低限の生活保障であるセーフティーネットを提供することは、共同社会の個人的自由を制限することなく可能な共通のニーズであり、またそのような奉仕活動の水準は、経済成長とともに上昇するとしています。自由社会と両立する福祉政策の可能性をハイエクは認めています。

重要なことは、政府活動の「目的」よりも「方法」である、とハイエクは考

えます。「方法」よりも「目的」の観点から政府の機能を定めようとする人びとは、福祉国家の「目的」を達成するために、政府によって自由社会を破壊するような手段が用いられる可能性を考慮していません。たとえば、政府の新しい福祉政策が行政サーヴィスとして提供されるとしても、実際には政府の強制力の行使をともない、ある分野において独占的な権利を要求することがあります。また、福祉政策の「目的」は、「公共の利益」の名の下に良いとされるので、政府独占のかたちとなった福祉政策はとめどなく膨張していく可能性があります。

そのため、「福祉国家」の概念が展開してから、自由主義者の任務はいっそう困難になりました。「福祉国家」の要素のなかに、自由社会とは両立しない要素が入り込んでくる可能性があるからです。また、社会主義に対しては社会主義者が望むことを達成できないと批判できましたが、「福祉国家」の概念は明確な体系を有していないので、同じような反対議論ができないからです。

「社会正義」の幻想

「われわれの社会で最善と見なされている人たちの信念に、反論しなければならないことは愉快ではない」としながら、ハイエクは『法と立法と自由Ⅱ　社会正義の幻想』(1976年)において、福祉国家の基盤である「社会正義」の概念を批判しています。福祉国家は「社会正義」の名の下に「分配的正義」すなわち所得の再分配を正当化しますが、ハイエクは「社会正義」の概念を検討することによって、この概念が自由社会においては幻想でしかないことを示します。

市場経済を通じた所得分配の結果は人びとにとって不公平であるという理由で、それを「社会正義」の観点から是正しなければならないという考えに立つと、正義にかなう特定の分配パターンが実現されるように、社会を人為的に組織化すべきだということになります。つまり、特定の分配パターンを人びとに命令する強制的な権力を政府が行使することによって、「社会正義」は実現されます。ハイエクは、「社会正義」の名において申し立てられているほとんどの要求が、特定集団の利益の実現の手段として、政府が強制的な権力を行使することに関連していることを危惧しています。

ハイエクは、正義が判断されるべきなのは、特定集団の利益の実現に用いられる「社会正義」の概念においてではなく、市場経済において人びとが行動す

るさいの「ルール」においてであると主張しています。人びとは「正義にかなう抽象的な行動ルール」において平等に扱われるべきなのです。これは、市場という非人格的過程の結果は、何人にもその全体が知られていない無数の事情に依存している「意図せざる結果」であるという考えにもとづいています。

社会保障制度　ハイエクは、自由社会においてすべての人に何らかの最低水準の厚生を提供することは可能であるが、あらかじめ想定された何らかの正義の概念に従って所得を再分配することと自由社会とは両立しないとしています。本来、社会保障制度は貧困の救済のために設計されたものであるのに、その時々に恣意的に決まる「社会正義」の概念に基づく所得再分配の手段に変化してしまいました。つまり、自分で生計を立てている大多数の人たちが、それができない人たちに与えることに同意する再分配と、社会の貧しい多数派が、豊かな少数派から、たんに富裕であるという理由で取り上げる再分配とには、大きな相違があります。前者は、個人に関係しない調整方法であるので、人びとには職業を選択する自由がありますが、後者は、人びとが何をすべきかを政府から命令される社会をもたらすことになります。

　ハイエクは、創始者には所得再分配の手段とは意図されなかったが、政治家によって急速にそのように変質させられたもっとも著名な例として、『ベヴァリッジ報告』（☞第17章）を批判しています。福祉国家は社会保障制度によって、「人類の五大悪」（欠乏、病気、無知、不潔、怠惰）の克服をわずかに早めることができるかもしれませんが、その代わりに、堅実な生活にとって、より深刻な災いがもたらされるということです。つまり、インフレ、生活能力を麻痺させるほどの課税、強制力をもつ労働組合、政府支配の教育の増大、大きな恣意的権力をもつ社会事業官僚制などによるリスクです。社会悪は富の増大とともにしだいに消えていくのですが、社会改良のための治療策によって富の増大の継続が脅かされると考えました。

累進課税　ハイエクは、福祉国家で採用される所得税の「累進課税」を批判しています。「累進課税」とは、課税対象となる所得が増大するにつれて、税率が高くなっていく税制です。

　ある社会にとって高所得とされる水準は、その社会の道徳的な考え方や、その社会の平均所得に基づいています。国が貧しければ貧しいほど、その国の許

容しうる極大所得は低額になります。たとえば、インドは 1956 年に年 6300 ドルを極大所得として固定する政策をとろうとしました。ある国の多数派が所得の適当な限度を決定する資格をもつべきであるとする政策によって、個人が富裕になることが妨げられると、富の全般的な成長を遅らせることになるでしょう。この原則が国際的に適用されたらどうなるでしょうか。

　ハイエクは、「累進課税」ではなく、課税対象となる所得に適用される税率がすべての人にとって一定である「比例課税」を採用すべきであるとしています。それでも、国民への課税はいくぶん累進的になります。なぜなら、所得の多い人のほうが消費税などの間接税を多く納めることになるからです。

3　ハイエクにとっての一般福祉

正義にかなう行動ルール

　それでは、ハイエクにとっての一般福祉、公共善とはどのようなことなのでしょうか。

　その前に、ハイエクにとっての「良き社会」とは、個人がみずからの目的のために自分自身の知識を自由に用いることができる「偉大な社会（Great Society）[5]」を指しています。「偉大な社会」とは、わたしたちがその構成員の大部分を知らなくても、抽象的で非人格的なルールに従うことによって成立している市場に基づく社会です。市場プロセスには均衡に向かう傾向が存在し、諸個人の計画の基礎になっている諸期待が一致させられるという秩序化作用があります。このような市場秩序は、計画的につくられた組織ではなく、自生的な進化の産物であるとして、彼は「自生的秩序（spontaneous order）」と呼びました。長期にわたって進化した「自生的秩序」として、ほかに貨幣、言語、ルール体系などを挙げることができます。「自生的秩序」の概念は、ヒュームやスミス（☞第 3 章）などスコットランド啓蒙学者や、オーストリア学派経済学の創始者であるメンガーから引き継いでいます。

　ハイエクのいう自由社会における一般福祉とは、政府にとっては未知である諸個人の目的の追求のために便宜を図ることであり、「自生的秩序」としての市場秩序の存続のための諸条件を整えることになります。つまり、「正義にかなう抽象的な行動ルール」の下での社会の「自生的秩序」の維持を意味してい

ます。

　多様な目的すべての相対的重要性に関して合意が得られるのであれば、ルールは必要ないのです。しかし、互いに相手をほとんど知らない「偉大な社会」においては、各自の目的の相対的重要性に関する合意、すなわち何が「社会正義」であるかについての合意が存在していません。そのような社会における一般福祉とは、特定の結果の達成をめざすことではなく、諸個人の多様な目的の追求を助けるための諸条件を整備することなのです。そのことによってしか、何百万という個人の間に広く分散している知識の利用を促すことはできません。

「法の支配」の下の「偉大な社会」

　ハイエクは、特定の目的の達成をめざしているわけではない、「正義にかなう抽象的な行動ルール」による「法の支配」の重要性を主張しています。彼は、この「正義にかなう行動ルール」を「法（Recht）」と呼んでいます。これに対して、特定の目的を強制的に実現するために議会によって制定されたものを、「法」と区別して「法律（Gesetz）」と呼んでいます。この「法」と「法律」は、ギリシャ語の「ノモス（nomos）」と「テシス（thesis）」に対応しています。

　「ノモス」の法は、慣習法のような明確に表現されていないルールであり、「テシス」の法は、制定法のような明確に表現されたルールです。「ノモス」の法の内容は、何百年もの間、裁判官がそれまでの慣習法のルール体系のなかで解釈してきた結果として生み出されます。この「正義にかなう行動ルール」の体系によって、諸個人がみずからの意図を追及する私的領域が保護されるのです。

　これは、互いに他の構成員をほとんど知らない人びとが、みずからつくったものではないルールによって支配される「偉大な社会」と、ある共通の目的体系についての合意によってのみ調和と統一が維持される社会との違いを表わしています。ハイエクは、このような「法の支配」の概念がないことから、「福祉国家」を批判しました。

4　おわりに

福祉国家批判　ハイエクは彼の自由主義思想から「福祉国家」の概念を批判しています。社会主義勢力の衰退とともに、「社会正義」に基づく「福祉国家」建設のほうが容易であることが認識されるようになりました。「福祉国家」の概念は何ら明確な意味や体系をもっていないので、わたしたちが気づかないうちに自由社会とは両立しない要素が入り込み、自由社会にとって潜在的な脅威となる可能性があります。「社会正義」や「公共の利益」の名の下に良いとされる福祉政策は容易に膨張していき、財政赤字を拡大させることになります。また、政府が所得の特定の分配パターンを人びとに命令するための強制的権力をもつことが可能になります。国民生活のすみずみにわたる国家権力の拡大は、国民の国家に対する無責任さを助長し、人びとが何をするかを国家から命令される社会をもたらす恐れがあります。

　政府活動は、その「目的」よりも「方法」の観点から検討されなければなりません。互いに相手をほとんど知らない「偉大な社会」においては、各自の目的の相対的重要性に関する合意、すなわち「社会正義」についての合意は存在しません。ハイエクにとっての一般福祉、公共善とは、諸個人の目的の追求のために便宜を図ることであり、「自生的秩序」としての市場秩序の存続のための諸条件を整えることになります。つまり、「正義にかなう抽象的な行動ルール」による「法の支配」が重要であるとしています。そのような「偉大な社会」において要求される人間像とは、個人の目的を「正義にかなう行動ルール」の範囲内で自由に追求する、自己責任をともなう自立した個人であるということになります。

　福祉国家を擁護するにせよ批判するにせよ、市場・法・人間社会について深い洞察力を秘めていたハイエクの主張に、耳を傾けるべきではないでしょうか。

注
1）　ソヴィエト社会主義共和国連邦は、1922 年から 1991 年に存在した世界最初の社会主義国家です。
2）　共産主義者が歴史の前面に登場した最初の革命である 1848 年のフランス二月革命、ドイ

ツ・オーストリア三月革命を指します。また、1848年にはマルクス・エンゲルスの『共産党宣言』、そして、漸進主義的な社会改革をめざすJ.S.ミルの『経済学原理』が刊行されました。
3） 17世紀から19世紀前半にかけての啓蒙的絶対主義国家で、君主が無限の権力をもち、公共の福祉の名において国民のあらゆる生活領域に公権力を行使した「警察国家」を指します。
4） 社会政策学会は、ドイツのG.シュモラーら新歴史学派の経済学者によって、自由放任主義と社会主義の両方を批判して社会改良主義的に社会問題を解決することをめざして1872年に設立されました。大学の講義でしか通用しない「講壇社会主義」と呼ばれました。
5） 「開かれた社会（Open Society）」とも呼んでいます。

■ レポート執筆のヒント

・日本（またはある国）の累進課税の現状を調べ、ハイエクの見解を参考にして（あるいは比例税・一括税と比較して）、その制度の利点・欠点をまとめてみよう。
・『隷従への道』（『隷属への道』）を読んで、福祉国家批判の論点をまとめてみよう。
・『自由の条件Ⅲ　福祉国家における自由』（『ハイエク全集　第Ⅰ期　第7巻』）から1つの章を選び、福祉国家政策がどのように批判されているかまとめてみよう。
・ハイエクの福祉国家批判の観点から、他の経済学者の福祉思想について考えてみよう。

■ 文献

（ハイエクの本）
『隷従への道』一谷藤一郎・一谷映理子訳、東京創元社、1992年／『隷属への道』西山千明訳（『ハイエク全集　第Ⅰ期　別巻』）春秋社、1992年（新装版2008年）。
『自由の条件Ⅲ　福祉国家における自由』気賀健三・古賀勝次郎訳（『ハイエク全集　第Ⅰ期　第7巻』）春秋社、1987年。
『法と立法と自由Ⅱ　社会正義の幻想』篠塚慎吾訳（『ハイエク全集　第Ⅰ期　第9巻』）春秋社、1987年。

（参考文献）
江頭進・中村秀一「フリードリッヒ・ハイエク」尾近裕幸・橋本努編『オーストリア学派の経済学——体系的序説』第4章、日本経済評論社、2003年。
古賀勝次郎『ハイエクの政治経済学』新評論、1981年。
古賀勝次郎『ハイエクと新自由主義——ハイエクの政治経済学研究』行人社、1983年。
N.P.バリー『ハイエクの社会・経済哲学』矢島欽次訳、春秋社、1984年。

（楠美佐子）

第 5 部 「福祉国家」批判を超えて

23 フリードマン

"福祉国家アメリカ"の批判者

「今日では、福祉国家や温情主義的な国家をもっとも強く支持する人びとでさえ、その発展の結果は人を失望させるものでしかなかったことを認めている。」(『選択の自由』プロローグ)

【キーワード】

大恐慌　経済的自由　負の所得税　教育バウチャー制度

　この章では福祉国家批判の代表者の 1 人、フリードマンの見解を紹介します。彼は個人的自由の重要性を強調し、大きな政府への道を歩み始めていた第 2 次大戦後のアメリカの状況を強く批判しました。その一連の主張は、福祉国家の理念と現実が乖離するメカニズムを指摘するとともに、良き社会にとって経済的自由がもつ重要性を強調するものです。

1　略伝——20 世紀アメリカの激動のなかで

経済学への関心　ミルトン・フリードマン (Milton Friedman, 1912〜2006 年) は、1912 年にニューヨーク市のブルックリンで生まれました[1]。両親は東欧からの貧しい移民で、彼自身も経済的にはたいへん苦労しました。フリードマンが 15 歳のとき父は他界したため、16 歳でラトガーズ大学に入学した彼は独力で生活費を稼がなければなりませんでした。レストランのボーイ、百貨店の店員、高校の補習授業の講師など、数多くのアルバイトをこなしたそうです。

　フリードマンは当初数学に興味をもっていましたが、しだいに関心が経済学へと移ります。当時 (1930 年代) の大恐慌の惨状も、経済学という実践的な学問を選択するのに影響があったようです。結局フリードマンは、シカゴ大学大

第23章　フリードマン

学院に進学します。当時のシカゴ大学は、ジェイコブ・ヴァイナー、フランク・ナイトなど、アメリカでもっとも優秀なスタッフをそろえた大学の1つでした。

1933年に修士号を取得した後は、フリードマンはコロンビア大学で特別研究員として1年間の研究生活を送ります。コロンビア大学では、制度経済学者であり景気循環の研究で著名なウェズリー・ミッチェルと数理統計学のハロルド・ホテリングから実証的手法について多くを学びました。

フリードマン

一度シカゴ大学に戻ったフリードマンは、その後大学院を離れ、政府機関での仕事に従事することになります。ワシントンの国家資源委員会（NRC）のスタッフを経て、1937年にはニューヨーク市の全米経済研究所（NBER）の調査部員となり、実証的な研究に従事します。1940年に一時ウィスコンシン大学に職を得ますが、戦時中はふたたび、財務省・租税調査局での戦時課税政策の立案、コロンビア大学におかれた科学調査開発局の統計調査グループのリーダーなど、政府関係の仕事に従事しました。

シカゴ学派

戦争が終わると、フリードマンは大学の世界でキャリアを積んでいくことになります。1945～46年のミネソタ大学勤務を経て、1946年にはシカゴ大学に勤務し、貨幣理論や消費関数など多方面で旺盛な研究活動をおこないました[2]。シカゴでの研究教育活動を通じて、しだいに彼の周囲に経済学の「シカゴ学派」と呼ばれるものが形成されていきます。

経済学者としてのフリードマンの幅広い活躍は高く評価されました。1951年には40歳以下の若手経済学者に贈られる最高の名誉であるジョン・ベイツ・クラーク・メダルを受賞します。また1967年にはアメリカ経済学会会長に就任し、1976年にはノーベル記念経済学賞を受賞しました。1968年にはニクソン大統領の経済顧問にもなっています。

またフリードマンは経済学者としてだけでなく、個人的自由の擁護の論陣を張る論客としても名をはせます。1947年4月にはハイエク（☞第22章）らとともにスイスでのモンペルラン協会（国際的な自由主義者の団体）の発会に参加

しています。みずからの自由主義的立場を表した本としては、『資本主義と自由』(1962年)、テレビ・シリーズをもとにした妻ローズとの共著『選択の自由』(1980年)、『奇跡の選択』(1984年) などがあります。

ちなみにフリードマン夫妻はたいへんな親日家で、何度も日本を訪れています。また彼の著作は数多く日本語に訳されています。

2　フリードマンの福祉国家批判

"福祉国家"としてのアメリカ

20世紀の先進諸国はさまざまな社会保障制度の整備された「福祉国家」への道を歩んできました。一般に「福祉国家」のイメージとは縁遠いアメリカも、実はこの例外ではありません。"自由の国"であり、建国期以来、連邦政府の権力強化に慎重だったアメリカでなぜ福祉政策は拡大し、大きな政府への道を歩むことになったのでしょうか。

大きな転機となったのは大恐慌の経験です。1929年のニューヨーク株式市場の大暴落に端を発する恐慌は、労働力人口の25％以上という大量の失業者を生み出しました。自由市場に対する信頼は失われ、連邦政府がこの経済危機に積極的に対処すべきだという機運が高まります。これがルーズヴェルト政権による「ニューディール」登場の背景となりました。社会保障という名を冠した法律(「社会保障法」1935年)が他国に先駆けて制定され、失業保険や公的扶助プログラムも導入されていきました。

第2次大戦も連邦政府の政治的基盤を強化することになります。政府予算は巨大なものとなり、国民の経済生活の細部にわたり政府による管理が行きわたります。戦後の1946年になると「雇用法」が成立します。これは「最大限の雇用と産出と購買力」を維持することへの政府の責任を明確化したものでした。フリードマンの表現を借りれば、これは「ケインズ〔☞第17章〕派経済学による政策を、法律へと立法化したもの」だったのです。

こうして、人びとの福祉の向上や経済活動の安定化に連邦政府が積極的な役割をはたすべきだという考え方が広く行きわたりました。1964年にはジョンソン大統領が「貧困への戦争」を宣言し、社会保障関係の政策の範囲と規模は

増大します。公共住宅計画や都市再開発プログラムが追加され、アメリカは「大きな政府」への道を進み始めたのです。

では政府活動の巨大化、規制と介入の拡大は、実際に人びとの福祉を向上させたのでしょうか。この問いに力強く「否」と答えたのがフリードマンでした。彼は国家による干渉がけっして実質的な国民福祉の向上にはつながっていないこと、そして何より個人の自由の抑圧になっていると主張しました。

|フリードマンの福祉国家批判|

先にみたように、アメリカの人びとに市場経済への不信と政府による統制の必要性を感じさせたのは、大恐慌の過酷な経験です。しかしフリードマンは、大恐慌が過酷なものとなった原因は市場経済の失敗ではなく、当時の政策運営の失敗だと主張しました。アメリカの中央銀行に当たる連邦準備制度が、適切な時期に貨幣量を増加させれば、あれほど大きな経済の停滞は避けることができたというのです。フリードマンの分析によれば、連邦準備制度が迅速に適切な措置をとれなかった原因は、その内部の権力闘争によるものでした。ここからフリードマンは、経済運営を公的部門による裁量的・恣意的な政策に委ねては駄目で、一定のルールに基づいた貨幣政策（貨幣ストックの量を一定割合で安定的に増やしていくこと）の立法化が必要だと主張します。

政府の統制の拡大や不適切な政策による有害な結果は、こうした貨幣政策にとどまりません。フリードマンは、戦後アメリカのさまざまな領域での政府介入や規制の問題点を逐一論じています。それは、国際金融・貿易制度、財政政策、教育問題、差別問題、独占問題、職業免許制度、所得の分配、社会福祉政策、貧困問題など、多方面にわたります。政府の介入は、結果として問題の解決をもたらさず、費用の面でも自由の制限という面でも、アメリカ国民に有害な結果を与えているというのです。

|福祉支出が拡大するメカニズム|

フリードマンは、福祉国家のプログラムの当初の目的が人道主義的で気高いものだったと認めています。ではなぜその目的は達成されなかったのでしょうか。彼は図表8のようなお金の使い方についての分類表を挙げ、「福祉政策はすべて例外なしに、分類Ⅲに属する」と主張します。「福祉支出がもっているこのような特徴が、これらの政策に欠陥が発生しないではいられない主要な原因だ」。

	誰のためか	
誰のお金か	自　分	他　人
自　　分	I	II
他　　人	III	IV

図表 8　お金の使い方の分類表
（『選択の自由』第 4 章より）

　さまざまな福祉国家的な政策は議会で決められます。議員はいわば、他人のお金を使用するための決定に投票するわけです。その議員を選出する選挙民は、自分のお金（税金）を自分のために使用すること（分類 I）に関して投票をしているはずですが、支払う税金と投票結果によって発生する支出とのつながりは間接的で、分類 I の場合のように直接的ではありません。それゆえ選挙民も、議員と同じく、支払っているのは他人だと考えてしまいがちです。また、決定された福祉プログラムの実行を担当する官僚は、これまた他人のお金を使っているだけとなります。

　つまりフリードマンは、福祉プログラムの決定・運営においては、関係者である選挙民・議員・官僚のいずれもが自分の利益のために誰かのお金を使うたぐいの選択をおこなうことになるのだというのです。結果として福祉政策による支出額は爆発的に増大し、その負担は国民 1 人ひとりに圧し掛かることになります。

福祉国家と個人の自由

　フリードマンの指摘する福祉国家の問題点は、たんなるお金の浪費にとどまりません。「このような福祉体制がもたらした主要な悪は、それがわれわれの社会の構造に及ぼした悪影響だ。それは家族の絆を弱め、自分で働き、自分で貯蓄し、自分でいろいろ新しい工夫をしようとする人びとにさせる誘因を減少させてきた。また、福祉国家体制は資本の蓄積をも減少させてきたし、われわれの自由をいっそう制限するようにもなってきた。これらの事実こそが、現行の福祉体制を判断するにあたってわれわれが使用しなければならない基本的な基準だ」。

　こうして、フリードマンが福祉国家に反対する理由は以下のようになります。第 1 に、裁量的な福祉政策は現に望ましい結果をもたらしてはいない。第 2 に、それは家族の絆や社会のダイナミズムを失わせ、人びとの自由を阻害している、というものです。つまりフリードマンの批判は、福祉国家化したアメリカの現状に対する実証的な観点からの批判であるとともに、自由を重視する理念的な立場からの批判となっているわけです。

> **コラム⑰　赤字財政拡大のメカニズム——公共選択理論**
>
> 　フリードマンは『選択の自由』のはしがきで、「この書はここ数年来急速に発展してきた政治学に対する1つの新鮮な接近法の影響を受けている」と書いています。この「接近法」とは「公共選択理論」と呼ばれるもので、シカゴ学派の流れを汲む経済学者ブキャナンや、政治学者のタロックらにより創始されました。ブキャナンらは、人間は基本的に利己心に基づき行動するという想定を、市場における経済分析だけでなく政治行動の分析にも応用しました。そこに見いだされたのは、政治家や官僚の利己的かつ合理的な行動が政府規模の膨張や財政赤字の拡張をもたらすという、(「市場の失敗」ならぬ)「政治の失敗」という事態です。またタロックは、産業界が政府にはたらきかけて規制を導入し超過利潤を得ようとする「レント・シーキング」活動について分析しました。それは市場を通じた効率的な資源配分を歪ませ、消費者に不利益をもたらすことになります。
>
> 　こうして「公共選択理論」は、政治組織を経済組織と同じような手法で分析することで「大きな政府」の問題点を理論的に説明し、福祉国家を批判する人びとに大きな影響を与えたのです。
> 　　　　　　　　　　　　　　　　　　　　　　　　　　　　(佐藤)

3　個人の自由と国家の役割

経済的自由の重要性　フリードマンの福祉国家・大きな政府批判の背景にあるのは、市場メカニズムへの大きな信頼です。彼がつねに強調するのは、市場という「自発的交換を通じての協同」の仕組みがいかに強力なものか、そしてそのはたらきが制限されてしまう統制というものがいかに人間社会に害悪をもたらすか、ということです。

　市場経済が計画経済などよりも豊かな経済成長をもたらすことは、フリードマンが経済的自由を重要と見なす理由の1つです。彼の指摘するように、分断されていた時期の東西ドイツにおける窮乏と豊かさの対比は、それを裏づけるものでしょう。また、ロシアとユーゴスラビアという旧共産主義国の間の比較でも、農地の大部分が私有され、多くの私的手工業や工業分権化の試みがなされたユーゴのほうが、豊かさを享受していたと指摘します。

　しかし、フリードマンが経済的自由の重要性を強調する理由は、そうした経

済成長の手段としての重要性にとどまるものではありません。フリードマンは、政治と経済を別ものだと考え、政治的な民主主義を把持したまま社会主義的な経済組織をつくろうとする動きを批判します。なぜなら、経済的組織における自由は、それじたいが広い意味での自由の一部であり、さらに政治的自由を達成するための（十分条件ではないが）不可欠の必要条件だからだ、というのです。たとえば、社会主義社会では反体制運動をしようとしても、その資金調達はきわめて困難ですが、資本主義社会では一部の富裕な個人を説得すればすみます。またフリードマンは、アメリカでマッカーシズム（反共運動）が吹き荒れたさい、政治的信念を貫こうとした人びとに真の意味での保護を提供したのは、市場経済の存在、つまり雇用先が政府だけではないということだったと主張します。

望ましい政府のあり方

以上のように、政府の介入や規制を問題視し、市場における経済的自由の重要性を強調するフリードマンからすると、政府のなすべき役割とは次の2つになります。第1に、市場を通じた経済活動の組織化の前提条件、いわば「ゲームのルール」を整備することと、第2に、市場を通じても達成できるかもしれないが多大な費用がかかることをおこなうことです。前者は、法と秩序の維持、契約の履行の確保、財産権の定義の明確化とその権利の解釈・施行、そして貨幣制度の枠組みの整備などです。後者は、独占をはじめとする市場の不完全性や近隣効果（外部効果）への対処と、責任能力のない人を保護するための私的な活動を補足することです。逆にいえば、これ以外の政府のさまざまな介入的な政策は、すべて不適切なものとされるわけです。税制の面でも、現行の所得再分配を含む累進所得税制度は望ましくなく、最良の個人所得税は「ある免税点を超える所得に対する均一率の課税」とされます。

4　フリードマンの社会福祉制度論

福祉国家からの脱却のプログラム

しかし、現実にさまざまな社会保障・社会福祉の制度は存在し、それをあてにした人びとは多数存在します。そうした状況をふまえてフリードマンが提唱したのは、

第1に現行の雑多な福祉プログラムに代えて「負の所得税」制度という単一の包括的プログラムを導入すること、第2に現行の社会保障制度を解体することでした。

　以上の2点を同時におこなうことがフリードマンにとって重要でした。たとえばニクソン政権が「負の所得税」を連邦議会に提案したさい、経済顧問だったフリードマンは議会で「反対」証言をおこなっています。理由は、それが現行の福祉政策に"代わるもの"ではなく、"追加されるもの"だったためです。福祉制度は簡素で小さなものであるべきという点が、フリードマンにとって譲れない原則であり、「負の所得税」制度という再分配制度の仕組みは、あくまで現実に配慮した移行プログラムとしての提案だったのです。

負の所得税　「負の所得税」は、フリードマンの提案した制度としてたいへん有名です[3]。通常の所得税制度では、ある一定の限度額以下の所得には課税されない「控除」額が設定されています。そして、実際の所得がこれより大きければ、超過部分に税が課せられるわけです。これが通常の「正の所得税」です。

　これに対し「負の所得税」とは、控除額と（それに満たない）実際の所得との差額分の一定割合を、政府から"受け取る"という制度です。通常の税金とはお金の動きが逆なので、「負の所得税」ということになります。これは実質的には現金による最低限の所得保障を国民全体に設定することを意味します。

　フリードマンがこの制度のメリットとして強調するのは、制度の仕組みが簡単明瞭で巨大な官僚機構を必要としないこと、また人びとからみずから働いて所得を増やそうとする誘因を奪わないことです。低収入の原因が高齢か病気か事故かなどに関係なく、収入の大きさだけで受給者の資格が決まるため、制度の仕組みは非常に一般的で単純なものにできます。また、援助を受けている人が働いて収入を得た場合には、「負の所得税＋稼いだ収入」の大きさは増加することになるので（ちょっと考えてみてください）、受給者の労働意欲を維持することが可能です。フリードマンは、もし既存の福祉プログラムをこれで置き換えることができれば、はるかに効率的で人道的に援助をおこなうことができると主張しました。

> **教育バウチャー制度**

「負の所得税」とともに、フリードマンが望ましい福祉制度の条件としてどのような考えをもっていたのかをよく示すのが、「教育バウチャー制度」という教育制度改革です。これは子供が公立学校に行かない場合、政府が納税分の一定額のバウチャー（証票）を発行し、それを認可された学校での子供の教育費用に当てることができるというものです。バウチャーの利用は私立学校だけでなく、地区外の他の公立学校も想定されています。

この仕組みのメリットはいくつもあります。まず自分の子供を私立学校に行かせたい親にとっては、公立学校の費用（税金）と私立学校の授業料の二重負担がなくなります。また、従来は経済的理由で公立学校しか行けなかった人も、私立学校への進学が選択肢の1つになります。自分の住む地区の公立学校に不満があれば、他の地区の学校への進学を選択することもできます。また、各学校にはより多くのバウチャーを集めて収益を増やそうとする経済的な誘因がはたらきますから、なるべく多くの学生を集めるために教育内容や環境の充実に努めるでしょう。既存の学校間の競争が促進されるだけでなく、新たに学校経営に参入する人びとも増えるかもしれません。

こうしてフリードマンは、教育バウチャー制度の導入により、親が自分の子供の教育機関を選択する自由と責任をもつようになり、同時に学校経営者が教育の質を改善する誘因をもつ仕組みをつくることができると考えたわけです。

ただしフリードマンは、この制度は近隣効果（外部効果）によって国民全体に利益のある義務教育制度にのみ適用されるべきだとしています。大学のような高等教育機関については、その利益を受ける人がその費用を負担するのが当然であり、それゆえその費用の補助は奨学ローンなどでなされるべきだというのです[4]。

5 おわりに

> **フリードマンの考える良き社会とは**

フリードマンにとって政府の権力が制限され分権化される必要がある（消極的な）理由は、自由の保護ということでした。しかし彼は、そうすることの積極的な

理由も挙げています。それは、さまざまな領域での文明の進歩を生み出す可能性を確保することができるというものです。フリードマンは、ニュートンからシュバイッツァーに至る、芸術、文化、科学、工業の歴史的偉人の名前を数多く列挙したうえで次のように述べます。「これらすべての人びとのうち、誰ひとりとして、政府の指令に応じて、人類の知識と理解力・文学・技術的可能性、あるいは人類の悲惨の救済に新しいフロンティアを開いた人はいない。これらの人びとの偉業は個人の天性の、強固に把持された少数派意見の、そして多様性と不一致を許容する社会的風土の産物であった。政府は個人の活動の多様性と不一致に類似したようなものを決してつくり出すことはできない」。

こうしてフリードマンは、多様な人びとの自発的な創意に基づく活動が社会を進歩させ、人びとの暮らし向き＝福祉を向上させると考えていました。人間が多様であるという前提から出発し、1人ひとりがみずからの人生を選択できるような制度や仕組みをつくること、これがフリードマンの考える良き社会の条件だといえるでしょう。そのうえで、さまざまな制度の仕組みが、当初の目的とは異なるものとなってしまう可能性に注意するべきだと。

フリードマンの主張は、市場の力の肯定と政府の失敗の認識に基づいたものです。その間には、もう少し細やかな段階があるのではないか、あるいは彼はみずからの力で人生を切り開いていくような力強い個人のみを考えているのではないかなど、フリードマンの主張にはさまざまな反論が提起できるでしょう。しかし社会福祉制度の仕組みが所期の目的と異なる（意図せざる）結果をもたらす可能性の指摘や、経済的自由と政治的自由との密接な関係の強調、さらには個人のやる気を失わせない社会保障制度の仕組みの提案など、フリードマンの主張には、政治的立場の違いを超えた重要な示唆があるのではないでしょうか。

注
1） フリードマンの経歴や人となりについては、妻ローズによる回想録が興味深いものとなっています（『ミルトン・フリードマン――わが友、わが夫』）。
2） 経済学者としてフリードマンについては、江頭進「M・フリードマン」で詳しく知ることができます。
3） 厳密には、フリードマンのシカゴ大学での同僚ジョージ・スティグラーが1946年の論文で同じ趣旨のアイデア（マイナス利率の個人所得税）に言及していたりするのですが、きちん

とした提案として世に問うたのはフリードマンがはじめてとなります（フィッツパトリック『自由と保障』p. 107）。
4) フリードマンは義務教育について、『資本主義と自由』（1962年）ではその必要性を認める立場を示していましたが、『選択の自由』（1980年）では利益よりも弊害のほうが大きいかもしれないとしています（『選択の自由』第6章）。その意味でも、教育バウチャー制度はあくまで過渡的なものと位置づけられていたことになります。

■レポート執筆のヒント■

- 『資本主義と自由』の「日本語版序文」を読み、日本とインドの歴史的事例にみられる経済的自由の重要性についてさらに考えてみよう。
- 日本における公的部門の「民営化」の歴史を調べ、フリードマンの主張の意義や問題点についてさらに考えてみよう。
- 教育バウチャー制度導入論議の現状を調べ、その問題点を考えてみよう。
- 近年の「ベーシック・インカム（☞コラム⑱）」をめぐる議論の現状を調べ、「負の所得税」構想との共通点や相違点について考えてみよう。

■文献■

（フリードマンの本）
フリードマン『資本主義と自由』村井章子訳、日経BP社、2008年。
ミルトン&ローズ・フリードマン『選択の自由』西山千明訳、日経ビジネス人文庫、2002年／講談社文庫、1983年。
フリードマン『政府からの自由』土屋政雄訳、中公文庫、1991年。

（参考文献）
江頭進「M・フリードマン――形而上学から実証的政策科学へ」橋本努編『経済思想8　20世紀の経済学の諸潮流』日本経済評論社、2006年。
T. フィッツパトリック『自由と保障――ベーシック・インカム論争』武川正吾・菊地英明訳、勁草書房、2005年。
渋谷博史『20世紀アメリカ財政史』東京大学出版会、2005年。
R. D. フリードマン『ミルトン・フリードマン――わが友、わが夫』鶴岡厚生訳、東洋経済新報社、1981年。

（佐藤方宣）

24 ノージック、ロールズ、セン

リバタリアニズムとリベラリズム

「ユートピアは、複数のユートピアのための枠であって、そこで人びとは自由に随意的に結合して理想的コミュニティーのなかで自分自身の善き生のヴィジョンを追求しそれを実現しようとするが、そこでは誰も自分のユートピアのヴィジョンを他人に押し付けることはできない、そういう場所なのである。」（ノージック『アナーキー・国家・ユートピア』第3部第10章）

【キーワード】
自由（至上）主義　公正としての正義　潜在能力　善に対する正義の優越

　人間の福祉や自由について、哲学は何をいえるのでしょうか。この章では、現代の自由主義の哲学を取り上げます。ノージックの最小国家論を中心に、ロールズの正義の理論、センの潜在能力アプローチという現代リベラリズムの代表的な主張を比較検討することで、それぞれの論者が自由と福祉の関係についてどのように考えていたのかを明らかにします。

1　略伝——現代の自由主義

ノージック　　ロバート・ノージック（Robert Nozick, 1938～2002年）は1938年11月16日にアメリカのニューヨーク州でロシア系ユダヤ人移民の子として生まれました。コロンビア大学を卒業した後、プリンストン大学で科学哲学者として有名なカール・ヘンペルの指導の下、博士号を取得しています。当初は、当時の知識人たちの多くがそうであったように左翼的な政治信条をもっていましたが、ハイエク（☞第22章）やロスバードといったオーストリア学派の経済学に触れて、自由主義へと考えを変えていきました。プリンストン大学、ロックフェラー大学を経て、ハーヴァード大学の

第5部 「福祉国家」批判を超えて

ノージック

教授になっています。

ノージックの業績は、哲学という分野のなかでも認識論、知識論、意志決定理論など、非常に多岐にわたりますが、もっとも有名なものは1974年に発表された『アナーキー・国家・ユートピア』でしょう。この本は翌年の全米図書賞に選ばれたほど、リバタリアニズム（自由至上主義）を擁護する哲学書として多くの反響を得ました。ノージック自身は、生涯を通じてこの書籍における主張を擁護し続けたわけではなく、立場を修正するような論考をいくつか残しています。しかし、他の哲学分野へとおもな関心を移してしまったため、政治哲学を正面から取り上げた研究はその後、結局なされていません。そしてライバルと目されたロールズと連れ立つかのように、2002年に癌でこの世を去りました。

ロールズ

ロールズ

ジョン・ロールズ（John Bordley Rawls, 1921〜2002年）は20世紀を代表する政治哲学者の1人です。1921年2月21日にアメリカのメリーランド州に5人兄弟の次男として生まれました。プリンストン大学入学後に哲学を専攻することを決意し、ノーマン・マルコムの指導を受けます。しかし第2次世界大戦中という状況下、通常よりも半期繰り上げて大学を卒業することになりました。アメリカ陸軍に入隊したロールズは、ニューギニア、フィリピンを転戦し、占領軍として日本にも訪れています。その後、除隊してプリンストン大学の大学院に復学し、博士号を取得した後、プリンストン大学、コーネル大学、MITを経て、ハーヴァード大学の教授を務めました。1971年の『正義論』は、20世紀でもっとも有名な政治哲学書といえるでしょう。発表以来現在に至るまで、多くの政治哲学の論考がこの『正義論』への応答として提出され続けています。ロールズはノージックとは異なり、『正義論』の発表以降も、その理論の改良と、彼に向けられた批判への応答に大きな力を注ぎ続けました。

第24章 ノージック、ロールズ、セン

セン

アマルティア・セン（Amartya Sen, 1933年〜）は1933年11月3日、インドのベンガル州で生まれました。センが経済学を志した理由としては、多数の死者を出したベンガル大飢饉を幼少時に目の当たりにした経験が大きいと本人が述べています。カルカッタ大学を卒業後、ケンブリッジ大学で博士号を取得しました。この当時にはドッブ、ロバートソン、スラッファの影響を強く受けたとセンは述懐しています。デリー大学、

セン

LSE、オックスフォード大学、ハーヴァード大学、ケンブリッジ大学など世界各国で教鞭をとりました。現在はハーヴァード大学の教授を務めています。1998年には厚生経済学への貢献によって、アジア人としてはじめて、ノーベル経済学賞を受賞しています。

ノージックとロールズは長らくハーヴァード大学哲学科における同僚でした。また、センがハーヴァード大学の経済学部と哲学科の併任教授時代には、ノージック、ロールズらと共同講義をおこなったこともあるそうです。3者の主張はそれぞれに異なりますが、こうした人的交流や各自の論考内における言及などから、お互いに強い知的影響を及ぼしあっていたと考えられるでしょう。

2 リバタリアニズムとリベラリズム

リベラリズムとは

この章で取り上げる3者の主張は、おおまかに分類すると現代リベラリズムと呼ばれる立場になります。リベラリズム（liberalism）とはもともと、個人の選択を尊重し、個人の行為に対する政府からの制約を少なくしようとする、日本語での自由主義とほとんど同じ意味の立場のことでした。しかし20世紀中盤のアメリカで、個人の権利と平等を重んじ、そのための政府の積極的な役割を認めるような政治的立場をリベラリズムあるいはリベラル（liberal）と呼ぶようになり、以前のような立場とは区別されるようになりました。もともとその語源である自由（liberty）に、消極的自由（〜からの自由、目的達成を妨害されないこと）と積極的自由（〜への

自由、目的を達成できること）の2種類の意味があったように、リベラリズムにも2つの異なった立場が生まれたのです。現在では、リベラリズムやリベラルという名前は、狭い意味では積極的自由を重視する新しい主張を指して用いられ、消極的自由を重視する古くからの主張を受け継ぐ人びとは、それと区別するためにリバタリアニズム（libertarianism：日本語では自由至上主義）という名前で呼ばれるようになりました。この章で取り上げる人物でいえば、ロールズとセンは前者に、ノージックは後者に分類されます。

リバタリアニズム 　リバタリアニズムにおいても、その求める自由の程度はさまざまです。個人の自由の範囲を最大限にするために政府機能の完全な撤廃を求め、すべてのサーヴィスは市場を通じて供給されるべきと考える、無政府資本主義（Anarcho-capitalism）といういちばん極端な主張があります。ほかにも、治安や司法や国防といった最低限の機能は政府が供給し、ほかは自由にすべきとする最小国家論や、それに加えて最低限の福祉サーヴィスも政府の役割に含める古典的自由主義（Classical liberalism）という立場もあります。他の章で紹介されているハイエクやフリードマン（☞第23章）は、この古典的自由主義者に当たるでしょう。ノージックは最小国家論のもっとも有力な擁護者と考えられています。

3　ロールズの正義の理論

公正としての正義 　それではまず、現代リベラリズムを代表するロールズの基本的な主張をみてみましょう。ロールズは、旧来の功利主義や厚生経済学が人格の個別性を軽視してきたことを問題視し、状況によって特定の個人を犠牲にすることを許してしまうのでは、社会のルールとしては適さないと批判しました。そして、こうした功利主義的な考え方とは異なって、何よりも「公正としての正義」にかなう社会原理が必要であると主張したのです。

それでは、どのような社会ルールが公正としての正義にかなうものと考えられるのでしょうか。こうしたルールを決定するために、ロールズは「原初状態（original position）」というものを想定します。原初状態とは、各個人がそれぞれ

に多様な目的をもつけれども、その実現のために必要とされる才能、運、資産、地位といったものをどれだけ保有しているかには大きな個人差があるだろうということをすべての人びとが理解していて、しかも実際に自分がどのような状況に生まれるかはわからないという「無知のヴェール」に覆われた状態のことです。このような特殊な想定は、現実に生きる人びとがすでにもっている個人的境遇に影響されずに、特定の人びとに有利不利のない、社会の成員全員にとって公正なルールを選ぶために必要とされています。

正義の2原理 この原初状態において、起こりうるもっとも悲惨な状況に自分が陥ってしまう場合を想定して、その悲惨さがいちばんましなものを選ぶというマキシミン原理に従うことによって、次の「正義の2原理」が選択されるはずだとロールズは主張しています。

① 各人は、平等な基本的諸自由からなる十分適切な枠組みへの同一の侵すことのできない請求権をもっており、しかも、その枠組みは、諸自由からなる全員にとって同一の枠組みと両立するものである。
② 社会的・経済的不平等は、次の2つの条件を満たさなければならない。第1に、社会的・経済的不平等が、機会の公正な平等という条件の下で全員に開かれた職務と地位にともなうものであるということ。第2に、社会的・経済的不平等が、社会のなかでもっとも不利な状況にある構成員にとって最大の利益になるということ[1]。

最初の原理は、基本的な自由はすべての個人に平等な権利として与えられるべきであるということを意味しています。2番目の原理の前半部分は、実質的な機会の平等が確保されなければならないという主張です。後半部分は、社会的な不平等がその社会でもっとも恵まれない人にとって利益になるものでなければならないという条件で、「格差原理」という名前で知られています。そして、この正義の2原理に沿って、自由や機会、所得や自己尊厳のような、すべての人びとにとって個々の目的（善き生）の追求に必要とされるだろう社会的な「基本財 (primary goods)」は平等に分配されるべきであるとロールズは主張しています。この基本財にいったい何が含まれるのかということは大きな論点

となりますが、実際の政策面においては、累進課税や最低所得保障といった所得再分配を擁護し、完全雇用の実現などの福祉国家による積極的な平等主義的政策を支持するものだと理解されました。

4　センの潜在能力アプローチ

潜在能力とは　こうしたロールズの議論を経済学にもち込み、独自に発展させたのが、センの潜在能力アプローチです。センは、ロールズの基本的な主張に同意したうえで、ロールズのいう基本財の平等な分配では、機会の平等を達成するためには不十分であると考えました。人びとの福祉（well-being）を実現するためには、人びとの潜在能力（capability）を豊かにする必要があるとセンは主張しています。潜在能力とは、ある状況において人が達成することのできる機能（functioning）の集合のことです。また、ここでの機能とは、財やサーヴィスを用いて人が実現する行為やあり方を意味しています。

それではなぜ、基本財ではなく、潜在能力や機能に着目しなければならないのでしょうか。センが用いた自転車の例で考えてみましょう。かりに、人びとの移動の自由を促進するために、すべての人に自転車を基本財として与えたとしても、個人の身体能力やハンディキャップなどによって実際に自転車を乗りこなすことのできない人びとが出てきます。もしもそうした個人差を考慮に入れて、バリアフリーな道路環境や公共交通機関を提供するならば、すべての人の移動に対する潜在能力を豊かにすることができるでしょう。このように、個人の多様性によって、同じ財・サーヴィスを提供しても、人びとが実現できることはさまざまに異なります。したがって、財・サーヴィスそのものを平等化するのではなく、それらから人びとが実際に達成できることを平等化しなければならないとセンは主張しているのです。

善を考慮したルール　もちろん、実際にその人が何をおこなうことができるのかということを問題とする以上、個人やそのおかれた状況の特殊性といった個別の事情に目を配らなくてはなりません。貧困のような社会問題も、たんに物質的な不足ではなく、個人の潜在能力の欠落として

解釈されたうえで、人びとの福祉を実現するために障害となる状態であるので、社会的手段によって対応されなければならないとセンは考えています。

　こうしたセンの潜在能力アプローチは、福祉経済学の新展開と呼ぶことができます。そして、ロールズが個人にとっての善のあり方に立ち入らずに、正義にかなう社会ルールを決定しようとしたのに対し、個人の善を考慮することなしに社会的ルールは決定できないという考えを表明したものとして理解することができるでしょう。現実の政策としては、ロールズの福祉国家をさらに進めて、社会的正義の実現の過程において、政府によるきめ細かい対応を求めるものとなります。

5　ノージックの最小国家論

国家は正当なものか　続いて、ノージックの最小国家論をみていきます。ノージックは国家の役割についての考察を始めるさいに、国家の存在を前提とはせずに、そもそも国家のはたらきを正当化することはできるのか、もしできるとすればそれはどの程度までなのかという問いから始めています。言い換えれば、ロールズやセンが国家のおこなうべき正義のルールを検討したのに対して、ノージックは国家が何らかの正義をおこなうというはたらきじたいが正義にかなっているかどうかを検討したのです。ノージックは、人間個人がそれぞれに権利をもっていて、いかなる人や集団であっても個人の権利を侵害せずにはおこなえないことがあるということを前提とします。ノージックの主張を一言でいえば、治安、司法、国防の3つの役割に限定される最小国家は正当であるけれど、それ以外のいかなる役割をもつ国家であっても、他人からの強制を受けないという個人の権利を侵害するので不当である、というものです。現実の国家がおこなう福祉政策は、基本的に財の再分配をともないますから、それによって個人の所有権を侵害しているとノージックは批判します。個人の所有権は何よりも優先され、それを保護する以外の機能を国家はもつべきではないというのがノージックの考えです。

> 自己所有権と
> 正義の権原理論

ノージックの考えの基礎には、自己所有権テーゼ（命題）があります。これは、すべての人びとが自分自身の身体の所有者であり、その扱いについて決定する権利をもっていて、本人の意志に反して他人のために使用されてはならないという考え方です。ノージックは、全体の福祉や効率性などに優先して、権利の領域が存在すると考えます。たとえそれが社会全体の利益に反したとしても、個人の意志が優先されるべき領域が存在するのだと、ノージックは主張しています。この自己所有権という考え方は人びとの直感に合致していて、なかなか否定することはできません。自己所有権が認められない状態、つまり自分の身体が他者によって傷つけられたり利用されたりするような状態や、自分の行動が他人によって命令されてしまうような状態を想像してみれば、それは明らかでしょう。しかしノージックによれば、もしこの自己所有権テーゼを絶対的なものとして受け入れるならば、現状の国家の多くは政策の実現過程において諸個人の自己所有権を侵害しているので、不正なものであるという帰結が生じるのです。

人びとが各自の身体の所有者であり、その身体の使用について決定する権利をもっているということは、他者の身体に対しては自由に扱う権利をもたないということでもあります。正当な権利をもつのは自分自身の身体に対してのみであって、お互いに侵害することはできません。唯一、そうした権利のやりとりを正当化するものは、権利保有者による同意だけだということになります。

それでは身体以外のものに対する所有権はどのように決めたらよいのでしょうか。ここでノージックは権原（entitlement）という概念を用いてその問いに答えようとしています。ある財に対して人がその権原をもつためには、次の2種類の方法のいずれかによらなければなりません。1つは、すでに財を保有している人からの同意を得て入手することであり、もう1つは、誰もそれに対する権原をもたない状況において、自然からそれを専有するに至ることです。この2つの方法による所有はそれぞれ、「移転の正義」と「獲得の正義」にかなっていると考えられます。さらに、過去においてこれら2つの方法によらずに所有されてしまったものを補償する「匡正〔誤ったものを正しくすること〕の正義」という原理を導入することで、ノージックはすべての所有の問題に解答を

与えるルールが完成すると考えています。つまり、もし人が財を入手するさいに、上記3つの正義の原理のどれにも当てはまっていない場合には、その所有は不正なものであるといえるのです。これをノージックの「正義の権原理論」と呼びます。

ノージックによるリベラリズム批判

ノージックは、最小国家の役割を超えて、国家が福祉政策などの平等主義的な行動をおこなうことは、個人の権利を侵害するので不当なものであると主張しています。そして、ロールズやセンのような福祉政策擁護論となるリベラリズムに対しては、次のような批判をしています。まず、彼らが擁護している分配的正義は、財の所有状態を一定の望ましい状態（パターン）にしようとする「パターン化原理」に基づいていると指摘します。そのうえで、ノージックの権原理論のような、財の獲得の歴史的経緯の正当性だけを考えればよい「歴史的原理」に対して、「パターン化原理」は、つねに財の分配状態に目を配らなければならず、かりに政府による再分配によって人びとの所有状態が望ましいパターンになったとしても、その後の経済活動を通じてそのパターンは容易に崩れてしまうと主張しています。もしも理想的パターンを維持したいと考えるならば、人びとの間の自由な交換取引を禁じるか、国家が継続的に再分配を繰り返す必要が出てきてしまいます。したがって、分配的正義は個人の自由な経済活動とは両立しないとノージックは批判するのです。

さらにノージックは、ロールズの基本財やセンの潜在能力のような考え方は、才能などの本来個人に属すべき要素を社会的な共有物として再分配の対象にしているので、実は彼らが批判する功利主義と同様に、個人の多様性や人格の個別性を無視してしまっているという批判もおこなっています。

こうしたノージックの批判の有効性については意見の分かれるところであって、ロールズやセンの立場からの反論ももちろん可能ですし、実際になされています。しかし、彼らの議論の応酬じたいが、一定の共通の枠組みを前提としていることを忘れるべきではないでしょう。たとえばセンはそれを、すべての個人が平等にもつべき価値が何かについて意見の相違があるのであって、個人を平等に扱う社会的ルールを探求するという点では、みな一致しているのだと述べています。

メタ・ユートピアとしての最小国家論

最後に、ノージックの最小国家は正当なだけではなく魅力的なものだという議論をみてみましょう。これまでにみたように、ノージックは唯一正当な国家は最小国家であり、それを超えるいかなる拡張国家も認められないと主張しました。それでは、完全自由市場において優勝劣敗の苛烈な競争が繰り広げられる社会をノージックは想定し、擁護していたのでしょうか。これではロールズやセンが危惧したように、環境や才能や運に恵まれない人びとにとっては魅力がなく、すべての個人にとっての良き社会とはなりえないように見えます。こうした疑問に答えるために、ノージックはユートピアの枠としての最小国家という議論を展開しています。

ノージックによれば、個人の多様性を所与とするならば、いかなる社会体制であっても、それが単一の社会ルールをその成員全体に適用するかぎり、かならず不満を感じる人びとが生じてしまいます。競争を好み、才能や努力の結果が直接反映される社会を望む人には、安定を志向し、失敗や不運が許容される平等的な社会は望ましい社会ではなく、その逆であっても問題は変わりません。このような方法では、どのような社会であってもすべての人にとっての良き社会（＝ユートピア）は成立しえないのです。

これに対してノージックは、単一のユートピアは不可能でも、ユートピアの枠（メタ・ユートピア）をつくることはできるのではないか、そしてその枠こそが最小国家であると主張します。つまり、参入と退出の自由を確保したうえで、各個人がみずからの理想とする社会ルールをもつ共同体を選択して参加していけば、それぞれその社会を理想的と考える人びとのみによって構成された複数の共同体が成立すると考えられます。このさい、すべての共同体で共有されなければならないのは最小国家の枠組みだけであって、各コミュニティは、成員どうしの合意に基づいているかぎり、国家が強制したならば不正であると考えられるような社会ルールによって運用されることができるのです。言い換えれば、最低限の満たすべきルールのうえで、各個人の同意に基づいた多様な共同体を許容するような社会こそが、個々人によって異なる善き生の追求を最大限に許容するという意味で、良き社会であるとノージックは考えているのです。

6 おわりに

社会的正義の原理　このようにみれば、ノージックのリバタリアニズムが、社会的・経済的強者のための利己的な主張などではなく、個人の善を追求する社会システムを構想するアイデアの1つであって、ロールズやセンの理論とも共通する目的をもっていることがわかるでしょう。それぞれの主張の相違は、人びとが各自の善を追求するために必要とされる条件やその正当化の論理の違いであって、個人の善き生とは中立的に社会的な正義の原理を決定すべきだと考える、「善に対する正義の優越」という現代リベラリズムの基本的なモチーフは共有されているのです。

注
1) ロールズの「正義の2原理」の記述は、その著作によって表現が少しずつ異なっています。

■ レポート執筆のヒント ■
・日本における公共サーヴィスの民営化の事例を調べて、民営化以前と以後の違いをまとめてみよう。
・潜在能力アプローチに基づいた具体的な政策を調べてみよう。
・日本の福祉政策において、格差がどのように取り扱われているかを調べてみよう。
・多様性の尊重と経済的自由の関係について考えてみよう。

■ 文献 ■
(ノージック、ロールズ、センの本)
ノージック『アナーキー・国家・ユートピア――国家の正当性とその限界』嶋津格訳、木鐸社、1992年。
ロールズ『公正としての正義　再説』田中成明・亀本洋・平井亮輔訳、岩波現代文庫、2020年。
ロールズ『正義論　改訂版』川本隆史・福間聡・神島裕子訳、紀伊國屋書店、2010年。
セン『不平等の再検討――潜在能力と自由』池本幸生・野上裕生・佐藤仁訳、岩波現代文庫、2018年。

（参考文献）

J. ウルフ『ノージック――所有・正義・最小国家』森村進・森村たまき訳、勁草書房、1994 年。

齋藤純一・田中将人『ジョン・ロールズ――社会正義の探求者』中公新書、2021 年。

M. フリーデン『リベラリズムとは何か』山岡龍一監訳、寺尾範野・森達也訳、ちくま学芸文庫、2021 年。

宇佐美誠・児玉聡・井上彰・松元雅和『正義論――ベーシックスからフロンティアまで』法律文化社、2019 年。

神島裕子『正義とは何か――現代政治哲学の 6 つの視点』中公新書、2018 年。

（原谷直樹）

25　エスピン゠アンデルセン

福祉国家の正当化と類型化

「もしわれわれが福祉国家を定義するさいにその本質的な基準が社会権の性格、社会的階層化……にあるとすれば、世界は明らかに異なったレジーム（体制）のクラスター（束）から構成されている。」（『福祉資本主義の三つの世界』第1章）

【キーワード】

福祉レジーム　脱商品化　階層化　福祉社会

　この章では、第2次世界大戦後の福祉国家論と、エスピン゠アンデルセンの議論を中心とした現代の福祉国家論を紹介します。第1段階は、戦後に福祉国家がどのように正当化されたかです。第2段階は、高度成長時代の終焉とともに、福祉国家が厳しく批判されるさまです。第3段階はエスピン゠アンデルセンの福祉国家レジーム論です。とりわけ「脱商品化」と「階層化」という用語に注目しましょう。最後に、新しい社会問題の台頭にともなう福祉国家論の新たな展開について触れます。

1　福祉国家（論）の最盛期

T.H.マーシャル　第2次世界大戦後の急速な経済成長期には、世界の主要な先進諸国の福祉国家化が急速に進みました。その最盛期は1960年代から70年代です。この時代の福祉国家論は、先進諸国でなぜ一様に福祉国家化が進展したかを考察するものが中心でした[1]。

　まず、イギリスLSEの社会学者であるT.H.マーシャルは、市民権・政治権・社会権の3要素に分けられる「シティズンシップ（人間の平等な権利）」という概念を用い、福祉国家の形成を説明しました。彼によれば、まず18世紀

に言論の自由や私有財産権などに代表される市民権が認められるようになり、次いで19世紀に普通選挙権に代表される政治権が確立されました。そして20世紀になって、すべての国民が文化的で最低限の生活を送る権利をもち、そしてそれを保障するのは国家である、という社会権の考え方が生まれてきました。こうして市民の社会権を保障するための具体的な制度として、福祉国家が生まれてきたと考えることができます。

ウィレンスキー 次にアメリカの社会学者ウィレンスキーは、産業社会と高齢化というキーワードを得て、一国のGNP（国民総生産）[2]に対する社会保障への支出比率を福祉国家の指標にできる、と考えました。これによれば、さまざまな国家について、都市化、経済成長の度合い、人口構成に占める高齢者の割合など、社会経済的な要因を順位づけることによって、福祉国家の実態がとらえられます。経済成長は高齢化をもたらし、その結果として社会保障支出も増えるので、先進諸国はすべて福祉国家化に向かう（収斂していく）と主張されました。この主張は、世界が福祉国家に向けて一元的に（一様に）進化を遂げるという楽観的な戦後の雰囲気を代表しています。

ティトマス それに対して、T. H. マーシャルと同じくLSEの社会学者であるティトマスは、「残余的福祉国家」と「制度的福祉国家」の2つの概念を用いて、現代的な福祉国家の構造を分析しました。残余的福祉国家では、国家は家族あるいは市場がうまく機能しなかったときにのみ、例外として責任を引き受けます。このようにして、残余的福祉国家はその関与する対象を、周辺的で福祉の救済が必要な一部の社会集団に限定しようとします。一方、制度的福祉国家は普遍主義（すべての人びとを対象とする）的な性格のものであり、国家の福祉への関与を制度化しようとします。すなわち、制度的福祉国家は、原則として社会にとって重要なすべての領域に福祉の責任を拡げることになります。

この考え方に基づくならば、福祉国家を考えることは、同時にその福祉の具体的な内容の検討に向かうことを意味します。つまり、社会福祉の受給資格の要件、給付やサーヴィスの質、そしてもっとも重要な点として、市民の社会権がどの程度まで守られているかという問題などが検討されなければなりません。

このように考えていくと、実は福祉国家を単純に1つの指標に沿ってランクづけするということはできなくなり、それに代わり福祉国家を異なった類型に分けたうえで比較するという考え方が生まれてきます。

このティトマスの福祉国家論は、エスピン゠アンデルセンの福祉国家論に大きな影響を与えることになります。彼の議論を述べる前に、1980年代以降の「福祉国家の危機」の時代について説明しましょう。

2 「福祉国家の危機」の時代

福祉国家の危機　「福祉国家の危機」という言葉は、1983年にOECD（経済協力開発機構）が作成した報告書の名前がもとになっています。また、1980年代以降の福祉国家をめぐる状況を象徴的に示す言葉としてもよく使われます。この報告書は、世界経済の高度成長期に発展した福祉国家が、ニクソンショック（1971年）や石油危機（1973年）に端を発した低成長時代に突入し、その結果増大する財政負担に耐えられず福祉国家は危機に陥る、ということを指摘しました。この時期になると福祉国家体制は、激しいインフレ、政府の財政赤字、失業率の増大、重い税負担などの問題に直面していました。それらの対応として、1980年代以降「小さな政府」を指向する新自由主義的政策がアメリカ合衆国、イギリスなどのアングロサクソン諸国や日本で採用され、福祉国家の後退という「危機」がすべての先進諸国で現実化すると思われました。

福祉国家の多様化　ところが現実には、すべての国で等しく福祉国家の後退があったわけではありません。ヨーロッパ大陸諸国や北欧諸国では、アングロサクソン諸国ほどは顕著な社会保障水準の低下は起こりませんでした。このような事実から、実はこの時期は、世界の先進国が一様に福祉国家から後退したのではなく、福祉国家からの後退を選択した国と、その持続を選択した国に多様化した時期として特徴づけられることがわかります。

このような現実をふまえれば、福祉国家の理論もこの多様性を説明できるように再構築されなければなりませんでした。1980年代にこの課題に取り組ん

だのが、カナダの社会学者であるミシュラでした。彼は雇用者と経営者との中央集権的な協働関係（パートナーシップ）を表わす「コーポラティズム」という概念を用い、福祉国家からの後退を選択しなかった国では、コーポラティズムが成功し、市場経済の効率性と発達した社会福祉制度を両立できた国であることを明らかにしました。そして、エスピン゠アンデルセンの福祉国家論も、福祉国家の多様化、そして政治的要因の重視という流れのなかから生まれたものです。

3　エスピン゠アンデルセンの福祉国家論

人となり

エスピン゠アンデルセン（Gøsta Esping-Andersen, 1947年～）は1947年にデンマークで生まれ、コペンハーゲン大学を卒業後、アメリカ、ヨーロッパの多くの大学で教鞭をとり、現在はスペインのポンペウ・ファブラ大学教授となっています。彼の論文や著作は労働運動、社会民主主義、福祉国家など広範な領域にわたりますが、もっとも有名になったのは『福祉資本主義の三つの世界』（1990年）という著作です。

エスピン゠アンデルセンの福祉国家論は、「脱商品化」と「階層化」という2つのキーワードを用い、福祉国家の類型化をおこなうことで、その多様性を説明しようとすることに最大の特徴があります[3]。

福祉国家と脱商品化

T. H. マーシャルは社会権の保障が福祉国家の核心となる理念であると主張しましたが、エスピン゠アンデルセンはこの考え方を発展させ、福祉国家により人びとが生活の維持のために市場（とくに労働市場の賃金）に依存する程度が弱められてきている[4]ことを「脱商品化[5]」という言葉で表現しました。そして脱商品化の権利がどの程度に発達したかは、さまざまな福祉国家において以下のように異なっていると考えられています。

①アングロサクソン諸国のように社会扶助（生活保護）が制度の中心となっている福祉国家においては、その受給に当たって資力調査（ミーンズ・テスト）がおこなわれ、給付の額も通常はごくわずかであるために、脱商品化の効果は抑制された

ものとなります。

②ドイツのように強制加入の公的社会保険制度を重視する福祉国家では、社会保障の給付はそのほとんどが雇用状態などに大きく左右される保険料拠出に基づいています。また多様な受給資格や給付に関する規則が複雑に織りなされているため、脱商品化を十分に進められる制度にはかならずしもなっていません。

エスピン゠アンデルセン

③北欧諸国のように高い脱商品化効果をもつ福祉国家は、現実にはごく最近になって登場しました。それには、市民が仕事、収入、あるいは一般的な福祉の受給権を失う可能性なしに、必要と考えたときに自由に労働から離れることができる、という条件が必要です。具体的には、通常の収入と同等の給付が保障される疾病保険や、各人が必要と見なす期間、ごく簡単な診断書に基づいて休業できる権利が必要とされますし、年金や育児休暇、失業保険などについても同じような条件が求められます。

福祉国家と階層化　多くの福祉国家は社会保障制度を通じて所得の平等化を実現してきましたが、エスピン゠アンデルセンは、一方で福祉国家それじたいが階層化をもたらす制度である、と指摘します。そして階層化の程度は、異なった福祉国家間でそれぞれ固有のかたちで次のように現われてくると考えられています。

①アングロサクソン諸国の資産調査をともなう社会扶助は、明らかに階層化をめざしたものであると見なされます。受給者に対して制裁を加え、スティグマ（烙印）化することで、こうした制度は扶助を受ける人と自立して生きる人との社会的な二重構造を拡大しました。

②ドイツ型の社会保険制度は、階級政治の影響の下で生み出されたものです。この制度は階層化によって2つの結果を同時に達成することをめざしていました。それは、さまざまな階級や集団に対してそれぞれ独自のプログラ

ムを立法化することで、賃金生活者を分断することと、個々人の忠誠心を君主制あるいは中央政府の権威に向けさせることでした。
③北欧諸国は、市場原理の外で普遍主義原理と適切な社会保障給付を統合し両立させていこうとしました。具体的には、均一給付の平等主義的な年金制度の上に、潤沢な給付をおこなう二階部分として所得比例型の社会保険を制度化し、中間階層をここに統合していったのです。こうした解決法をとると、中間階層の期待に合致した給付を保障しながら、普遍主義を維持することが可能となります。

福祉レジーム　ここまで、エスピン゠アンデルセンの福祉国家論を理解するためのキーワードである「脱商品化」と「階層化」という考え方をみてきました。そして彼は、これらのキーワードにより福祉国家を3つの「レジーム（体制）」に類型化（モデルとしてグループ化）し、その比較を試みました。「福祉レジーム」とは、「福祉が生産され、国家・市場・家族の間に分配される総合的なあり方」です。それぞれの類型を特徴づけてみましょう。

(1)**自由主義レジーム**

　自由主義レジームに属する国家においてみられるのは、所得調査付の社会扶助、最低限の所得移転や社会保険です。給付のおもな対象は、低所得で国家の福祉に依存的な層になります。福祉が最低限のものとされるのは、自由主義的な労働倫理が支配的なため、働く代わりに福祉を選択することがないようにするためです。したがって、受給資格の付与は厳格なルールに基づいておこなわれ、しばしばスティグマをともない、そして給付の水準は最低限のものとなります。

　その結果、自由主義レジームの国家では、脱商品化効果は最小限のものとなり、社会権は実質的には抑制されます。そして、社会には二重の階層が出現します。一方で、福祉サーヴィスの受給者たち（少数派）の間では、平等であるが低水準の福祉が施されます。他方で、ふつうの市民たち（多数派）の間では、市場を通じて能力に応じた福祉が供給されます。このモデルに属する典型的な

国としては、アメリカ・カナダ・オーストラリアがあります。

(2)保守主義レジーム

　保守主義レジームに属する国々では、昔から国家主義的な志向が強く、それが自由主義や市場の効率性に対する信奉を弱めたため、社会権を広く保障することに関しては強い抵抗はありませんでした。この類型の福祉国家は、福祉を国家の責任へと置き換えていこうとする過程のなかで生まれてきました。その特徴は、職業的地位の格差による階層化が維持されているということであり、したがって社会権は階級や職業的地位に付随するものとなるため、脱商品化の効果は弱められます。このモデルに属するのは、オーストリア・フランス・ドイツ・イタリアなどの国々です。

(3)社会民主主義レジーム

　社会民主主義レジームは、普遍主義の原理と脱商品化が中間階層にまでその効果を及ぼしているような国々を含みます。そこでは、社会民主主義が社会改革を主導する力となっています。社会民主主義は他の国々で追求されたような最低限の平等ではなく、もっとも高い水準での平等を推し進めるような福祉国家を実現しようとします。これは、社会保障給付・サーヴィスの水準や権利を、裕福な階層が享受するのと同等に保障することによって実現されます。

　そしてこの方法は、きわめて脱商品化の効果が高く階層化の程度は少ないという特徴をもっています。すなわち、ここではすべての社会階層が単一の普遍主義的な保険制度に包含され、その給付水準は従前の所得に応じて決められます。これにより、すべての市民が社会保障制度から恩恵を受け、その結果として、それを財政的に支える必要を感じるようになると考えられます。このモデルに属する国々は、スウェーデンなどの北欧諸国です。

福祉レジーム論への批判　エスピン゠アンデルセンの福祉国家論は、1980年代以降の福祉国家の多様化という現実を説明する新しい考え方として高い評価を受け、今日福祉国家のさまざまな問題を考えるうえで必要不可欠な存在となっています。しかし一方で、彼の議論はいくつかの重要な批判を引き起こしました。まず根本的な批判として、

> ## コラム⑱　ベーシック・インカム
>
> 　ベーシック・インカムは「個人を対象に、資力調査や労働の有無を要件とせず、すべての人びとに支給される」所得と定義され、福祉国家における社会保障制度の代替案として最近注目されている考えです。現在の社会保障制度は、家族を対象とする社会保険制度と、資力調査をともなう公的扶助を中心につくられています。これに対しベーシック・インカムは、個人を対象にすることから、これまで軽視されてきた家庭内の無償労働（家事や子育て）や社会的に有意義な労働（ヴォランティア活動や地域社会への貢献など）に従事する人びとも十分な所得を得られるようになります。これは、性別役割分業の見直しや男女間の所得格差の是正、就業形態の多様化を生むでしょう。給付要件がないため、従来の公的扶助で問題となっているスティグマの発生や、給付要件以下の所得にとどまろうとして労働意欲が失われる「貧困のわな」といった問題が解消されます。また、すべての人びとに対する単一の所得補償に制度が簡素化されることにより、社会保障に関する行政コストの削減も可能となるでしょう。一方、労働と所得とを切り離すことができるのか、無条件給付により労働意欲が失われないか、また財源をどうするのかといった課題が残されています。
>
> （下平）

　イギリスの社会政策研究家であるスピッカーは、福祉国家の類型化論はその多様性を説明できるが、各福祉国家に共通する本質を説明できないとして、新たな福祉国家の一般理論を構築する必要性を主張しました。

　他方、類型化論内部に存在する問題として、家庭や福祉サーヴィス分野で重要な役割を担っている女性の立場が軽視されている、あらゆるレジームの核となっている家族の分析が不十分である、さらに近年社会福祉分野で急速に台頭しつつある非営利法人（NPO）の役割が考慮されていない、などが指摘されています。類型化論で十分に取り扱われていなかったこれらの問題の台頭は、福祉国家論に新たな展開をもたらしました。最後にこのことについて述べていきます。

4　おわりに

<u>新しい社会問題の台頭</u>　21世紀を迎え、わたしたちの社会は20世紀の福祉国家が解決しようとした問題とは異なる、新たな問題に直面しています。これは経済のグローバル化や急速な技術進歩、市場競争の拡大などに端を発したものであり、具体的には雇用の不安定化、女性の仕事と家庭の両立の困難化、家族的な絆の弱体化とそれにともなう介護問題などのかたちで現われています。エスピン゠アンデルセン自身、①女性の役割の改革、②児童の機会平等の保障、③高齢者施策の公平性確保、という問題を喫緊と見なしています。

これらの問題は、従来の福祉国家の枠組みではうまく解決できないという特徴をもっています。実は20世紀の福祉国家は、安定した雇用と家族関係を基本に、それらが解決しきれない問題について社会保障制度により補完するという構造でできていました。しかし現在では、その基礎となっている雇用と家族関係が危機に直面しているのであり、これが福祉国家の再編を促進する大きな要因となっています。

それでは、新しい社会問題のもつ特徴とはどのようなものなのでしょうか。それは解決すべき問題の内容が個別的、多様で画一的な対応が困難であるということです。たとえば就業のための能力開発や高齢者介護は、個々人や地域のニーズに合わせたきめ細かい対応が必要です。このような問題については、従来の国家主導の画一的な福祉制度では対応することが困難です。それでは、このような多様化する福祉ニーズに対応するために、福祉国家はどのように再編されるべきだと考えられているでしょうか。

<u>福祉国家から福祉社会へ</u>　最近の福祉国家再編の動向を理解するためのキーワードとして、「ガヴァナンス（統治）」という言葉がよく使われています。これは、従来の国家・政府による一元的統治（ガヴァメント）と対比するものとして、多様な主体による共同統治という新しい統治概念を意味しています。すなわち、上に挙げたような新しい社会問題の出現が、国家・政府による画一的な統治の構造を崩し、NGO、

NPO などの多様な市民主体の非営利組織を軸とするガヴァナンスの担い手の多様化を促していると考えられています[6]。

これらの非営利組織は、新しいニーズに対応していく**機動性・柔軟性**を持ち合わせており、今後はこれらの組織が、従来政府が担っていた社会福祉などの公共サーヴィスの供給を担っていくことが期待されています。そしてそれは同時に、国家・政府が「公共」を独占してきた社会から、市民みずからが「公共」を担う社会へと転換するという新しい展望を開くものです。今後は市民社会のガヴァナンスは、政府、市場そして NPO などの市民社会組織が協働しておこなうようになっていくと考えられており、それにより政府が主導してきた 20 世紀型福祉国家の枠組みも、この協働関係を機軸とする「福祉社会」へと再編されていくことになるでしょう。福祉国家論はけっして完成したものではなく、社会の変化とともに、なお進化し続けているのです。

注
1) この時代のもう 1 人の代表的な論者であるミュルダールについては、第 21 章を参照してください。
2) 現在は GDP（国内総生産）または GNI（国民総所得）の概念で考えます。
3) 詳しい説明は、『福祉国家の三つの世界』第 1 章を参照してください。
4) 具体的な事例としては、景気の悪化により一時的に失業しても失業保険により生活できる、あるいは定年退職した後でも年金で生活していける、などがあります。
5) 「脱商品化」の概念については、ポランニー（☞第 18 章）の議論も参考にしてください。
6) 日本の市民社会組織の現状や具体的な役割については、神野直彦・澤井安勇編『ソーシャル・ガバナンス』第 3 章を参照してください。

■ レポート執筆のヒント ■

・自分の身の周りで、行政と市民社会組織とが協働してさまざまな問題（福祉やまちづくりなど）に取り組んでいる例があったら調べてみよう。
・『福祉国家の三つの世界』を読み、なぜ国々によって異なった福祉レジームがつくられてきたのか、その理由を考えてみよう。
・福祉国家の最盛期と危機の時代にそれぞれ代表的だった福祉国家論を調べて、その特徴と相違点を考えてみよう。
・「脱商品化」と「階層化」というキーワードを使って、日本はどの福祉レジームに当てはまるかを調べてみよう。どれにも当てはまらないときは、その理由も考えてみよう。

文献

(福祉国家論の本)

エスピン゠アンデルセン『福祉資本主義の三つの世界』ミネルヴァ書房、2001年。

エスピン゠アンデルセン『アンデルセン、福祉を語る』NTT出版、2008年。

ウィレンスキー『福祉国家と平等』木鐸社、1984年。

ティトマス『福祉国家の理想と現実』社会保障研究所、1967年。

T. H. マーシャル『シティズンシップと社会的階級』法律文化社、1993年。

(参考文献)

小峯敦編『福祉国家の経済思想』ナカニシヤ出版、2006年。

神野直彦・澤井安勇編『ソーシャル・ガバナンス』東洋経済新報社、2004年。

P. スピッカー『福祉国家の一般理論』阿部實ほか訳、勁草書房、2004年。

富永健一『社会変動の中の福祉国家』中公新書、2001年。

C. ピアソン『曲がり角にきた福祉国家』田中浩・神谷直樹訳、未來社、1996年。

山口二郎・宮本太郎・坪郷實編『ポスト福祉国家とソーシャル・ガヴァナンス』ミネルヴァ書房、2005年。

山崎史郎『人口減少と社会保障』中公新書、2017年。

(下平裕之)

読書案内

　ここではレポートや卒論などでさらに進んだ学修を望む人に、参照すべき文献を紹介します。入門書＊・啓蒙書＊＊・専門書＊＊＊という形で難易度も付けてみました。図書館や本屋でぜひ実際に手にとって、短い動画解説では味わえない別種類の探究を体験してみてください。

【福祉の経済思想】

　本書の観点ともっとも近い文献です。特に京極（1995）や橘木（2018）はやさしい記述です。秋山（2016）は宗教的・哲学的な観点から、利他と利己の関係を解説します。

　　京極高宣『福祉の経済思想』＊ミネルヴァ書房、1995年。
　　小野秀生編『生活経済思想の系譜』＊＊青木書店、1996年。
　　秋山智久『社会福祉の思想入門――なぜ「人」を助けるのか』＊＊ミネルヴァ書房、2016年。
　　橘木俊詔『福祉と格差の思想史』＊＊ミネルヴァ書房、2018年。

【人物評伝】

　福祉社会の発展に貢献した人物の評伝を読むと、時代と思想の背景を探りやすいです。高島（1998）は「福祉に生きる」シリーズの1冊です。3冊の室田編は日本および西洋の様々な人物を網羅していて、便利です。

　　社会保障研究所編『社会保障の新潮流』＊＊有斐閣、1995年。
　　高島進『アーノルド・トインビー』＊大空社、1998年。
　　室田保夫編『人物でよむ近代日本社会福祉のあゆみ』＊ミネルヴァ書房、2006年。
　　室田保夫編『人物でよむ社会福祉の思想と理論』＊ミネルヴァ書房、2010年。
　　室田保夫編『人物でよむ西洋社会福祉のあゆみ』＊ミネルヴァ書房、2013年。

【新しい問題の出現①（格差・貧困）】

　21世紀初頭を象徴する新しい問題が出現しています。まず格差・貧困の再注目です。膨大な税務データによる各国推計のピケティ（2014）、不平等研究の大家によるアトキンソン（2015）、エレファントカーブ（所得分配の二極化）のミラノヴィッチ（2017）などを筆頭に、格差や不平等は最重要のテーマです。橘木

(2024) はピケティ以後の議論も紹介します。

 ピケティ『21世紀の資本』***山形浩生ほか訳、みすず書房、2014年。
 アトキンソン『21世紀の不平等』***山形浩生・森本正史訳、東洋経済新報社、2015年。
 ミラノヴィッチ『大不平等』**立木勝訳、みすず書房、2017年。
 橘木俊詔『資本主義の宿命――経済学は格差とどう向き合ってきたか』**講談社現代新書、2024年。

【新しい問題の出現②（ジェンダー・ケア）】

 ジェンダー・ケアという用語で、女性の地位に光がさらに当たったのも近年の動向です。山口（2019）は現代のデータや理論から、マルサル（2021）は経済学の誕生時から女性の無償労働が隠蔽されている視点から、岡野（2024）はケア論の視点から、各々、この問題を取り上げます。牧野（2023）と長田ほか編（2023）の対照的な方法論・視点を比べるのもよいでしょう。打越（2022）が指摘するように、近年は人間中心主義を反省し、動物（ひいては植物）を含めた「生」の向上が考えられています。

 山口慎太郎『「家族の幸せ」の経済学――データ分析でわかった結婚、出産、子育ての真実』**光文社新書、2019年。
 マルサル『アダム・スミスの夕食を作ったのは誰か？―― これからの経済と女性の話』*高橋璃子訳、河出書房新社、2021年。
 打越綾子『動物問題と社会福祉政策――多頭飼育問題を深く考える』***ナカニシヤ出版、2022年。
 エスピン＝アンデルセン『平等と効率の福祉革命――新しい女性の役割』**大沢真理監訳、岩波現代文庫、2022年。
 牧野百恵『ジェンダー格差――実証経済学は何を語るか』**中公新書、2023年。
 長田華子・金子あゆみ・古沢希代子編『フェミニスト経済学――経済社会をジェンダーでとらえる』**有斐閣、2023年。
 岡野八代『ケアの倫理』*岩波新書、2024年。

【新しい問題の出現③（労働・人口減・地球環境）】

 労働の流動性と安全性・人口減少・地球温暖化・どうでもよい仕事という切り口も、新しい切り口です。若森（2013）では新しいリスクに対応する《フレキシキュリティ》（労働市場の柔軟さと保護を両立させる政策）が精査されています。定常経済型を指向する広井（2019）は都市政策と福祉政策の統合を提唱し、友原（2020）は移民政策の損得をデータから描き、酒井（2021）は人類学者グレーバ

ーの議論を丁寧に紹介します。駒村・諸富編（2023）は持続可能な社会の実現性を考察します。水嶋ほか編（2023）やクライン（2024）は巨大化した資本主義がいかに人々の幸せを妨害するか、多角的な面から考察しています。

 若森章孝『新自由主義・国家・フレキシキュリティの最前線──グローバル化時代の政治経済学』***晃洋書房、2013年。
 広井良典『人口減少社会のデザイン』**東洋経済新報社、2019年。
 友原章典『移民の経済学──経済成長から治安まで、日本は変わるか』**中公新書、2020年。
 酒井隆史『ブルシット・ジョブの謎──クソどうでもいい仕事はなぜ増えるか』**講談社現代新書、2021年。
 駒村康平・諸富徹編『環境・福祉政策が生み出す新しい経済──"惑星の限界"への処方箋』**岩波書店、2023年。
 水嶋一憲ほか編『プラットフォーム資本主義を解読する──スマートフォンからみえてくる現代社会』**ナカニシヤ出版、2023年。
 クライン『ショック・ドクトリン──惨事便乗型資本主義の正体を暴く（上下）』**岩波現代文庫、2024年。

【社会保障と財源】
 福祉を実現するために、社会保障制度や財源確保が必要です。小塩（2013）に加え、ユニークな切り口の著作を紹介しておきます。井手（2018）は多数に共通な社会的ニーズを満たすことで重税感を和らげようとします。権丈（2018）は軽妙な文で、経済学の主流＝最善選択、傍流＝次善選択という理解を出発点とします。厚生労働省の現場にいた香取（2021）は日本の制度に詳しいです。

 小塩隆士『社会保障の経済学〔第4版〕』日本評論社、2013年。
 井手英策『幸福の増税論──財政はだれのために』**岩波新書，2018年。
 権丈善一『ちょっと気になる政策思想──社会保障と関わる経済学の系譜』**勁草書房、2018年。
 香取照幸『民主主義のための社会保障』**東洋経済新報社、2021年。

【各国史】
 多様な福祉国家が存在するため、各国の制度や歴史をひもとく必要があります。湯元・佐藤（2010）と小池（2017）は高福祉・高負担と高い競争力を両立させる思想的・制度的背景を探ります。本田（2016）はオバマケアやベーシックインカムまで触れます。新川編（2015）は19ヶ国の多様な政治体制における福祉の実態を例示します。田中（2017）は英米独仏瑞日の6ヶ国を取り上げます。

湯元健治・佐藤吉宗『スウェーデン・パラドックス──高福祉、高競争力経済の真実』**日本経済新聞出版社、2010 年。
新川敏光編『福祉レジーム』**ミネルヴァ書房、2015 年。
本田浩邦『アメリカの資本蓄積と社会保障』***日本評論社、2016 年。
小池直人『デンマーク共同社会の歴史と思想──新たな福祉国家の生成』***大月書店、2017 年。
田中拓道『福祉政治史』**勁草書房、2017 年。
福原宏幸ほか編『岐路に立つ欧州福祉レジーム──EU は市民の新たな連帯を築けるか』***ナカニシヤ出版、2020 年。

【福祉国家の今後】

経済成長が見込めない（見込むべきではない）近未来において、どのような福祉社会が実現できるか、多くの構想があります。広井（2011）は定常経済時代の創造的福祉を、宮本（2021）は《ベーシックアセット》（現金やサービスの給付に加え、共同資産の保障も）の導入を、宮本編（2022）は自助努力・自己責任が強すぎる社会に、全員を仲間として迎え入れる構想を、各々、展開します。

広井良典『創造的福祉社会──「成長」後の社会構想と人間・地域・価値』*ちくま新書、2011 年。
宮本太郎『貧困・介護・育児の政治──ベーシックアセットの福祉国家へ』**朝日新聞出版、2021 年。
宮本太郎編『自助社会を終わらせる──新たな社会的包摂のための提言』**岩波書店、2022 年。

【近接分野①社会福祉・福祉社会】

福祉の経済思想を考える場合、近接の社会福祉論・社会学などから知見を補強するのがよいでしょう。小山（1978）・伊藤（1994）・高島（1995）は既に古典となります。武川ほか編（2020）や友枝ほか編（2023）はケア・リスク社会・ジェンダー・信頼・社会関係資本・サードセクター等、本書の補完となるトピックについて、2‒4 頁で簡潔に説明します。

小山路男『西洋社会事業史論』**光生館、1978 年。
伊藤周平『社会保障史──恩恵から権利へ』*青木書店、1994 年。
高島進『社会福祉の歴史』*ミネルヴァ書房、1995 年。
吉田久一『新・日本社会事業の歴史』**勁草書房、2004 年。
金子光一『社会福祉のあゆみ』*有斐閣アルマ、2005 年。
伊藤周平『権利・市場・社会保障』**青木書店、2007 年。

坂田周一『社会福祉政策——原理と展開（第4版）』*有斐閣アルマ、2020年。
武川正吾ほか編『よくわかる福祉社会学』*ミネルヴァ書房、2020年。
友枝敏雄ほか編『社会学の力——最重要概念・命題集（改訂版）』2023年。

【近接分野②社会政策論】

　経済政策を越えた包括的な《社会政策》は、学会を形成するほど古典的な用語です。大沢（1986）・岡田（1987）・毛利（1990）は古典となります。近年の展開は、石畑ほか編（2019）やベラン&マホン（2023）に詳しいです。

大沢真理『イギリス社会政策史』***東京大学出版会、1986年。
岡田与好『経済的自由主義——資本主義と自由』***東京大学出版会、1987年。
毛利健三『イギリス福祉国家の研究』***東京大学出版会、1990年。
毛利健三『現代イギリス社会政策史 1945-1990』**ミネルヴァ書房、1999年。
石畑良太郎ほか編『よくわかる社会政策（第3版）』*ミネルヴァ書房、2019年。
久本憲夫ほか『日本の社会政策［第3版］』*ナカニシヤ出版、2023年。
ベラン&マホン『社会政策の考え方——現代世界の見取り図』**上村泰裕訳、有斐閣、2023年。

【近接分野③政治思想】

　自由、正義、公共性といった論題が福祉と関係します。福祉国家に関してはむしろ、政治思想の領域で盛んに議論が進んでいます。松元（2013）や神島（2018）は平和や正義に関する根本的な議論を、いくつかにグループ化して説明します。田中（2020）やフリーデン（2021）は自由主義に関する必読文献です。難解なロールズは玉手（2024）の助けで理解し、共同体主義者サンデル（2023）の議論にも耳を傾けましょう。フレイザー（2022）は逆説的に、経済領域が幸せに貢献できる条件を示唆します。

森村進編『リバタリアニズム読本』勁草書房、2005年。
松元雅和『平和主義とは何か——政治哲学で考える戦争と平和』**中公新書、2013年。
フライシャッカー『分配的正義の歴史』***中井大介訳、晃洋書房、2017年。
神島裕子『正義とは何か——現代政治哲学の6つの視点』*中公新書、2018年。
田中拓道『リベラルとは何か——17世紀の自由主義から現代日本まで』**中公新書、2020年。
フリーデン『リベラリズムとは何か』**山岡龍一監訳、ちくま学芸文庫、2021年。
フレイザー『資本主義は私たちをなぜ幸せにしないのか』**ちくま新書、2022

年。
　サンデル『実力も運のうち――能力主義は正義か？』*ハヤカワ文庫、2023 年。
　玉手慎太郎『ジョン・ロールズ――誰もが「生きづらくない社会」へ』*講談社現代新書、2024 年。

【思想家の原典】
　原典（思想家自身が綴った言葉）は難解ですが、解説書にない輝きを持っています。福祉の経済思想について、わずかばかり例示します。ピグー（2012）は教授就任演説「実践との関わりにおける経済学」を含みます。オストロム（2022）はノーベル賞受賞者です。福田（2017）やセン（1988）は厚生経済学の発展に寄与しました。

　セン『福祉の経済学――財と潜在能力』***鈴村興太郎訳、岩波書店、1988 年。
　ピグー『富と厚生』***本郷亮訳、名古屋大学出版会、2012 年。
　福田徳三『厚生経済学（福田徳三著作集　第 19 巻）』***井上琢智編、信山社、2017 年。
　オストロム『コモンズのガバナンス――人びとの協働と制度の進化』***原田禎夫ほか訳、晃洋書房、2022 年。

【福祉・厚生と経済学】
　経済学から福祉を考える際に、厚生経済学・社会選択論、あるいは不確実性や外部性を考慮する応用分野がありえます。前者は奥野・鈴村（1988）、後者はバー（2007）が定評ある教科書です。後者の原著は 1987 年の初版以来、2020 年の 6 版まで改訂されています。経済学の思考法として、蓼沼（2011）と小塩（2024）が便利です。経済哲学の分野からは、塩野谷・鈴村・後藤編（2004）、セン・後藤（2008）、後藤（2015）、山脇（2024）などが代表的です。

　奥野正寛・鈴村興太郎『ミクロ経済学Ⅱ』***岩波書店、1988 年。
　バー『福祉の経済学』**菅沼隆監訳、光生館、2007 年（4 版の翻訳）。
　塩野谷祐一・鈴村興太郎・後藤玲子編『福祉の公共哲学』***東京大学出版会、2004 年。
　セン・後藤玲子『福祉と正義』***東京大学出版会、2008 年。
　蓼沼宏一『幸せのための経済学――効率と衡平の考え方』**岩波ジュニア新書、2011 年。
　駒村康平ほか『社会政策――福祉と労働の経済学』**有斐閣アルマ、2015 年。
　後藤玲子『福祉の経済哲学――個人・制度・公共性』***ミネルヴァ書房、2015 年。

小塩隆士『経済学の思考軸——効率か公平かのジレンマ』**ちくま新書、2024年
山脇直司『分断された世界をつなぐ思想——より善き公正な共生社会のために』***北海道大学出版会、2024年。

【福祉国家の基礎理論】
　福祉国家の存在そのものを問う原理論に挑戦するのもよいでしょう。塩野谷（2002）は善〜正〜徳という理念から福祉国家の存在理由を述べます。アトキンソン（2018）は不確実性に対処する福祉国家の理論と実態を肯定的に描いています。ガートランド（2021）は入門書の決定版として、福祉国家の実現手段（財源・分配方法・対象）や統治に光を当てます。橋本（2021）や田中（2023）はそれぞれ経済思想と政治思想を中核に持ちながら、極めて広範な視野と独特な構想をもちます。

塩野谷祐一『経済と倫理——福祉国家の哲学』***東京大学出版会、2002年。
アトキンソン『福祉国家論——所得分配と現代福祉国家論の展望』***晃洋書房、2018年。
ガートランド『福祉国家——救貧法の時代からポスト工業社会へ』**白水社、2021年。
橋本努『自由原理——来るべき福祉国家の理念』***岩波書店、2021年。
田中拓道『福祉国家の基礎理論——グローバル化時代の国家のゆくえ』***岩波書店、2023年。

【経済思想史における福祉】
　本書の執筆者等がどのような専門書を書いているのか、図書館で探してみるのもよいでしょう。2010年前後に福祉の経済思想に関する出版が相次ぎました。近年の著作として、山本（2020）・藤田（2022）・柳田編（2023）があります。

小峯敦編『福祉国家の経済思想』***ナカニシヤ出版、2006年。
小峯敦『ベヴァリッジの経済思想——ケインズ等との協働』***昭和堂、2007年。
佐藤方宣編『ビジネス倫理の論じ方』**ナカニシヤ出版、2009年。
本郷亮『ピグーの思想と経済学——ケンブリッジの知的展開のなかで』***名古屋大学出版会、2007年。
江里口拓『福祉国家の効率と制御——ウェッブ夫妻の経済思想』***昭和堂、2008年。
姫野順一『J. A. ホブソン——人間福祉の経済学』***昭和堂、2010年。

山崎聡『ピグーの倫理思想と厚生経済学——福祉・正義・優生学』昭和堂、2011年。

小峯敦編『経済思想のなかの貧困・福祉——近現代の日英における「経世済民」論』ミネルヴァ書房、2011年。

西沢保・小峯敦編『創設期の厚生経済学と福祉国家』ミネルヴァ書房、2013年。

山本卓『二〇世紀転換期イギリスの福祉再編——リスペクタビリティの貧困』法政大学出版局、2020年。

藤田菜々子『社会をつくった経済学者たち——スウェーデン・モデルの構想から展開へ』名古屋大学出版会、2022年。

柳田芳伸編『愉楽の経済学——マルサスの思想的水脈を辿って』昭和堂、2023年。

(編者)

人名索引

ア行

アシュリー　William James Ashley　*164, 168*
アリストテレス　Aristoteles　*5, 41, 223*
アロー　Kenneth Arrow　*86, 242-245*
イーリー　Richard T. Ely　*175*
ヴィーザー　Friedrich von Wieser　*225*
ウィリアムソン　Oliver Eaton Williamson　*184, 185*
ウィレンスキー　Harold Wilensky　*298, 307*
ウェーバー　Max Weber　*225, 226, 253*
ウェッブ夫妻　Sidney Webb, Beatrice Webb　*161-172*
ヴェブレン　Thorstein Bunde Veblen　*173-185*
宇沢弘文　*86*
エスピン゠アンデルセン　Gøsta Esping-Andersen　*227, 297-307*
エッジワース　Francis Ysidro Edgeworth　*99-109, 168, 235*
エンゲルス　Friedrich Engels　*75-77, 80-82, 85, 273*
オーウェン　Robert Owen　*69, 86*
大河内一男　*167*

カ行

カーライル　Thomas Carlyle　*63*
カッセル　Karl Gustav Cassel　*172, 249, 260*
カルドア　Nicholas Kaldor　*234, 235, 237-239*
ガルブレイス　John Kenneth Galbraith　*184*
河合栄治郎　*215*
河上肇　*189-201*

ガンディー　Mahatma Gandhi　*63, 155*
カント　Immanuel Kant　*6, 209, 212*
木村健康　*71, 215*
クラーク　John Maurice Clark　*181, 223*
グラッドストーン　William Gladstone　*100*
ケインズ　John Maynard Keynes　*122, 124, 144, 151, 156, 159, 171, 172, 198, 202-212, 215, 218, 220-222, 236, 250, 263-265, 276*
ケネー　Francois Quesnay　*26, 34*
コース　Ronald Harry Coase　*185, 235*
コール　George Douglas Howard Cole　*86*
コールリッジ　Samuel Coleridge　*63*
ゴドウィン　William Godwin　*51, 52*
コモンズ　John Rogers Commons　*173-185*
コンドルセ　marquis de Condorcet　*242*

サ行

サッチャー　Margaret Thatcher　*265*
サミュエルソン　Paul Anthony Samuelson　*234, 239-243, 245*
サン゠シモン　Henri de Saint-Simon　*6, 69, 76*
ジェヴォンズ　William Stanley Jevons　*47, 99-109, 124*
シジウィック　Henri Sidgwick　*88-98, 124, 138*
シトフスキー　Tibor Scitovsky　*234, 235, 239*
シュモラー　Gustav von Schmoller　*194, 225, 273*
シュンペーター　Joseph Alois Schumpeter　*10, 212, 213-222, 225*
スタンフィールド　James Ronald Stanfield

317

227, 230, 232
スペンサー　Herbert Spencer　159, 162, 163, 166
スミス　Adam Smith　10, 13, 15, 17, 20, 21, 24-35, 38, 41, 46, 48-50, 61, 76, 77, 84, 94, 95, 115, 124, 205, 270
スラッファ　Piero Sraffa　287
セイ　Jean-Baptiste Say　152
セン　Amartya Sen　35, 148, 234, 244, 245, 285-295

タ行
ダーウィン　Charles Darwin　124, 163
タグウェル　Rexford Guy Tugwell　181
チェンバレン　Joseph Chamberlain　164, 168, 169
チュルゴ　Jacques Turgot　26, 34
都留重人　215
ディケンズ　Charles Dickens　46
ティトマス　Richard Titmuss　298, 299, 307
テイラー　Harriet Taylor Mill　63-65
デニスン　Edward Denison　144
テンニース　Ferdinand Tönnies　84
東畑精一　215
ドッブ　Maurice Herbert Dobb　287
トマス・アクィナス　Thomas Aquinas　5
トムソン　Edward Palmer Thompson　21

ナ行
ナイト　Frank Hyneman Knight　275
中曽根康弘　265
中山伊知郎　200, 215, 222
ニクソン　Richard Nixon　275, 281, 299
ノージック　Robert Nozick　285-296
ノース　Douglass Cecil North　185

ハ行
バーグソン　Abram Bergson　234, 239,

241-243
ハイエク　Friedrich von Hayek　9, 35, 209, 227, 235, 251, 262-273, 275, 288
ハチスン、テレンス・ウィルモット　Terence Wilmot Hutchison　94, 97, 98
ハチスン、フランシス　Francis Hutcheson　25
パレート　Vilfredo Pareto　111, 235
ハロッド　Roy Forbes Harrod　208, 236
ピグー　Arthur Cecil Pigou　88, 89, 94, 97, 122, 124, 125, 137-148, 157, 168, 190, 193, 203, 206, 234-237, 241, 244
ビスマルク　Otto Eduard Leopold von Bismarck　194, 267
ヒックス　John Hicks　234, 235, 237-239, 242
ヒューム　David Hume　25, 38, 270
ヒルファーディング　Rudolf Hilferding　214
ブース、ウィリアム　William Booth　128
ブース、チャールズ　Charles Booth　138, 144, 163
フーリエ　Charles Fourier　86
ブキャナン　James McGill Buchanan Jr.　279
福田徳三　189-201
フリードマン　Milton Friedman　9, 265, 274-284
ブレア　Tony Blair　265
ブレンターノ　Lujo Brentano　189, 190, 193, 194
ペイン　Thomas Paine　6
ヘーゲル　Georg Wilhelm Friedrich Hegel　76, 87
ベーコン　Francis Bacon　6
ベーム＝バヴェルク　Eugen von Böhm-Bawerk　213, 225
ベヴァリッジ　William Henry Beveridge　156, 168, 190, 202-212

事項索引

ベンサム　Jeremy Bentham　*36-48*
ベンブリッジ　John Benbrigge　*21, 22*
ホッブズ　Thomas Hobbes　*6, 15, 16*
ホブソン　John Atkinson Hobson　*148, 149-160, 171*
ポランニー、カール　Karl Polanyi　*86, 223-233, 306*
ポランニー、マイケル　Michael Polanyi　*224*

マ行

マーシャル、アルフレッド　Alfred Marshall　*3, 67, 89, 97, 101, 102, 122-134, 137, 138, 164-170, 190, 193, 202, 203, 216, 235, 237*
マーシャル、T. H.　Thomas Humphrey Marshall　*297, 298, 300*
松原岩五郎　*192*
ママリー　Albert Frederick Mummery　*150*
マリーンズ　Gerard Malynes　*18, 19*
マルクス　Karl Marx　*69, 75-87, 116, 120, 191, 198, 200, 215, 224, 273*
マルサス　Thomas Robert Malthus　*35, 49-60, 61, 68, 69, 79, 115, 124, 228, 251*
マン　Thomas Mun　*16-18*
ミーゼス　Ludwig Edler von Mises　*214, 225, 227, 263*
ミッチェル　Wesley Clair Mitchell　*175, 181, 275*
ミュルダール　Gunnar Myrdal　*184, 249-261, 265, 306*
ミル、ジェームズ　James Mill　*38, 62*
ミル、ジョン・スチュアート　John Stuart Mill　*47, 61-72, 84, 86, 88, 99, 100, 123, 124, 151, 259, 273*
ムア　George Edward Moore　*89, 138*
メンガー、アントン　Anton Menger　*193*
メンガー、カール　Carl Menger　*100,*
101, 225, 235, 270
モア　Thomas More　*6*
モリス　William Morris　*63, 86*

ヤ行

ヤーシ　Oszkar Jászi　*224*
安井琢磨　*215*
横山源之助　*192*
吉野作造　*190, 199*

ラ行

ラーナー　Abba P. Lerner　*235, 239, 245*
ラウントリー　Benjamin Seebohm Rowntree　*144*
ラスキン　John Ruskin　*63, 159*
ラスレット　Peter Laslett　*14*
リカード　David Ricardo　*47, 49-60, 61, 62, 68-70, 76, 77, 83, 99, 115, 124, 203, 226, 228*
ルーズヴェルト　Franklin Delano Roosevelt　*181, 276*
ルソー　Jean-Jacques Rousseau　*232*
レーガン　Ronald Reagan　*265*
レーニン　Vladimir Ilyich Lenin　*80, 82, 154, 200*
ロールズ　John Rawls　*244, 285-296*
ロバートソン　Dennis Holme Robertson　*287*
ロビンズ　Lionel Robbins　*234-238, 244, 253, 263*

ワ行

ワグナー　Adolf Wagner　*27*
ワルラス　Léon Walras　*100, 101, 110-121, 215, 216, 235*

事項索引

ア行

アソシエーション、アソシアシオン（協同組合） 6, 82-84, 110, 117-120
偉大な社会 270-272
一般均衡 110, 111, 113-115, 117, 120, 215, 237
イノベーション 213, 216, 217, 220, 221
陰鬱な科学 2, 63
院外救済 18, 43, 130, 131
ウィーン 213, 221, 223, 262
——大学 213, 225, 263
——体制 76
ウィスコンシン学派 175
ヴェブレン効果 177
大きな政府 211, 221, 265, 274, 276, 277, 279
オーストリア学派 235, 262-264, 285

カ行

階級 78
——闘争 80, 190, 193
快楽／苦痛 38, 39, 91, 92, 102-104, 108, 140, 141, 148, 184
格差原理 289
過少消費説 150-152, 154-156, 159
完全雇用 206, 207, 209, 211, 216, 264, 265, 290
完全自由競争 116, 117
飢餓の脅威、恐怖 225, 226, 230, 232
擬制商品 229
救貧院 7, 18, 43, 130
救貧法 7, 18, 27, 43, 46, 49, 53-55, 57, 58, 130, 147, 163, 192, 230, 232
教育
——水準の向上 117
——バウチャー制度 282, 284

義務—— 109, 167, 282, 284
高等（大学）—— 89, 163, 164, 174, 218, 282
初等—— 33, 34
教区 17, 18, 22, 26, 43, 44, 233
共産主義 6, 75, 80-83, 86, 263, 272, 279
——者同盟 76, 80
キリスト教 5, 6, 19, 22, 42, 49, 50, 69, 128, 189
勤労院 44, 45
経済騎士道 128, 129, 132
経世済民 5, 195, 198, 199
啓蒙 24-26, 270
ケインズ革命 203, 215
血気（アニマル・スピリット） 221
限界革命 100
限界効用 100-102, 107, 236
——逓減の法則 96, 197, 235, 236
権原 292, 293
顕示的消費 176, 177, 179
ケンブリッジ学派 122, 125, 235
公共事業 34, 45, 55, 144
公共選択理論 279
公衆衛生 85, 112, 125
工場法 46, 85, 192, 199
厚生経済学 86, 88, 94, 97, 137-139, 141, 142, 147, 149, 157, 158, 190, 193, 234, 237-241, 243, 244, 287, 288
新—— 147, 148, 234, 238, 239, 241, 244
高賃金／低賃金の経済 166, 167, 169, 193
公的扶助 27, 28, 34, 205, 206, 211, 276, 304
幸福
——計算 39
——最大化 103-106, 108
（最大多数の）最大—— 36, 38, 40, 47, 64, 90, 95-97, 103, 105

事項索引

効用　　47, 95, 148, 158, 177, 235, 237, 238
　　――の個人間比較　235-238, 244
　　基礎的／序数的――　237, 244
功利主義　38, 40, 48, 61-65, 69, 90-94, 96, 97, 99-105, 108, 140, 141, 184, 244, 288, 293
　　規則／行為――　92, 93
ゴーイング・コンサーン　180-183
コーポラティズム　300
国民的効率　161, 163, 165, 171
穀物法　50, 51, 57, 58
　　――論争（穀物取引自由化）　29, 50, 59
国有化　80, 82, 83, 85, 110, 111, 113, 115-117, 119, 120, 131, 165, 266
個性　61, 65, 66, 71
古典派経済学　51, 76, 78, 99, 124, 132, 151
コミュニティ　69, 231, 294

サ行

最小国家　285, 288, 291, 293, 294
最低賃金　55, 85, 156, 167, 195, 230
搾取　8, 79, 81-83
産業革命　6, 15, 32, 37, 77, 125, 151, 200, 225, 228, 230-232
シカゴ学派　275, 279
自己所有権　292
自己調整的市場　228
自生的秩序　270, 272
慈善　1, 3, 7, 21, 26, 27, 29, 128, 145, 196
　　――銀行　18, 19, 21
　　――事業　16, 18, 105
　　――組織協会　128, 138, 192
自然賃金／市場賃金　55-57
自然淘汰　159, 177, 179, 183
失業
　　――の発生　150, 152
　　――保険　85, 204, 210, 276, 301, 306
　　偽装――　218
　　循環的／技術的――　220
シトフスキー・パラドックス　239

社会権　297, 298, 300, 302, 303
社会主義　6, 63, 68, 69, 75, 76, 80, 82, 83, 86, 108, 111, 112, 116, 118, 119, 156, 165, 167, 175, 179, 191-195, 197-199, 207, 210, 213, 217, 218, 221-224, 225, 227, 229, 254, 255, 263-268, 272, 280
　　――経済計算論争　264
　　キリスト教――　225
　　講壇――　267, 273
　　フェビアン――　→　フェビアン協会
社会進化（論）　159, 162, 163, 177, 184
社会政策　168, 189, 190, 193-195, 199, 200, 208, 267, 304
　　――学会　46, 192, 194, 273
　　予防的――　252
社会的厚生関数　234, 239-243
社会的選択理論　242, 244
社会の自己防衛　228, 230, 232
社会保険　9, 46, 156, 194, 195, 204-206, 301, 302, 304
社会保障　2, 3, 6, 182, 200, 204-206, 208, 209, 211, 265, 269, 276, 280, 281, 283, 298, 299, 301-305
社会民主主義　265, 300, 303
私有財産制　6, 52, 113, 118, 176, 217
自由主義　3, 6, 7, 82, 85, 156, 165, 169, 190, 209, 211, 214, 223, 225, 228, 231, 262-265, 268, 272, 275, 276, 285, 287, 288, 302, 303
重商主義　13, 14, 22, 32
自由放任（レッセ・フェール）　95, 112, 115, 130, 150, 152, 159, 170, 226, 273
恤救規則　192
出生率　250-252
消極的自由／積極的自由　287, 288
乗数　144, 205
剰余価値　79, 85, 120
職業紹介所　203, 210
女性（婦人）参政権　36, 67, 259
進化　174, 177-179, 183, 270, 298
　　――経済学　174, 184

321

人権宣言　37, 77, 112, 113, 219
人口原理、人口法則　52, 68, 69, 79, 115
人口政策　251, 252, 259
新古典派経済学　2, 165, 235, 237, 264
新自由主義（ニュー・リベラリズム）
　156, 159
新自由主義（ネオ・リベラリズム）
　159, 226, 227, 230, 265, 299
人的資本理論　129
新歴史学派　189, 193, 273
スティグマ　227, 301, 302, 304
スピーナムランド　18, 43, 230-232
正義　5, 34, 94, 244, 270, 285, 288, 289, 291-293
　　──の2原理　289
　　匡正の──　292
　　交換的──　21
　　公正としての──　288
　　社会（的）──　210, 244, 266-269, 271, 272, 291
　　善に対する──の優越　295
　　分配的──　6, 21, 104, 268, 293
製作者本能　174-179
生産・分配のアート　94-97
生存権　1, 2, 193-195, 198, 200, 219
制度学派、制度経済学　173-175, 181, 275
　　新──　184, 185
世界恐慌、大恐慌　82, 206, 224, 229, 250, 251, 255, 263, 274, 276, 277
セツルメント　144, 203
善　64, 90-92, 139-141, 148, 291, 295
　　公共──　17, 20, 270, 272
　　最高──　5, 7
　　目的／手段としての──　139
選好　91, 240-243
潜在能力　128, 166, 244, 290, 293
　　──アプローチ　285, 290, 291
創造的破壊　216, 217
疎外　79, 82, 83, 86
租税廃止　111, 113, 116, 118, 119

存在命題／当為命題　235, 236

タ行
第1次世界大戦　145, 206, 214, 219, 224
第三の道　265
大衆消費社会　173
第2次世界大戦　9, 35, 155, 156, 209, 224, 226, 230, 250, 253, 254, 259, 264, 286, 297
脱商品化　227, 297, 300-303
小さな政府　159, 227, 299
帝国主義　150, 154, 155
停止状態　68-70
投票のパラドックス　242
取引費用経済学　184

ナ行
ナショナル・ミニマム　163, 165, 167-171, 206
二重運動　228-230
ニューディール　173, 182, 229, 276

ハ行
ハーヴェイロードの前提　208
パノプティコン　37, 45
パレート最適（パレート基準）　166, 237-239, 244
ピグー税　143
ピグーの3命題　141, 142
平等
　　機会の──　289, 290
　　条件の──　112, 119, 120
　　分配の──　40, 82, 141, 143, 157, 167
貧困
　　──調査　7, 138, 144, 196
　　──のわな　304
　　──への戦争　276
　　社会的──　111, 112
　　絶対的──　196
ファシズム　219, 224-226, 229, 232
フェビアン協会、フェビアン社会主義

322

　　　　　　　　　　　162, 263
不確実性　　206, 244, 250
福祉から就労へ　　265
福祉経済学　　148, 234, 244, 291
福祉国家
　——の危機　　227, 230, 299
　——の合意　　202, 204, 206, 211
　——の国民主義的限界　　258, 259
　——の類型化　　300, 304
　——批判　　230, 272, 274, 276, 277
　——レジーム　　297
福祉社会　　147, 211, 257, 306
福祉世界　　249, 254, 258-260
負の所得税　　107, 281, 282
普遍主義　　9, 252, 298, 302, 303
フランス革命　　6, 12, 37, 76, 77, 85, 112, 233
ブルジョアジー　　78, 81, 217
プロナタリズム　　251
プロレタリアート　　78, 81
ベヴァリッジ報告　　204, 209, 269
封建制　　6, 75
法の支配　　271, 272
補償原理　　234, 237-239
ポリティカル・エコノミー　　20, 21

マ行
マキシミン原理　　289
マルクス主義、マルクス経済学　　87, 189, 195, 199, 262
マルサス主義　　59
マルサスの罠　　32
民営化　　9, 265

モラル・エコノミー　　20, 21
モンペルラン協会　　264, 275

ヤ行
有閑階級　　166, 174-177
有効需要　　3, 59, 85, 205, 206,
ゆりかごから墓場まで　　204

ラ行
リバタリアニズム　　286, 288, 295
リベラリズム　　9, 285, 287, 288, 293, 295
リベラル・パラドックス　　244
リベラル・リフォーム　　156
倫理学　　5, 25, 26, 88-91, 97, 101, 137, 138, 148, 180, 236, 244
累進課税　　107, 108, 119, 145, 155, 269, 270, 290
劣等処遇の原則　　18
連帯賃金政策　　257
労働運動　　69, 192-194, 300
労働価値論、労働価値説　　56, 99
労働組合　　256, 257, 269
労働者階級　　61, 66, 68, 77, 81, 106, 123, 126, 127, 129, 132, 133, 146
ローザンヌ学派　　237
ロシア革命　　80, 82, 207, 224, 225
ロマン主義　　62, 63, 199

ワ行
ワーキング・ルール　　182, 183
ワイマール憲法　　219

執筆者の紹介 （2025年3月現在）

第1章　小峯　敦　→奥付の編者紹介を参照。

【第1部】

第2章　伊藤　誠一郎（大月短期大学・教授）
　1966年生。慶応義塾大学大学院経済学研究科・後期博士課程単位取得退学、博士（経済学）。日本イギリス哲学会学会賞（2023年度）受賞。主要業績：*English Economic Thought in the Seventeenth Century: Rejecting the Dutch Model*, Routledge, 2020. "The Ideal Statesman: The Influence of Richelieu on Davenant's Political Thought", in H. D. Kurz, T. Nishizawa, and K. Tribe (eds.) *The Dissemination of Economic Ideas*, Edward Elgar Publishing, 2011.

第3章　久保　真（関西学院大学・教授）
　1967年生。慶応義塾大学大学院経済学研究科・後期博士課程単位取得退学。主要業績："From a Reformist Professor to a 'Mouthpiece' for Capital: Tsunao Miyajima in an International Context", *History of Political Economy*, 54(2), 2022. "D. Stewart and J. R. McCulloch: Economic Methodology and the Making of Orthodoxy", *Cambridge Journal of Economics*, 38(4), 2014.

第4章　板井　広明（専修大学・教授）
　1972年生。横浜市立大学大学院経済学研究科・博士課程単位取得退学、博士（経済学）。主要業績：「ジェンダーと平等」新村聡・田上孝一編『平等の哲学入門』社会評論社、2021年。「古典的功利主義における多数と少数」若松良樹編『功利主義の逆襲』ナカニシヤ出版、2017年。

第5章　益永　淳（中央大学・教授）
　1970年生。中央大学大学院経済学研究科・博士課程満期退学、博士（経済学）。主要業績："Foreign Trade, Profits, and Growth: A Comparative Study of Ricardo and Malthus" in S. Senga, M. Fujimoto and T. Tabuchi (eds.). *Ricardo and International Trade*, Routledge, 2017.「マルサスの救貧思想——一時的救済の原理と実際的根拠」小峯敦編『経済思想のなかの貧困・福祉——近現代の日英における「経世済民」論——』ミネルヴァ書房、2011年。

第6章　藤本　正富（大阪学院大学・教授）
　1962年生。南山大学大学院経済学研究科・博士後期課程修了、博士（経済学）。主要業績："John Stuart Mill as the Founder of Theory of Reciprocal Demand", in M. Fujimoto, J. Vint and T. Hisamatsu (eds.). *James Mill, John Stuart Mill and the History of Economic Thought*, Routledge, 2024. "J. S. Mill's Idea of International Trade: The Inheritance from Ricardo's Free Trade and Torrens' Reciprocity." in S. Senga, M. Fujimoto and T. Tabuchi (eds.). *Ricardo and International Trade*, Routledge, 2017.

【第2部】
第7章　小峯　敦　→奥付の編者紹介を参照。

第8章　山崎　聡（高知大学・教授）
　1970年生。一橋大学大学院経済学研究科・博士後期課程修了、博士（経済学）。主要業績：「ピグーの平等論」新村聡・田上孝一編『平等の哲学入門』社会評論社、2021年。（高見典和氏との共著）「ケンブリッジの厚生経済学」西沢保・平井俊顕編『ケンブリッジ　知の探訪』ミネルヴァ書房、2018年。

第9章　上宮　智之（大阪経済大学・准教授）
　1978年生。関西学院大学大学院経済学研究科・博士課程後期課程単位取得退学、博士（経済学）。日本経済思想史学会賞（奨励賞、2021年度）受賞。主要業績：「日野資秀の経済思想普及構想──忘れられた経済学啓蒙家」『日本経済思想史研究』21、2021年3月。「数理経済学者たちの数学導入に対する認識──ジェヴォンズ主義、マーシャル主義とエッジワース」只腰親和・佐々木憲介編著『経済学方法論の多元性──歴史的視点から』蒼天社出版、2018年。

第10章　高橋　聡（明治大学・専任講師）
　1969年生。中央大学大学院経済学研究科・博士後期課程退学。主要業績：「レオン・ワルラスの経済学とフランス経済──資本理論・土地国有化・自由貿易」益永淳編『経済学の分岐と総合』中央大学出版部、2017年。「社会的企業──どこまで何を求めうるか」佐藤方宣編『ビジネス倫理の論じ方』ナカニシヤ出版、2009年。

第11章　近藤　真司（大阪公立大学・教授）
　1960年生。龍谷大学大学院経済学研究科・単位取得退学、博士（経済学）。主要業績："Alfred Marshall's Acceptance and Deviation from John Stuart Mill", in M. Fujimoto et al. (eds.) *James Mill, John Stuart Mill, and the History of Economic Thought*, Routledge, 2023.「進歩の源泉を求めて──マーシャルの生活基準への途」柳田芳伸編『愉楽の経済学──マルサスの思想的水脈を辿って』昭和堂、2023年。

【第3部】
第12章　本郷　亮（関西学院大学・教授）
　1972年生。関西学院大学大学院経済学研究科・博士後期課程修了、博士（経済学）。経済学史学会研究奨励賞（2008年度）受賞。主要業績：訳『ピグー財政学』名古屋大学出版会、2019年。『ピグーの思想と経済学──ケンブリッジの知的展開のなかで』名古屋大学出版会、2007年。

第13章　八田　幸二（中央大学・教授）
　1967年生。中央大学大学院経済学研究科・博士後期課程満期退学、博士（経済学）。主要業績：「古典的自由主義の修正と資本主義分析──グリーンとホブソン」

平井俊顕編『市場社会とは何か──ヴィジョンとデザイン』上智大学出版、2007年。「J. A. ホブソンの新自由主義と過少消費説」『経済学史学会年報』40、2001年10月。

第14章　江里口　拓（西南学院大学・教授）
　1968年生。九州大学大学院経済学研究科博士後期課程修了、博士（経済学）。経済学史学会研究奨励賞（2009年度）受賞。主要業績："The Webbs, Public Administration and the LSE: The Origin of Public Governance and Institutional Economics in Britain", *History of Economics Review*, 50, 2009. 『福祉国家の効率と制御──ウェッブ夫妻の経済思想』昭和堂、2008年。

第15章　髙橋　真悟（東京交通短期大学・教授）
　1974年生。京都大学大学院経済学研究科・博士後期課程修了、博士（経済学）。経済学史学会研究奨励賞（2007年度）受賞。主要業績："J. R. Commons' Business Cycle Theory", *Journal of Economic Issues*, 54(4), 2020.「コモンズ『集団行動の経済学』」根井雅弘編『経済学（ブックガイドシリーズ基本の30冊）』人文書院、2014年。

【第4部】
第16章　牧野　邦昭（慶應義塾大学・教授）
　1977年生。京都大学大学院経済学研究科・博士後期課程修了、博士（経済学）。石橋湛山賞（2011年度）受賞。読売・吉野作造賞（2019年度）受賞。主要業績：『新版　戦時下の経済学者』中央公論新社、2020年。『経済学者たちの日米開戦──秋丸機関「幻の報告書」の謎を解く』新潮社、2018年。

第17章　小峯　敦　→奥付の編者紹介を参照。

第18章　本吉　祥子（東北学院大学・非常勤講師）
　1970年生。東北大学大学院経済学研究科・博士課程後期修了、博士（経済学）。主要業績：「シュンペーターの社会主義論における矛盾について──ヴィジョンとワルラス的方法の間で」仙台経済学研究会編『経済学の座標軸』社会評論社、2016年。「シュンペーターの危険負担概念──カンバーへの反論──」『研究年報　経済学』（東北大学）65(2)、2003年12月。

第19章　若森　みどり（大阪公立大学・教授）
　1973年生。東京大学大学院経済学研究科・博士課程単位取得退学、博士（経済学）。経済学史学会研究奨励賞（2013年度）受賞。主要業績：『カール・ポランニーの経済学入門──ポスト新自由主義時代の思想』平凡社新書、2015年。『カール・ポランニー』NTT出版、2011年。

第20章　木村　雄一（日本大学・教授）
　1974年生。京都大学大学院経済学研究科・博士後期課程修了、博士（経済学）。主

要業績：『カルドア　技術革新と分配の経済学——一般均衡から経験科学へ』名古屋大学出版会、2020 年。『LSE 物語——現代イギリス経済学者たちの熱き戦い』NTT 出版、2009 年。

【第 5 部】
第 21 章　藤田　菜々子（名古屋市立大学大学院・教授）
1977 年生。名古屋大学大学院経済学研究科・博士後期課程修了、博士（経済学）。経済学史学会研究奨励賞（2011 年度）受賞。名古屋大学水田賞（2022 年度）受賞。進化経済学会学会賞（2023 年度）受賞。主要業績：『社会をつくった経済学者たち——スウェーデン・モデルの構想から展開へ』名古屋大学出版会、2022 年。『ミュルダールの経済学——福祉国家から福祉世界へ』NTT 出版、2010 年。

第 22 章　楠　美佐子（元・名城大学総合研究所・助教）
1972 年生。慶應義塾大学大学院経済学研究科・後期博士課程単位取得退学。主要業績：（楠茂樹と共著）『昭和思想史としての小泉信三——民主と保守の超克』ミネルヴァ書房、2017 年。共訳『ハイエク全集第 II 期第 6 巻　経済学論集』春秋社、2009 年。

第 23 章　佐藤　方宣（関西大学・教授）
1969 年生。慶應義塾大学大学院経済学研究科・後期博士課程単位取得退学。主要業績："Frank Knight on Self-interest," in Susumu Egashira, Masanori Taishido, D. Wade Hands, Uskali Mäki (eds.) *A Genealogy of Self-Interest in Economics*, Springer, 2021.「ロールズと経済学史——『正義論』へのナイトの影響が意味するもの」井上彰編『ロールズを読む』ナカニシヤ出版、2018 年。

第 24 章　原谷　直樹（群馬県立女子大学・准教授）
1978 年生。東京大学大学院総合文化研究科・博士課程単位修得退学。主要業績：「経済現象は主観的に説明すべきなのか——メンガー、ハイエク、ラッハマン」久保真・中澤信彦編『経済学史入門——経済学方法論からのアプローチ』昭和堂、2023 年。「存在論はなぜ経済学方法論の問題となるのか——方法論の現代的展開」只腰親和・佐々木憲介編『経済学方法論の多元性——歴史的視点から』蒼天社出版、2018 年。

第 25 章　下平　裕之（山形大学・教授）
1966 年生。一橋大学大学院経済学研究科・博士後期課程単位取得退学。主要業績：「ケインズ『一般理論』の普及過程——書評媒体による受容の差」小峯敦編『テキストマイニングから読み解く経済学史』ナカニシヤ出版、2021 年。「経済学史研究におけるテキストマイニングの導入——その手法と意義を中心に」『経済学史研究』61(1)、2019 年。

【編者】

小峯　敦（法政大学・教授）

　1965 年生。一橋大学大学院経済学研究科・博士後期課程単位取得退学、博士（経済学）。主要業績：小峯敦編『テキストマイニングから読み解く経済学史』ナカニシヤ出版、2021 年。"William Henry Beveridge (1879-1963)", in R. A. Cord, *The Palgrave Companion to LSE Economics*, Palgrave Macmillan, 2018. *Keynes and his Contemporaries: Tradition and Enterprise in the Cambridge School of Economics*, Routledge, 2014. 『ベヴァリッジの経済思想』昭和堂、2007 年。

福祉の経済思想家たち〔第 3 版〕

2007 年 4 月 25 日　初　　　版第 1 刷発行　（定価はカヴァーに表示してあります）
2010 年 5 月 27 日　増補改訂版第 1 刷発行
2025 年 4 月 30 日　第　3　版第 1 刷発行

編　者　小峯　敦
発行者　中西　良
発行所　株式会社ナカニシヤ出版
〒606-8161 京都市左京区一乗寺木ノ本町 15 番地
TEL 075-723-0111
FAX 075-723-0095
http://www.nakanishiya.co.jp/

装幀＝宗利淳一デザイン
印刷・製本＝創栄図書印刷
© A. Komine et al. 2025.
Printed in Japan.
＊乱丁・落丁本はお取り替え致します。
ISBN978-4-7795-1831-7　　C1033

本書のコピー、スキャン、デジタル化等の無断複製は著作権法上での例外を除き禁じられています。本書を代行業者等の第三者に依頼してスキャンやデジタル化することはたとえ個人や家庭内での利用であっても著作権法上認められておりません。

テキストマイニングから読み解く経済学史

小峯敦 編

『国富論』から限界革命、ケインズ革命、社会選択理論まで、経済学は人びとのあいだにどのように浸透し、受容されていったのか。テキストマイニングによる「計量テキスト分析」から明らかにする。

三五〇〇円+税

労働法批判

アラン・シュピオ/宇城輝人 訳

法の地平に労働が姿を現すとき——広大な人間的営みのなかに「労働」をとらえなおし、労働法の理路と未来を明らかにするアラン・シュピオの主著。「労働」をその根底から哲学的に考察する。

四四〇〇円+税

ヨーロッパのデモクラシー
改訂第2版

網谷龍介・伊藤武・成廣孝 編

欧州29ヵ国とEUの最新の政治状況を概観する決定版。民主主義の赤字、移民とポピュリズム、新自由主義、福祉国家の危機等、デモクラシーをめぐる様々な困難に、欧州各国はどのように立ち向かうのか。

三六〇〇円+税

日本の社会政策
第3版

久本憲夫・瀬野陸見・北井万裕子

労働、雇用、年金、医療、障害・介護、生活保障、少子高齢化、ワーク・ライフ・バランスなど、現代日本の直面する様々な社会問題の現状と最新の政策動向を体系的かつトータルに解説する決定版。

三四〇〇円+税